文化艺术政策与法律法规

田川流 王瑞光 于 亮 编著

东南大学出版社
·南京·

图书在版编目（CIP）数据

文化艺术政策与法律法规／田川流，王瑞光，于亮编著. —南京：东南大学出版社，2021.6（2025.6重印）
 ISBN 978-7-5641-9474-1

Ⅰ.①文… Ⅱ.①田…②王…③于… Ⅲ.①文化艺术-法律-中国-高等学校-教材 Ⅳ.①D922.16

中国版本图书馆CIP数据核字（2021）第056056号

◎ 本书配备简单的PPT教学课件，联系方式：Wangruiguang82@163.com
 或 LQchu234@163.com

文化艺术政策与法律法规
Wenhua Yishu Zhengce Yu Falü Fagui

编　　著	田川流　王瑞光　于亮
出版发行	东南大学出版社
地　　址	南京市四牌楼2号　邮编：210096
出 版 人	江建中
网　　址	http：//www.seupress.com
经　　销	全国各地新华书店
印　　刷	兴化印刷有限责任公司
开　　本	787 mm×1092 mm　1/16
印　　张	17
字　　数	425千字
版　　次	2021年6月第1版
印　　次	2025年6月第3次印刷
书　　号	ISBN 978-7-5641-9474-1
定　　价	48.00元

本社图书若有印装质量问题，请直接与营销部联系。电话：025-83791830

目 录

绪 论 ··· 1
    一、政策与法律法规的同一性 ························· 1
    二、政策与法律法规的差异性 ························· 3
    三、政策与法律法规的和谐共存 ····················· 6

第一编 文化艺术政策

第一章 繁荣发展文化艺术的总方针、总政策 ········ 12
  第一节 文化艺术政策概述 ································ 12
    一、文化艺术政策的涵义 ································ 12
    二、文化艺术政策的基本特征 ························· 13
    三、文化艺术政策是国家文化意志和文化
        利益的表现与反映 ································ 14
  第二节 文艺为人民服务，为社会主义服务的方向 ··· 14
    一、"二为"方向的提出 ································ 15
    二、"二为"方向的价值取向及当代意义 ············ 15
  第三节 百花齐放，百家争鸣的方针 ···················· 18
    一、"双百"方针的提出 ································ 18
    二、"双百"方针的意义 ································ 19
  第四节 "二为"方向与"双百"方针的不断
         深化与发展 ·· 20
    一、"弘扬主旋律，提倡多样化"方针的提出 ······ 20
    二、大力发展公益性文化事业与文化产业 ·········· 21
    三、倡导与坚持"以人民为中心" ···················· 23

第二章 公共文化服务主要政策 ························· 26
  第一节 公共文化服务体系的涵义 ······················· 26
  第二节 新中国成立以来我国公共文化服务
         政策的发展 ·· 27

一、公共文化政策的萌芽期 ……………………… 27
　　二、公共文化政策的停滞期 ……………………… 30
　　三、公共文化政策的全面发展与复兴期 ………… 30
　　四、公共文化服务政策的深化期 ………………… 32
　第三节　公共文化服务体系的政策定位和建设主体 … 33
　　一、公共文化服务体系的政策定位 ……………… 33
　　二、公共文化服务体系的建设主体 ……………… 34

第三章　文化产业政策 …………………………………… 36
　第一节　文化产业政策的界定与功能 ………………… 36
　　一、文化产业、文化产业政策 …………………… 36
　　二、文化产业政策的功能 ………………………… 37
　第二节　我国文化产业政策制定的出发点及政策
　　　　　发展历程 ……………………………………… 38
　　一、我国文化产业政策制定的出发点 …………… 38
　　二、我国文化产业政策的发展历程 ……………… 38
　第三节　我国当前的文化产业政策 …………………… 40

第四章　文化遗产保护政策 ……………………………… 44
　第一节　文化遗产概念的提出及其特征 ……………… 44
　　一、文化遗产概念的提出 ………………………… 44
　　二、文化遗产的界定 ……………………………… 46
　　三、文化遗产的类型 ……………………………… 48
　第二节　文化遗产的特征 ……………………………… 50
　　一、文化遗产的共有特征 ………………………… 50
　　二、物质文化遗产的特征 ………………………… 51
　　三、非物质文化遗产的特征 ……………………… 52
　第三节　我国文化遗产政策的发展历程 ……………… 52
　　一、封建社会时期的文化遗产政策 ……………… 53
　　二、晚清至民国时期的文化遗产政策 …………… 54
　　三、新中国成立后的文化遗产政策 ……………… 55
　第四节　我国当前文化遗产政策的指导方针 ………… 58
　　一、"保护为主，抢救第一" ……………………… 58
　　二、"合理利用，加强管理" ……………………… 60
　　三、"合理利用，传承发展" ……………………… 62

第二编 文化艺术法律

第五章 文化艺术法律概述……66

第一节 我国文化法律渊源……66
一、宪法……66
二、法律……67
三、行政法规……67
四、部门规章……68
五、地方性法规……70

第二节 现有文化法律体系……70

第六章 国内文化艺术法律……71

第一节 《著作权法》……71
一、著作权法概述……71
二、著作权的客体……73
三、著作权的主体……75
四、著作权的内容……78
五、邻接权……83
六、著作权的限制……86
七、侵犯著作权的行为及其法律责任……89
八、著作权的集体管理……94

第二节 《公共文化服务保障法》……98
一、《公共文化服务保障法》的出台背景……98
二、《公共文化服务保障法》的主要内容……98

第三节 《公共图书馆法》……105
一、《公共图书馆法》的出台背景……106
二、《公共图书馆法》的主要内容……106

第四节 《电影产业促进法》……114
一、《电影产业促进法》的制定……114
二、《电影产业促进法》的主要内容……115

第五节 《文物保护法》……127
一、《文物保护法》的制定与修订……127
二、《文物保护法》的主要内容……128

第六节 《非物质文化遗产法》……133
一、《非物质文化遗产法》的制定……133

二、《非物质文化遗产法》的主要内容 ………… 134

第七章　我国参加的主要国际文化艺术公约 ………… **139**

第一节　《伯尔尼公约》 ………… 139
一、公约的签订 ………… 139
二、基本原则 ………… 140
三、主要内容 ………… 141

第二节　《世界版权公约》 ………… 141
一、基本原则及主要内容 ………… 142
二、与《伯尔尼公约》的异同 ………… 143

第三节　《与贸易有关的知识产权协定》 ………… 145
一、主要内容 ………… 145
二、基本原则 ………… 146

第四节　《保护世界文化和自然遗产公约》 ………… 147
一、公约的签订 ………… 147
二、主要内容 ………… 148

第五节　《保护非物质文化遗产公约》 ………… 149
一、公约的签订 ………… 149
二、主要内容 ………… 149

第六节　《保护录音制品制作者防止未经许可复制其录音制品公约》 ………… 151
一、公约的签订 ………… 151
二、主要内容 ………… 151

第七节　《经济、社会及文化权利国际公约》 ………… 153
一、公约的签订 ………… 153
二、主要内容 ………… 153

第八节　《保护和促进文化表现形式多样性公约》 ………… 154
一、公约的签订 ………… 154
二、主要内容 ………… 154

第三编　文化艺术法规

第八章　公共文化服务法规 ………… **158**

第一节　群众艺术馆、文化馆（站）法规 ………… 158
一、群众艺术馆、文化馆（站）法规概述 ………… 158

二、机构设置 ………………………………………… 159
　　三、主要工作及职能 …………………………………… 159
　　四、两馆的管理 ………………………………………… 160
第二节　公共图书馆法规 ………………………………… 160
　　一、图书馆法规概述 …………………………………… 160
　　二、藏书与目录管理 …………………………………… 161
　　三、读者服务工作 ……………………………………… 162
　　四、安全保卫工作 ……………………………………… 162
第三节　美术馆法规 ……………………………………… 162
　　一、美术馆概述 ………………………………………… 163
　　二、主要工作及职能 …………………………………… 163
　　三、美术馆管理 ………………………………………… 164
第四节　博物馆法规 ……………………………………… 164
　　一、博物馆法规概述 …………………………………… 165
　　二、博物馆管理原则 …………………………………… 165
　　三、藏品管理 …………………………………………… 166
　　四、陈列管理 …………………………………………… 171
　　五、安全管理 …………………………………………… 171
　　六、社会服务 …………………………………………… 174

第九章　文化产业法规 ……………………………… **176**

第一节　出版产业法规 …………………………………… 176
　　一、出版产业法规概述 ………………………………… 176
　　二、出版物、出版活动及出版行业管理机构 ………… 178
　　三、出版单位的设立与管理 …………………………… 180
　　四、出版物内容的管理 ………………………………… 184
　　五、出版物的印刷或复制和发行 ……………………… 186
　　六、出版物的进口 ……………………………………… 188
　　七、监督与管理 ………………………………………… 189
　　八、出版事业的保障与奖励 …………………………… 190
　　九、法律责任 …………………………………………… 190
第二节　艺术品市场法规 ………………………………… 193
　　一、艺术品市场法规概述 ……………………………… 193
　　二、艺术品经营环节法规 ……………………………… 194
　　三、艺术品拍卖环节法规 ……………………………… 198
第三节　演艺产业法规 …………………………………… 206

　　　　一、演艺市场法规概述 …………………… 207
　　　　二、演艺产业经营规范 …………………… 207
　　第四节　电影电视产业法规 …………………… 219
　　　　一、电影产业法规 ………………………… 219
　　　　二、广播电视产业法规 …………………… 228
　　第五节　网络文化产业法规 …………………… 236
　　　　一、网络文化产业法规概述 ……………… 236
　　　　二、网络环境下著作权保护方面的法规 … 237
　　　　三、网络文化产业法规 …………………… 241

第十章　文化遗产保护法规 …………………………… **252**
　　第一节　文化遗产保护法规概述 ……………… 252
　　第二节　物质文化遗产保护法规 ……………… 253
　　　　一、《文物保护法实施条例》 …………… 253
　　　　二、《水下文物保护管理条例》 ………… 254
　　　　三、《历史文化名城名镇名村保护条例》 … 254
　　　　四、《长城保护条例》 …………………… 255
　　　　五、《世界文化遗产保护管理办法》 …… 255
　　　　六、《文物行政处罚程序暂行规定》 …… 256
　　第三节　非物质文化遗产保护法规 …………… 256
　　　　一、《传统工艺美术保护条例》 ………… 256
　　　　二、《关于加强我国非物质文化遗产保护
　　　　　　工作的意见》 ………………………… 257
　　　　三、《国务院关于加强文化遗产保护
　　　　　　的通知》 ……………………………… 258
　　　　四、《国家级非物质文化遗产保护与管理
　　　　　　暂行办法》 …………………………… 258
　　　　五、《国家级非物质文化遗产代表性传承人
　　　　　　认定与管理办法》 …………………… 259

主要参考文献 …………………………………………… **261**
后　　记 ………………………………………………… **263**

绪 论

在我国文化艺术建设与发展进程中,文化政策、法律与法规一直发挥着十分重要的作用。中国共产党倡导依法治国,特别是近年来,法治建设成为治国之本,人们越来越看到在文化艺术领域深化推进依法治文的重要意义。文化艺术政策与文化艺术法律法规的不断完善是社会发展的必然需求,是执政党和政府对文化艺术实施管理的重要方式。从其本质来看,二者既具有同一性又具有差异性。其同一性,是指二者具有类同的基本特性,不可分割,关联连接与渗透,能够共同存在;差异性,是指二者同时又具有不同的形态,显现出有差异的社会使命与表现形式。在我国政府对文化艺术的管理过程中,政策与法治是最重要的方式。充分认识二者的关系,积极推进文化艺术政策与法律法规的制定与实施,是保障文化艺术活动健康发展的重要基石。

一、政策与法律法规的同一性

在深化依法治国的历史进程中,政策与法律法规始终是并行的。作为社会文明体现的重要方面,文化艺术领域的政策与法律法规水平的高下,也是考量一个国家整体文明素质及其水平的重要标志。重视文化艺术政策与法律法规建设,是建设社会主义现代文明的需要,也是加快推进中国特色社会主义文化建设的当务之急。

文化艺术政策与文化法在其本质上是一致的,具有突出的同一性。

其一,对人民大众文化利益负责的一致。文化艺术政策与法律法规都是维护人民大众文化利益的基本规范,是党和政府保障人民大众文化权益和文化利益所采取的重要举措,集中体现了国家意志和人民的意愿。在这一方面,文化艺术政策与法律法规是高度一致的。无论是二者的制定、形成与实施,都需要充分表达人民大众的意愿,维护人民大众的权益。以此为基点,才能做出有利于提升人民大众文化水准的判断和决策。

其二,致力于推进社会文化艺术的健康发展。文化艺术政策与法律法规的完善与实施,对于推进国家文化软实力的持续提升,以及全民族文化水准的不断提高,具有至关重要的意义。只有在科学的政策与法治的规范下,方能推动文化艺术创作与活动的蓬勃开展,以及文化艺术产品数量的增长和作品质量的稳步提升。文化与艺术产业及市场运行,艺术家及其艺术从业者、消费者的基本权益等,均需得到政策与法治的强力保障。

其三，努力保障国家文化安全。国家的文化安全，包括艺术发展的安全，需要健全的政策与法律法规加以维护。其间既包括对外交流与贸易的安全，保障国家的文化权益不受侵害，国家艺术企业与艺术家的利益不受损害，也包括对内的文化安全，既要充分保障国家文化及意识形态的安全，也要保障从事文化艺术活动的企业、机构和个人经营者的安全，以及文化市场的安全。

理解与把握文化艺术政策与文化法律法规的同一性，是深化文化法治建设的需要。

政策是国家上层建筑的重要组成部分，是国家、政党为实现一定历史时期的政治、经济、文化等任务和目标而确立的行动准则、措施和方针。而文化艺术政策则是为了实现文化建设目标而规定的路线、方针、规范和措施，由执政党和政府对全局性的文化艺术发展所制定的基本原则和规范。在我国，文化政策一般体现于党和政府的公告、文件、指令、报告、意见，以及领导人的讲话和批示之中，既有总政策，也有比较具体的政策。"文艺为人民服务，为社会主义服务""百花齐放，百家争鸣"被确定为国家文化建设与发展的总政策、总方针。而作为比较具体的政策，则主要是针对艺术活动的不同范畴、领域、种类或区域特点和需要所制定的政策。"二为"方向和"双百"方针不仅成为所有文化艺术领域均要遵循与恪守的准则，同时在国家制定文化艺术的各种具体政策及法律法规时，也必须充分遵循这一原则，不能与总政策产生抵触和矛盾。

法律是为调整社会关系而制定的权利义务模式和行为规范，以求达到维护社会正义与秩序的目标。文化艺术法律，是由国家制定或认可并由国家强制力保证实施的具有普遍效力的行为规范体系，仅指全国人大及其常委会制定的规范性文件，即法律，这是一般狭义上的法律，而在其广义上也包括国务院、地方人大及其常委会、民族自治机关和经济特区人大制定的文化类规范性文件。法律和法规的区别，主要在于制定机关的不同，其次效力层次也不同，法律的效力大过法规的效力。文化艺术的行政规章是行政性法律规范文件，也属于法规的范畴。规章主要指国务院组成部门及直属机构，省、自治区、直辖市人民政府及某些较大的市级人民政府，为执行法律、法规而制定的与本部门、本行政区域相关的具体规范性文件。在我国，对文化艺术政策与文化法的理解主要是指适用于文化艺术领域的政策及法律法规，涉及公共文化服务、文化产业、遗产保护与利用、对外文化交流与贸易等领域，一般与文学艺术、新闻出版、电影电视、动漫游戏等方面的文化及艺术活动相联系。

当代国家在推进文化建设与发展的过程中，均要推出一系列政策，以及相关的法律法规，二者的同时存在是客观的。无论任何国家，特别是当代法治国家，均以法律为准绳，以保障文化艺术的健康有序运行及发展。与之相同步，也需要不断制定各种政策，既作为制定法律法规的基本依据和基础，同时又要作为法律法规的补充，保障社会文化活动的正常运行。

坚持文化艺术政策与文化法律法规的同一性原则，是科学掌控文化艺术建设与发展的重要依据。

无论任何国家,即使是法治水平很高的国家,其代表国家意志的各种政策也是必需的,这是由国家文化建设以及文化艺术特有的形态决定的。政策与法律法规都具有调整社会利益关系、指引和规范公共权力运行的功能,都需要贯彻社会正义原则,政策与法律法规也是世界各地公共生活领域的重要准则,对政府管理和司法部门的工作都发挥着重要作用。一方面,由于文化艺术方面的特有属性,要求其不可机械地实施某些法律规范,特别是当一些特殊文化现象出现时更是如此。文化的多样性及动态性,要求执政党与国家不断推出或调整政策,以适应文化发展的需要。其间,只依赖法律是不现实的。我国的法治建设是一个较长时期的过程,当法治尚不完备以及政府执法和大众守法均不够自觉和严谨时,仅仅依靠法治就是一句空话。同时,国家文化法律法规的推出不是一蹴而就的,很难完全适应文化建设的需求,文化活动也不是孤立的,而与社会方方面面有着千丝万缕的关联,任何既有的法律法规也难以完全适应复杂多变的文化态势,因此必须由一些带有引导性的政策加以管理。另一方面,仅仅依靠政策同样是不够的,政策的某些区域性、弹性及其个人化等特点,极易生成局限性,致使文化建设缺乏坚实的法律保障。在新中国成立初期,由于文化法治建设尚未启动,我国长期以政策代替法律法规,只强调政策的重要性而忽视法治建设,逐渐导致出现种种弊端,我国曾使我国文化艺术建设陷入严重的困境。特别是"文化大革命"对文化建设的破坏和对优秀传统文化的践踏,既与政策的失控相关,更与法律法规的长期不健全直接相关。

在当代文化建设中,我们既不能认为法律可有可无,或只是将法律当仅供摆设的花瓶,也不能认为政策没有意义或政策只能作为法律的补充。习惯于以政策代替法律,主要是由于我国在较长时期内法治尚不健全,文化法尤其缺乏,人们已经默认长期以来以政策作为文化建设主要指导的模式,有时人们就将政策认同为法律。还有些人习惯于将法规等同于法律,也是因为当我国法律缺失时,人们遵循的主要是法规,因此也就将法规等同于法律。即使当文化法律不断推出时,有些人仍不能自觉区分法律与法规的不同。这些均是亟待厘清与加以匡正的。

在当代社会,政策与法律法规的长期共存是必要的,也是适应文化艺术建设与发展实际的。政策具有宏观引导社会文化建设的重要意义,调整和协调文化艺术各方面及人际关系要靠政策。一些政策经社会与实践检验,不断修改与充实,基本完善后再由国家权力机构立为法规乃至法律,这是文化艺术立法的重要路径和依据。

二、政策与法律法规的差异性

文化艺术政策与文化法律法规历来是同一性与差异性的统一,在二者之间,既非常突出地显现其共同的性质,又十分鲜明地显示其一定的差异。它们是相对独立的,其功能价值、工具属性和主体上都有各自的特性,不能互相替代。当我们对文化艺术政策与文化法律法规作共时性考察时,更多看到其差异,属于同中求异,而当我们对二者做历时性考察时,则更多看到其同一性。在文化建设领域,将政策、法律法规加以有效的区分,认识其各自的价值和作用,是十分必要的。

其一,政策具有前瞻性,法律法规具有现实性。政策是对一个时期的文化艺术建设具有指导性和规范性的方针与意见,法律法规则是以党的文化艺术总政策为指针所制定的具有法律效力的规范性文件,体现出较突出的现实性与可行性。而一般政策的制定、实施或调整,也应以总政策和法律为基本依据和准绳,而不能与法律相违背。

其二,政策具有灵活性,法律法规具有稳定性。政策的灵活性一则表现在政策常常与一定的区域、行业及其艺术部类相联系,又与特定的时间相适应。随着时间变迁或环境的变化,政策也就可能发生变化。政策由不同部门制订与实施,相互间也会存在些微的差别。而法律则具有更为稳定的特点,不因时间、区域的变化而发生大的变化。但作为法律效能偏低的法规或是行政规章,其稳定性也会有一定的弱化。

其三,政策具有抽象性,法律法规具有具体性。比较来看,具有宏观意义的政策通常显现较突出的抽象性,即使一般政策也具有一定的抽象性,较多属于理念的阐释和目标、意旨、方式的阐述,而不属于具体的规定,体现出较宏观的指导性和全面的把控力。而法律法规则显示出较为具体的规范性和约束力,具有实际操作的特性。

其四,政策具有指导性,法律法规具有强制性。在一定意义上,政策更多具有指导和引领的意义,对社会和大众具有感召性和凝聚力,允许人们在执行政策时有一定自身的理解和创造性执行,因而具有一定柔性特色。法律法规则更为严谨,甚至比较冷峻,具有一定的强制性,显现其刚性特点。任何人在法律面前均是平等的,这是不容随意曲解的。

科学把握文化艺术政策与法律法规的区别,有助于推进二者在文化艺术管理活动中发挥各自优势。

《中共中央关于全面推进依法治国若干重大问题的决定》中指出:"发挥政策和法律的各自优势,促进党的政策和国家法律互联互动。"[①] 文化艺术政策与文化法是相互影响、相互促动的关系,政策的不断完善,为法律提供了经验,法律在完善自身的同时也为政策提供重要参照。

互联,体现为二者之间的相互链接,不可分离。在政策与法律法规之间,始终都是你中有我,我中有你。在一定规范上,二者表现为二元渠道,是合理的与并行的,均可充分发挥其积极作用。新中国早期的文化法尚处于起步阶段,尽管法律匮缺,但在大量政策及法规之中,充分体现了党和政府一贯的文化艺术指导思想,而近二十余年推出的多种法律,则逐步将一些政策因素以法律法规的形式加以稳定和相对固化。

互补,即在内容层面,二者是互补的。即不仅可以相互弥补对方的不足和局限,而且起到相互支撑的效应。协调互补,相互调整,政策中可以融进法律法规的成分,法律

---

① 《中共中央关于全面推进依法治国若干重大问题的决定》单行本,人民出版社,2014年版。

法规中也可以融进政策的因素。政策在完善自身的同时为法律法规提供了经验,法律法规在不断改善的同时也为政策提供参考;当政策不足以保障文化艺术活动健康运行时,法律法规就显得十分必要。而当法律法规难以满足文化艺术大发展的需求时,政策也就具有更为积极的意义。

互动,即政策可以推进法律法规的进步和不断完善,法律法规也可以持续推动政策的变革,为政策的科学性提供重要的资源和实践经验。二者之间的相互促动是客观的和必然的。既有差异,也相互适应、协调与整合,和谐共生。特别是在许多社会发展的重要阶段,政策与法律法规时常是联动的,产生共同推进的作用,从刚性和柔性两个方面有机地调整社会文化与艺术的各种秩序与关系。

深刻认识二者异中有同、同中有异的客观现实,有助于实现求同存异的最佳境界。

作为政策,具有突出的精神先导和引领的意义,要求人们在充分理解和认同的基础上加以创造性实施。而作为法律法规中一些具有软法特性的法律,其督导性或规范性增强,而其强制性相对减弱。但这并不表明该法律法规不重要或不必一定执行,只是留出了一定的余地,或者具有了一定政策的柔性特色,要求人们在理解的基础上予以贯彻及实行。而一些法规,特别是政府规章,与政策更为贴近,甚至在一些人们的认识中难以区分。

在现代社会,人们越来越认同法律法规中有硬法与软法之分,现代法是二者的共存,特别是在文化法领域,软法的数量甚至超过硬法。硬法是指那些能够依靠国家强制力保证实施的法规范;软法则是指国家立法中具有指导性、号召性、激励性、宣示性等非强制性规范。特别是文化法律法规,较多属于软法的范畴。作为软法,旨在通过非强制的、可协商的方式,实现社会成员对法治的理解与遵循,更为自觉地健全法治社会,以求形成刚柔相济的混合法模式,而不是对法治资源的滥用。在文化法领域更是如此。文化艺术活动更契合人的精神生活与社会精神层面,因此,完全倚重具有强制性的硬法是难以解决所有问题的。许多方面的矛盾,需要通过调动人们自觉与自由的意识,以协商的方式,在对法治理解与认同的基础上加以解决。

无论政策还是法律法规,均是对文化艺术事业的保驾护航,也是对艺术家及其从业者基本权益的保护。政策因其具有一定的抽象性和灵活性,人们在执行中一般可以与自身的区域和部门的实际情况相结合,实事求是、因地制宜地发挥其作用。而作为法律法规,均具有严格的规范,其适用领域不仅包括全国文化艺术界各相关机构和人们,同时也包括国家相关领导机构和领导成员,他们同样必须恪守法律规范。尽管某些法律具有一定软法的特性,也不应赋予个人过多阐释和变异的余地,在实施中任何人也不能自行其是,置法律于不顾,更不能享有法外特权。

同时,还需注重艺术与一般文化的差别。作为一般文化,既包括艺术,也包括其他方面,例如新闻出版等。其特性既有共同点,均属于文化领域的重要组成部分,具有精神活动的突出特点,同时又有一定的差异,艺术创造凸显其鲜明的审美特性,以及个人的独创性。将艺术政策、艺术法与一般文化政策、文化法相比较，更应突出对于艺术工作者的尊重与保护，特别是对艺术家创作自由及其基本权益的保护。完全将艺术政策等同于一般文化政策与文化法，不利于艺术事业的发展。

及时处理二者之间可能出现的问题与碰撞，有助于推进矛盾的化解。文化艺术政策与文化法有时可能出现抵触甚至矛盾，必要时，政策可指导法律矫正，甚至可能突破法律，但必须合理，不能恶性违法。一方面，我们不能将政策指导看作是人治，有许多政策实际是人们共同智慧和集体领导的结晶。但是，如果过度使用政策，对政策作出各种不同的解释，并以此取代法律，难免出现理解的偏误甚至少数人说了算的现象。另一方面，也不能将一般法规代替法律。法律具有更重要的权威性，更广泛的适用性，如果过度重视法规的作用，忽略文化立法的重要性，长期呈现文化法律匮乏的状态，就易于导致文化建设制约机制的随意性和易变性。政策与人治有较直接的关系，法规既属于法律的范畴，又与政策联系密切，过度依靠政策、崇尚政策就不可能依靠法治、崇尚法治。

有时，会出现有关政策性的"良性违宪"或"违法"。究其原因，一是当社会提出新的问题或出现新的矛盾时，需要以政策的方式适度调整；二是时机尚不成熟，执行现行法律法规有一定的难度。但是，对于这一举措必须慎之又慎。社会关系的变动性和调整的连续性是政策和法律法规互构与和谐变异的客观需要。当决定实施"良性违宪"或"违法"时，需要高层领导审时度势、高屋建瓴，对其实施过程和结果作出预测，并对可能产生的效应予以科学辨析与应对，以防止出现社会与大众精神的紊乱。特别应当十分警惕由于政策的变化，导致法律法规的完全失效。

三、政策与法律法规的和谐共存

文化艺术政策与法律法规共存于一个统一体中，均是推进文化建设与发展的动力性结构。其同一性与差异性，表现为政策与法律法规既是和谐的，又是矛盾的，既是相对稳定的，又是可以转化的。努力推进政策与法律法规的和谐统一和共存、联动及其转化，是当代文化与艺术管理者的重要任务。

（一）强调二者的和谐共存，是调节和推进文化艺术政策与法律法规健康发展的前提和基础。

在当代文化建设中，政策和法律法规可以相互适应、同步发挥其作用，同时又存在一定职能及其适应性的不同，具有不同的品格。二者理应在保障国家民族和人民大众共同利益的基础上，实现和谐与统一。政策与法律法规内在特质的相异是客观的。政策往往体现一个领导群体或领导人的政治水平，而法律法规则体现出国家和政府的意志，均需要人们冷静和准确地把握政策执行的方式与尺度，作出必要的应变。正是在这方面，尤其考量一个人的政治素质及政策水平。对于政策的贯彻执行，必须与相关法律法规的实施相融合。例如，对公共文化推进的政策，对文化产业推进的政策，对文化遗产保护的政策,均是属于政策与法律法规的并行,既有一定的法律法规作为法治保障,同时又有一定的政策加以规范,使人们既有基本的法律依据,同时又对一些问题有着政策性的理解与遵循。

在宏观层面,我们既应维护文化艺术政策与法律法规的权威性、严肃性,同时也应看到二者均有待于继续完善和规范化。在文化建设中,以文化领域的复杂性为由,过分强调调控的主观性及政策性,凸显过多个人化因素,易冲击法律法规的权威地位和作用。在建设法治政府的进程中,更应当十分强调法律法规在行政及其文化指导中的作用,而不应无视法律法规的存在及其地位。在历史的特殊时期,政策可能会发挥决定性作用,而在历史发展的正常时期,法律法规的地位理应放在更为突出的位置。长期以来,在文化艺术领域一直存在有法不依、执法不严、违法不究甚至以权压法、徇私枉法等现象,特别是在文化的资源调配、资金分配、项目评审以及关系文化艺术工作者的权益等等有关文化艺术的发展等重大事务中,时有偏离正确导向的现象发生,因此更应突出强调法律法规的权威性,不宜以个别政策代替法律法规。仅仅依靠政策,远远不能获取足够的执行力。而当法律法规不够健全时,则应充分参照各种相关政策,这也正是对法治理念的坚守。

执行政策和法律,同样应具有和谐共存的理念。守法,首先应当是政府及其成员的守法,只有政府强化守法意识,方能做到良性执法。作为社会广大文化艺术的工作者和从业者,在执行法律与政策方面也应具有高度的自觉。一方面,政策的积极指导和引领作用,可以在充分调动人们自由与创新精神的基础上,极大地发挥人们的创造能量,同时,对法律法规的实施应以严谨与敬畏的态度,做到严格履行法律。而当二者产生矛盾时,又应立于严格执法的高度,对政策予以积极的和符合实际的把握。

(二)推进二者的相互支持与补充,是充分发挥文化艺术政策与法律法规当代价值的基本策略。

在政策与法律法规的实施过程中,如何做到和谐共处与互动,更重要的是需要科学把握二者的作用与价值,使其相得益彰。当需要以法律法规的形式出现时,理应充分借助法治的强大优势,及时推出相关法律法规。而在一些法律法规推出和实施的过程中,也应及时推出相关政策加以阐释和说明,使之得到相互支撑,一步步夯实法治的基石。

在政策或法律法规的制定时,应审视全局,从国家文化事业建设与发展的宏观视野来考察和确认,审慎地透视文化建设的轻重缓急,紧紧抓住其关键,将影响文化发展最为突出的问题和矛盾尽早解决。还应充分考量哪些方面适宜制定法律,哪些方面尚不具备制定法律的条件和时机,应当以法规的形式来确认,哪些方面甚至不具备制定法规的条件,只能制定级别较低的规章。而作为一般的政策,由于其特有的灵活性和非强制性,在推动文化建设与发展中,应当充分考量其如何作为法律的补充,发挥积极的作用。

文化艺术活动具有突出的意识形态性,国家和政府必须在充分把握法律的同时,恰当掌控意识形态的尺度。国家不能听任意识形态方面的放任自流,那种认为只要不违背法律就可以随意而为的认知,是极为有害的。国家的宏观管理在意识形态方面一定要有彰显主导方向的引领,这不仅是应当的,也是十分必要的。然而,社会主义的文化艺术又不能仅仅以国家意识形态为准绳,如果对文化创作过度控制,也将阻碍文化艺术的多元发展,以及文艺家创造的自由,导致全国文化艺术的创作与生产形成一个声音、一种模式。在当下,以社会主义核心价值观为基本准则,对社会和大众的文化与艺术活动予以引导,是十分必要的与可行的。

政策通常不具有强制性。在对政策的执行中,有时人们习惯于对政策的依赖,特别是一些管理机构,感觉政策好用,其实,这正是易于产生弊端的所在。虽然政策的推出一般并非个人所为,多由集体制定(个别时期除外),不能简单地将政策看作是人治。但是,当人们较长时间地服从于某个领导人的意见,就会突显人治现象。应当控制人治现象在文化艺术活动管理及发展中的过度彰显,警惕此类个人代替政策,甚至文化专断等现象的出现。

在一些方面,依然存在法治比较滞后的现象。如关于文化从业者依法纳税的问题,至今仍存在一些掌控不严、不均衡的现象,甚至有的领域出现较大失控。这样既不利于实现社会的公平公正,也不利于充分保障纳税人的基本权益。有的领域甚至出现税收的空白点,致使一部分人可以长期游离于依法纳税之外,造成文化艺术各领域之间的不公平。艺术行业之间管理与市场掌控出现不平衡,直接影响人们从事文化建设与艺术创新的积极性,值得认真对待。

(三)促动二者的相互转化,是深化文化政策与法律法规建设的重要路径。

事实表明,政策和法律法规又是可以相互转化的。在文化艺术领域,政策与法律法规的相互转化更为常见。

政策可以向法律法规方面转化,是指一些经过长期实践和验证充分表明十分适应的政策,可以提升到法律或法规的形式,或者首先以法规的形式予以确认,再经由一定时期的实践及完善,将其提升为法律,以具有更为普遍的适用性。我国一些文化法规及规章正是经过较长时间检验,待其基本成熟,最终上升到法律的层面。近年来,我国积极制定相关文化艺术方面的法律,显现出国家对依法治文的高度重视,这是前所未有的巨大进步。

有时,法律法规也可以向政策转化。主要是指当一些法律规范需要加以细化和具体实施时,往往会因为环境的不同,出现理解的差异,此时便需要以一些相关政策性文件加以阐释,使之作为法律法规的辅助,获得更好的应用效果。当国家推出某一法律时,常常及时推出与之相关的政策性阐释,这正是对法律实施的具体化体现。另外,即使再完备的法律,当其实施一定时间之后,也会出现某种局限,显现其不够适应的方面。因此,便需要通过政策的制定加以调整,弥补法律的缺陷和局限,而当经过大量实践,获得相对充分的把握时,再向法律转化。无论政策还是法律法规有所过时及显现一定局限时,均需充分参照相关规范,加以灵活把握,创建和谐转换的良好效果。

推进文化政策与法律法规的相互转化,体现了一种创造性。无论是宏观或是一般的文化艺术政策,还是法律法规,均应充分遵循艺术规律,既在宏观架构上令其具有普遍的适应性,同时又通过一般政策或专门性法规及规章,适时推出一些不同特色的规定性要求,以政策和法律法规相互交替和转换的方式加以调控。而当时机成熟,则可以正式推出属于某一部类的专门法。例如2017年推出的《中国电影产业促进法》,就是由相关政策性指导,到法规规范,再到制定法律,显现一个不断深化和转化的过程。

文化艺术政策与文化法律法规的长期共存和联动,既由我国国情所决定,又是适应文化艺术发展内在规律的客观要求。科学把握文化艺术政策与文化法律法规的同一性与差异性,有助于在文化艺术大繁荣、大发展中充分发挥政策与法律法规的积极效能,也是将依法治文融入依法治国历史进程的重要举措。这是执政党和政府相关部门的重要任务,更是广大文化艺术从业者的共同使命。

第一编
文化艺术政策

第一章　繁荣发展文化艺术的总方针、总政策

文化艺术政策是与文化艺术相关的规定、规范和原则，是执政党政治意志在文化艺术上的表现形态。由于所处时代与环境不同，不同时期会推出不同的政策。1949年新中国成立以来，党在不同时期提出并一贯坚持的"百花齐放，百家争鸣""文艺为人民服务，为社会主义服务"，完整地表达了党领导文化艺术工作的指导思想，是繁荣发展社会主义文化艺术的根本保证和总方针、总政策。

第一节　文化艺术政策概述

在社会活动及其文化构成中，那些与艺术密切相关的精神文化样态及各门类艺术的并列可合称为文化艺术。作为国家意识形态的重要表现形式，文化艺术的发展深受社会政治、经济的影响，而充分体现了国家政权最高意志和社会核心价值的文化艺术政策，对文化艺术的建设与发展具有不可忽视的影响。文化艺术政策是执政党政治理念在文化艺术领域的映射，是调控与推进文化艺术事业的重要杠杆和驱动力。对当代文化艺术政策与国家文化艺术政策发展演变的研究，有助于深刻认识党和政府领导国家文化艺术发展的科学理念与艰辛探索，对开拓具有中国特色社会主义文化艺术建设的新局面，具有重要的理论意义与实践意义。

一、文化艺术政策的涵义

文化艺术政策是指与文化艺术相关的规则与规范，是执政党政治意志在文化艺术建设与发展上的表现形态，是国家相关文化部门为实现特定的目标对文化艺术领域的全体所颁布的相关原则、规定与对策，是国家在文化艺术、新闻出版、广播电影电视、文物博物、基层文化事业等领域所采取的一整套规定、规范、要求与原则体系的总称。

二、文化艺术政策的基本特征

（一）政策的同一性与差异性

繁荣文化艺术，服务人民大众，是我国制定文化艺术政策的总体目标和基本依据，体现了政策的同一性。但由于各种因素的存在和影响，政策的制定与贯彻实施也需要充分注重其差异性。存在差异的主要原因有以下三方面：首先，中国各地域、各民族都有自己的特点，城乡差异较大，人们需求不同，不宜一概而论。其间既存在民族、地域的差别，同时存在着城乡之间的差别，还存在着不同年龄群体之间的差别。其次，各种文化艺术样式之间存在着差异性。最后，同样的艺术样式中，也存在着不同的层次，各种层次的艺术既具有各自存在的合理性，又客观地存在着审美含量、精神含量或娱乐性元素含量的差别。囿于层次的差别，应特别重视上述各种差别的特性，并使之成为制定文化政策的基本依据。

（二）政策的稳定性与可变性

作为国家与政府所制定的政策，需要一定的稳定性，防止出现思想混乱或无所适从的局面，同时也不能长期不变，随着社会发展，政策也需要适时改变或完善。稳定是文化艺术赖以持续发展的保障，可变则是随时代发展而发展。政策执行时不宜多变，应稳定，但必须变时一定要变。科学把握稳定性与可变性的统一，需要在科学规律指导下，发挥卓越的智慧。

（三）政策的国情性与国际性

文化政策，既要充分适应本国文化艺术建设的需要，适应国情特点，同时也要与国际接轨。中国文化艺术建设既有事业属性，又有产业属性，既有宣传教育功能，又是艺术品，还是娱乐品，这些与其他国家均有差异。因此中国的文化艺术需要面对社会的各种需求，包括大众的需求以及文化发展终极目标的需求。作为事业，国家应对广大人民大众提供必要的文化服务。作为产业，文化艺术是社会文化产业建设的重要一翼。为发挥宣传教育功能，文化艺术需要承担教育大众的文化责任。作为艺术品，文化艺术具有营造典雅的、高审美含量的艺术作品的意义。作为娱乐，文化艺术需要不断满足人民大众的愉悦性文化需求。

国际性，要求必须正视西方文化艺术，一方面要重视其优秀部分，另一方面还要摒弃其不足之处。同时，还要努力向国外宣传推广中国的文化艺术，促进中外文化艺术的交流。

（四）政策的指导性与指令性

指令性的文化艺术政策，要求必须得以准确与坚决的执行。指导性的文化艺术政策，可以具有一定的弹性理解的空间。作为指导性政策，不宜强迫命令。对具有学术与艺术之争的现象不一定采取强硬的指令，可予以指导，更不宜采取运动的方式，大加讨伐。对违背法律法规的现象一定要加以制止与治理,这一类政策具有指令性,必须贯彻执行。

对于文化艺术的领导,首先应遵循艺术规律,而不是超越其规律自行其是。其次应尊重人民大众的接受水平与习惯,对人民大众的教化须寓教于乐并循序渐进。人民大众欣赏艺术,首先是为了娱乐,文化艺术的教育功能是寓于娱乐之中的。对人民大众的教化不能期望一蹴而就,也不能企望靠着一阵风式的运动等方式解决。文化的提升是一个循序渐进、相当缓慢的过程,同时是一个不断涵养的过程,应把握动与静、快与慢的有机统一。

(五)政策的当下性与前瞻性

当下性,即适应当下的或一个不长时期内的文化艺术建设需要的政策,应当要求有关方面准确理解和贯彻执行。有时,由于文化艺术活动所呈现出的基本趋势和发展前景,政策的制定也需具有一定的前瞻性,即适度考虑在未来一个较长时期的适应性,为政策的持续适用留出一定的空间。作为文化建设的总政策,是与我国相当长时期内文化艺术发展的需要相适应的,既具有当下性,也具有前瞻性;而许多适宜于具体领域和部门的政策则具有鲜明的当下性,有的可能会在不长的时间里发生调整;还有一些具有较长时期适用性的政策,表现出突出的前瞻性特点。区分政策的当下性与前瞻性,既可以准确反映出大量政策的普适性特点,也可透视某些政策的可延续性与长效性,为政策得以更有效的执行奠定良好的基础。

三、文化艺术政策是国家文化意志和文化利益的表现与反映

文化艺术的发展和文化艺术政策的发生,不仅仅是文化艺术本体的自我规范、自我约束与自我选择,更是国家领导集团的文化权力与文化政治行为。文化艺术政策本质上是国家意志的集中表现,是有关国家文化意志与文化利益的一整套制度,与政治体制、文化制度、文化价值关系密切,体现了国家、政党、一定阶级或社会集团的文化意志。

第二节 文艺为人民服务,为社会主义服务的方向

文艺的社会存在和发展的根本问题是文化的社会职能与服务对象问题,这是新中国成立后我国开展社会主义文化政策建设中最根本的问题。"文艺为人民服务,为社会主义服务"(通常简称"二为"方向),就是中国共产党对这一问题的当代认识与政策表述。

一、"二为"方向的提出

1980年7月26日,《人民日报》发表题为《文艺为人民服务,为社会主义服务》的社论,提出我们的文艺工作总的口号应当是"文艺为人民服务,为社会主义服务",向社会传达了党中央在新时期的文化艺术总方向。

"文艺为人民服务,为社会主义服务"与"文艺为工农兵服务""文艺为政治服务"有着直接的继承关系。这种关系展示了社会主义文艺职能的现代变迁。其中,后者是在对毛泽东《在延安文艺座谈会上的讲话》精神概括的基础上形成的。讲话的原文分别是"我们的文学艺术都是为人民大众的,首先是为工农兵的,为工农兵而创作,为工农兵所利用的""革命的思想斗争和艺术斗争,必须服从于政治的斗争,因为只有经过政治,阶级和群众的需要才能集中地表现出来"。[①]正如中共十三大工作报告中所分析的那样:"当时,我们之所以必须把阶级斗争摆在中心的位置上,那是因为只有首先推翻了反动阶级的统治,使劳动人民政治上不受压迫,经济上不受剥削,才能解决生产力。"[②]

"文艺为人民服务,为社会主义服务"方向的提出,是中国在文艺和政治的关系的问题上合乎逻辑的政策发展,它不仅纠正了长期存在的文艺和政治的不正常的关系,而且准确地阐释了在社会主义初级阶段文化建设中文艺与人民大众之间应有的关系。

我们必须正确认识与处理文艺与政治的关系,坚持文艺为人民服务、为社会主义服务的宗旨,创作出满足人民群众日益增长的精神文化需求的作品,推动中国特色社会主义文艺的繁荣发展,坚定不移地贯彻执行"文艺为人民服务,为社会主义服务"这一社会主义文艺事业的总方向、总政策,发展与繁荣中国特色的社会主义文化。

二、"二为"方向的价值取向及当代意义

"文艺为人民服务",是指为广大的工人、农民、士兵、知识分子、干部和一切拥护社会主义、热爱祖国的人们服务。"为社会主义服务",就是为社会主义的经济、政治、军事、文化等各项事业的根本需要服务。"二为"方向,两者相辅相成,有机统一。

"二为"方向的提出不仅在根本上坚持了马克思主义的文艺思想,而且还从中国社会主义初级阶段的文化实际出发,发展了马克思主义的文化思想,成为马克思主义文艺思想的基本原理同中国社会主义初级阶段文化实际相结合的创造性产物,成为我国指导新时期以来文艺发展的重要政策依据。

---

① 参见《毛泽东选集》,人民出版社,1991年版,第820、823页。
② 参见《沿着有中国特色的社会主义道路前进》,《人民日报》,1987年11月4日。

"为人民服务",是对文艺服务对象的表述,从服务对象上规定了当代中国文艺工作的根本方向,反映和强调了文艺与人民的关系;"为社会主义服务",着重强调文艺同社会主义制度的关系,是对文艺的思想内容、时代特点与社会功能的规定,从服务内容上揭示了当代中国文艺工作的性质。"文艺为人民服务,为社会主义服务"既反映和揭示了现阶段中国人民的根本文化利益与要求,反映了社会主义对文艺的本质规定,也在国家文化利益层面上集中体现了国家文化管理意志和对文化的价值要求与人文取向。这种价值取向及当代性集中表现在以下三个方面。

(一)以社会主义时代精神为主导,引导人们树立共同理想

文艺是社会主义精神文明建设和中国特色社会主义文化建设的重要组成部分,无论是从形态还是功能来说,都具有思想建设和文化建设的双重特点,尤其在塑造人的高尚的人文精神方面,更具有其他文化形态所不可替代的作用和重要责任。在全社会形成共同理想与精神支柱,是中国特色社会主义文化建设的根本目标,当代中国正在实施改革开放和社会主义现代化建设,对社会主义文艺的发展是个巨大的促进。植根中国社会主义现代化建设的实践,弘扬中国人民创造自己新生活的进程与锐意进取、自强不息的精神,并用这种精神引导人民树立共同理想,是中国社会主义文艺的立身之本,同时也是"二为"方向的当代意义与根本人文取向。

社会主义文艺要通过有血有肉,生动感人的艺术形象,历史地、真实地、具体地反映社会主义现代化建设的客观进程,生动地、深刻地表现人民群众改造自然与社会的伟大实践与丰富的精神世界,以及人们思想与生活的深刻变革,表现历史发展的趋势与时代前进的要求,这是当代中国社会主义的文艺之魂。社会主义文艺,要激发广大人民的社会主义积极性,推动他们从事现代化建设的历史性创造活动,就需要通过塑造这些新人形象来实现。社会主义文艺是要塑造改革开放的进取者,社会主义现代化建设的创业者,表现他们的革命理想与科学态度,高尚的情操与创造力,宽阔的眼界与求实精神的崭新面貌。因此,那种排斥文艺的思想教育功能,片面追求文艺工作中的商业化倾向等模糊观念,都是应当克服的。至于借文艺作品宣扬色情、暴力、迷信与资产阶级自由化,则是应该坚决抵制的。只有这样,才能在根本上实现为人民服务,为社会主义服务的价值取向与终极目标。

(二)满足人民群众日益增长的精神文化需求

精神文化体现了人类实践活动的核心价值取向,作为文化整体的核心,最为深刻地体现了主体的文明进步程度,以及作为主体的人的自由自觉的特性。社会主义是一个全面发展与进步的社会形态,全面发展的主体因素是人。人的多样性的文化层次,必然产生多样化的文化需求与审美情趣。邓小平说得好:"我国历史悠久,地域辽阔,人口众多,不同民族、不同职业、不同年龄、不同经历和不同文化程度的人们,有多样的生活习俗、文化传统和艺术爱好。雄伟和细腻,严肃和诙谐,抒情和哲理,只要能够使人们得到教育和启发,得到娱乐和美的享受,都应当在我们的文艺园地里占有自己的位

置。"①

社会主义文艺在为经济发展和社会全面进步提供精神动力与智力支持的同时,还应以自己特殊的形式与方式,满足人民精神生活多方面的需要,给人以多样的文化关怀,着力提高全民族的思想道德素质与科学文化素质,致力把人锻炼成认识到人民的利益并为之而奋斗的有坚定信念的人。现代化的核心在于人的现代化,没有人的现代化就没有真正意义上的现代化。马克思认为:"人不是由于有某种逃避某种事物的消极力量,而是由于有表现本身的真正个性的积极力量才得到自由。"②20世纪人文主义思潮尊重个体生命存在的价值与意义,社会主义文艺理应为表现人本身的真实个性的积极力量而承担起自己神圣职责。这就是为人民服务,为社会主义服务的又一当代意义与要求。

(三)文艺工作者必须投身于人民群众火热的时代生活,为人民创造优秀艺术作品

社会主义文艺,从本质上讲,就是人民的文艺。人民既是历史的创造者,也是历史的见证者,既是历史的"剧中人",也是历史的"剧作者"。人民群众的生活,是社会主义文艺取之不尽、用之不竭的丰富源泉。在这个源泉中,既有文艺的表现对象,也有文艺的服务对象。深入这个源泉,是熟悉服务对象与表现对象的前提。坚持文艺为人民服务,为社会主义服务的根本方向。作为文艺创作、文艺生产的主体,文艺工作者应当投身到人民群众火热的斗争生活中去,在今天也就是要投身到人民群众建设社会主义现代化的伟大历史洪流中去,关在象牙塔里不会有持久的文艺灵感和创作激情。

文艺工作者要用马克思主义的科学世界观,用人民的共同理想与健康的审美情趣,去描写最广大人民群众的生活、理想与斗争,表现他们的愿望和他们的历史要求,做他们忠实的代言人,反映他们的根本利益。文艺工作者应该写自己所热爱的生活,在同人民群众的结合中拓宽艺术视野,在时代的发展中,扩大艺术创造的空间。"自觉地在人民的生活中汲取素材、主题、情节、语言、诗情和画意,用人民创造历史的奋发精神来哺育自己,这就是我们社会主义文艺事业兴旺发达的根本道路。"③那种淡漠"二为"方向、远离群众实践的倾向,那种推崇腐朽文艺思潮,鄙薄革命文艺传统的倾向,那种"一切向钱看",迎合低级趣味的倾向,都是错误的,应该坚决反对。另外,当文艺创作的社会价值与经济价值相矛盾时,经济效益要服从社会效益。只有这样,文艺才能在提高人的综合素质过程中,在促进人的全面发展中,成为民族精神的火炬、人民奋进的号角,发挥应有的作用。

---

① 参见《邓小平文选》第二卷,人民出版社,1983年版,第182页。
② 参见《马克思恩格斯全集》,第3卷,人民出版社,1983年版,第167页。
③ 参见《邓小平文选》第二卷,人民出版社,1983年版,第183-184页。

第三节　百花齐放,百家争鸣的方针

在社会主义社会,怎样为文化、艺术、科学的自由发展提供良好的社会氛围与文化环境,如何应用民主的方法、科学的方法推动与促进社会主义科学和文化事业的繁荣与进步,如何根据文化、艺术、科学的特殊运动规律制定正确的方针政策,这是在社会主义制度建立之初,摆在中国共产党面前的一个重大课题。"百花齐放,百家争鸣"(一般简称"双百"方针),就是中国共产党促进文化与科学进步,促进中国社会主义文化繁荣的一项基本性、同时也是长期性的方针。

一、"双百"方针的提出

1956年4月毛泽东在中共中央政治局扩大会议上首次提出了"百花齐放,百家争鸣"的方针,即艺术问题上百花齐放,学术问题上百家争鸣。这个方针对我国社会主义文艺的发展产生了重大影响,是中国当代社会政治生活的一件大事,也是新中国文艺政策发展史上的一件大事,最终成为党领导文艺工作的总方针。

"双百方针"中"百花齐放"的提出比较早。1951年4月3日,毛泽东为中国戏曲研究院题词"百花齐放,推陈出新"。这是针对戏曲改革而写的,意思是要批判地继承中国古代的戏曲遗产,使各种戏曲形式同时并存,共同繁荣、发展。后来,这个题词实际上成为新中国包括戏曲在内的所有文艺工作的指导方针。"百花齐放"是就文学艺术而言的,它没有涉及科学与整个学术界的问题,没有涉及如何对待科学的不同学派与学术上的不同观点的论争问题。"百家争鸣"填补了这一方面的欠缺。

毛泽东和中国共产党领导人将"百花齐放,百家争鸣"两句话完整地提出来作为科学文化工作的基本方针,则是在1956年4至5月间。4月25日,毛泽东在中央政治局扩大会议上作了题为《论十大关系》的报告。4月28日,他为大会作总结报告时说:"'百花齐放,百家争鸣',我看这应成我们的方针。艺术问题上的百花齐放,学术问题上的百家争鸣。"①5月2日,毛泽东又在最高国务会议第七次会议上正式宣布"双百"方针是繁荣社会主义文化艺术的方针。1956年5月26日,陆定一应中国科学院院长、中国文联主席郭沫若的邀请,在中南海怀仁堂代表中共中央作了题为《百花齐放,百家争鸣》的讲话,全面阐述了"双百"方针的主要内容,详细论述了这一方针提出的依据与贯彻这一方针的要求。1956年9月,"双百"方针被写入中共八大政治报告决议。从此,中

---

① 参见《毛泽东文集》第7卷,人民出版社,1999年版,第54页、第229页。

央领导人多次在不同场合强调这一方针,有组织地宣传并贯彻执行这个方针。毛泽东还拓宽了双百方针的适用范围,除了指导科学和艺术发展,"也是我们进行一切工作的好方法"。

二、"双百"方针的意义

"百花齐放,百家争鸣"方针的确立,对于发展我国的科学与文化事业具有重大的意义。

第一,"双百"方针是在承认社会主义社会仍然存在着各种矛盾的基础上提出来的。1956年,我国生产资料所有制的社会主义改造基本完成后,阶级斗争仍然存在,社会主义社会仍然存在着各种矛盾与斗争。"百花齐放、百家争鸣"正是在承认社会主义社会存在着各种矛盾的基础上提出来的,是作为正确处理两类不同性质的矛盾与调动一切积极因素的重要环节提出来的。"百花齐放,百家争鸣"就是在正确处理人民内部矛盾这个总题目下采取的方针,是用民主的方法发展科学文艺事业的方针。

第二,"双百"方针正确表述了政治与文化艺术、政治与学术之间的关系。在社会主义发展历史上,大多数社会主义国家建立之前经济文化比较落后,在发展文化艺术方面,历史遗留的文化专制主义思想不同程度地影响了这些国家,出现过诸如对学术文化性质的问题依靠行政命令领导、乱扣政治帽子、粗暴干涉等错误做法,导致出现严重的失误和留下极为深刻的教训。"双百"方针的提出为文化艺术的科学发展指明了正确道路。

第三,"双百"方针是根据我国迅速发展经济与文化的迫切要求提出来的。1956年,我国完成了对生产资料所有制的社会主义改造,进一步解放了生产力。尽快地把我国建设成为一个具有现代化农业、工业、国防和科学文化的社会主义强国,成为摆在我国人民面前的艰巨任务。同时,由于广大人民生活条件的改善,思想觉悟的提高,对于文化艺术的要求也就更加迫切。"双百"方针的提出适应了国家与人民迫切要求发展文化艺术的需要,为我国文化艺术的发展开辟了广阔的前景。

第四,"双百"方针体现了发展科学文化所必需的民主作风与民主领导方法。文化艺术有其特殊规律,以势压人,粗暴干涉无法解决问题,因而提倡平等、说理与民主的方法,实行学术自由、创作自由、批评与反批评自由,并且通过发展科学与艺术的实践去证明去解决。"双百"方针的提出正是以尊重知识,尊重文化学术活动,尊重科学技术发展客观规律为前提的。

第五,"双百"方针正确反映了发展文化与科学的客观规律,是社会主义社会繁荣文化与发展科学的必由之路。从发展科学与文化这一特殊矛盾出发,自觉运用它的客观规律为我国发展科学与文艺事业服务,是我党与毛泽东的一个伟大的创造性贡献。

"双百"方针提出并付诸实施后,立即显示出强大的生命力,学术界与文艺界开始呈现出生机勃勃的景象。但是，由于各种历史原因，在较长的时间里，"双百"方针未能得到认真执行。1978年，"双百"方针作为繁荣我国社会主义科学文化事业的基本方针，载入了中华人民共和国宪法，其第十四条明文规定：国家实行"百花齐放、百家争鸣"的方针，以促进艺术发展和科学进步，促进社会主义文化繁荣。"双百"方针的提出和贯彻执行保证了人民有进行科学研究与文学艺术创作的自由，保证了文学艺术创作与文学艺术评论有互相竞赛与互相争论的自由。这对我国科学和艺术事业的发展，有着深远的意义。

第四节 "二为"方向与"双百"方针的不断深化与发展

我国党和政府对文化艺术事业高度关注。"二为"方向与"双百"方针提出后，党和国家领导人不断丰富其内涵，先后提出了"弘扬主旋律，提倡多元化"、大力发展公益性文化事业与文化产业、倡导与坚持"以人民为中心"等多个方针政策，我国的文化艺术政策不断完善。

一、"弘扬主旋律，提倡多样化"方针的提出

针对20世纪80年代末到90年代初，文化发展日益多元，价值观冲突与碰撞日益明显的文化现状，我们党积极考虑如何在尊重文化发展规律的前提下对中国当代的文化发展进行积极引导与宏观调控。1994年1月24日，江泽民在全国宣传思想工作会议的讲话中正式提出了"弘扬主旋律，提倡多样化"的要求。

"弘扬主旋律"，就是要"在建设有中国特色社会主义理论和党的基本路线指导下，大力倡导一切有利于发扬爱国主义、集体主义、社会主义的思想和精神，大力倡导一切有利于改革开放和现代化建设的思想和精神，大力倡导一切有利于民族团结、社会进步、人民幸福的思想和精神，大力倡导一切用诚实劳动争取美好生活的思想和精神"。"提倡多样化"就是指在不违背"二为"方向的前提下，艺术家表现什么，如何表现，完全可以百花齐放。

作为具体体现"二为"方向与"双百"方针的文化政策，"弘扬主旋律，提倡多样化"有着更为鲜明的实践品格。"弘扬主旋律"在文化艺术实践层面，通过中共中央宣传部组织的精神文明建设"五个一"工程评选活动的强力推动，已经产生了一大批引导当代文艺创作与文化发展，并且受到普通群众欢迎的主旋律文化精品。它们的成功，对于引领社会主义文化发展方向，纠正文化发展中的偏向，意义重大。

"弘扬主旋律，提倡多样化"，就是既要大力弘扬主旋律——坚持社会主义文艺发

展的主导方向,又要提倡多样化——在"弘扬主旋律"的基础上提倡"多样化",达到二者的统一。主旋律作品当然要以崇高的精神塑造人,但同时又要重视艺术上的创新。艺术上功力不够,往往容易流于说教。手法陈旧,主题思想过于简单、直露,便很难吸引年轻人,花去大量经费却达不到塑造人的目的。艺术上不够创新、手法陈旧等问题,都是因为没有达到"多样化"的要求,从而也就不能实现"弘扬主旋律"的目的。

"弘扬主旋律,提倡多样化"不仅仅是新时期文艺发展的指导思想,而且是社会主义文艺发展到新时期的必然选择与带有全局性与根本性的政策与指导思想,是与"二为"方针同样重要的而且更深刻切入文艺发展规律的重要文艺政策与指导思想。

二、大力发展公益性文化事业与文化产业

21世纪以来,党中央作出了大力发展公益性文化事业和文化产业的战略部署,同时提出了建设与完善公共服务体系的部署,使公共文化服务成为公共服务体系中的重要组成部分,将公共性文化建设与文化服务上升到一个更高的层次,并使之形成一个完善和宏大的系统,同时社会也对各领域文化服务提出了更高的要求。这正是对"文艺为社会主义服务,文艺为人民服务"的社会主义文化建设总方针、总政策的深化与发展。

胡锦涛在2003年12月召开的全国宣传思想工作会议上指出:"坚持一手抓繁荣、一手抓管理,坚持'二为'方向和'双百'方针的有机统一、弘扬主旋律和提倡多样化的有机统一,大力发展先进文化,支持健康有益文化,努力改造落后文化,坚决抵制腐朽文化。"[①]2007年,他又指出,"要坚持为人民服务、为社会主义服务的方向和百花齐放、百家争鸣的方针,贴近实际、贴近生活、贴近群众,始终把社会效益放在首位,做到经济效益与社会效益相统一。"[②]

在现代社会,人民大众不仅享有政治、经济方面的权利,享有接受教育的权利,同时也享有文化权利,文化权利已成为公民的基本权利之一。国家和政府要满足人民大众的文化权益和精神文化方面不断增长的需求,是否使公民享有充分的文化权利,已成为判定该国家现代文明水平高下的重要标准。

公益文化是以公益性服务为主要职能的文化形态,它通常以免费的形式为大众提供文化产品或文化活动等服务,大众无须支付费用就可以享受到精神文化与艺术领域的服务。公益文化与公共文化有着密切的联系,但也具有一定的区别。公共文化除了包括公益性文化之外,还应包容一部分虽具有一定经营性特征,但同时也以服务社会的姿态面向大众,接受政府和社会的主导与调节,将公共服务作为其主要职能。正是在这

---

① 胡锦涛:《在全国宣传思想工作会议上的讲话》(2003年12月5日),中国新闻网,2003-12-07。
② 胡锦涛:《高举中国特色社会主义伟大旗帜,为夺取全面建设小康社会新胜利而奋斗》(2007年10月15日),《十七大以来重要文献选编》(上),中央文献出版社,2009年版,第28页。

一方面,公共文化的外延应大于公益性文化,但其服务社会的宗旨是基本一致的。在当代,公益文化与公共文化已成为广大公众积极参与文化发展与创新的公共空间与公共活动,并随着时代的发展而不断提升,具有推动文化发展、文化创新和提高大众文化素质的重要作用,同时也生成了经济发展的巨大驱动力。

公益性文化事业及其公共文化服务具有十分鲜明和突出的特性。

① 服务性。随着物质生活水准的提高,人们对精神与审美文化的诉求愈加突显出来。在社会主义社会,优越的社会制度更是要求各级政府充分重视和满足人民大众不断提升的精神诉求,为大众提供精神和文化方面的服务,使大众通过享受文化获得更多精神的传导、审美的滋养、灵魂的陶冶。

② 非营利性。公益性文化与公共文化服务所具有的非营利性是其最突出的特征之一。但其非营利性并非意味所有的服务均免费。事实上,其中一些文化服务项目及其产品的提供仍需接受者购买。这样做,可以在对社会实施文化服务中起到一定的平衡与调节作用,有利于文化部门和企业的再生产以及服务质量的提升。

③ 大众性。公益性文化与公共文化服务面对广大的人民群众,具有最广泛的大众性。人民大众逐步增长和越来越高的文化需求,以及对文化艺术多元的和多层次要求的提出,正是人类不断发展与进取的表现。以此为基点,人民大众的文化利益应当得到充分的保障。

④ 多功能性。公益性文化与公共文化服务除了具有满足人民大众的文化需求、陶冶人的灵魂、提升大众审美文化层次等作用外,还具有提升城市或地区文化形象的功能,以及引领社会文化发展的功能。艺术服务于大众,也在引领着大众,提升着大众的品位。

⑤ 公益性。公共文化与文化产业也有着多层面的联系。文化产业主要指与文化艺术产品的生产、流通与消费相关的生产活动及其经营行为。文化产业活动必须遵循经济规律和市场规律,同时也要遵循文化艺术运行的规律。公共文化服务的建设与发展一方面有待于文化产业的蓬勃发展,同时也为文化产业的发展带来巨大的消费群体与动力。文化产业与文化事业共同成为社会主义文化艺术建设的两翼,是文化建设中相互连接不可分割的两个方面。

文化产业或创意产业的迅猛发展,是我国当代文化建设的一大特色,也是我国文化建设与世界文化发展所具有的共同趋向。一方面,要努力使我国文化产业融入世界文化产业发展的总体格局中去,另一方面,又要充分认识我国文化产业发展的实际状况,采用适合我国乃至不同地区的管理模式和机制。在当代,我国实行社会主义市场经济,坚持以公有制为基础,同时继续实施改革开放,一方面坚持公有制为主体的原则,而在更广泛的领域,则鼓励民营文化企业的发展,以及外资的进入,鼓励更多文化企业实施多元的或混合体制的结构,使之形成更强盛的艺术生产力。同时还应看到,我国存在东西部以及城乡之间的不平衡,依据各自的特色,采取适宜的策略,是发展文化产业的重要理念。对不同区域艺术管理政策的制定和实施,应坚持差异化管理,采用因地制宜的管理举措。

文化艺术在当代的发展,既要繁荣创作,加快文化艺术的生产,充分满足人民大众不断增长的文化艺术的需求,又要把握和引领社会文化艺术的方向,追求积极健康的文化活动与生产,不断提高人民大众审美文化的素质,还要加大文化与艺术产品的产业化生产规模与市场化经营,使之成为国民经济发展的重要支柱。基于文化艺术当代发展基本目标的要求,艺术管理应将自身的建设与发展目标与之相适应,无论何时也不能偏离。

三、倡导与坚持"以人民为中心"

党的十八大之后,以习近平同志为核心的党中央同样高度重视"二为"方向、"双百"方针的坚守与深化。习近平强调:"社会主义文艺,从本质上讲,就是人民的文艺。文艺要反映好人民心声,就要坚持为人民服务、为社会主义服务这个根本方向。这是党对文艺战线提出的一项基本要求,也是决定我国文艺事业前途命运的关键。要把满足人民精神文化需求作为文艺和文艺工作的出发点和落脚点,把人民作为文艺表现的主体,把人民作为文艺审美的鉴赏家和评判者,把为人民服务作为文艺工作者的天职。"他还指出:"要坚持百花齐放、百家争鸣的方针,发扬学术民主、艺术民主,营造积极健康、宽松和谐的氛围,提倡不同观点和学派充分讨论,提倡体裁、题材、形式、手段充分发展,推动观念、内容、风格、流派切磋互鉴。"①

习近平总书记在十九大报告中论述了繁荣和发展社会主义文艺的问题。他指出:"社会主义文艺是人民的文艺,必须坚持以人民为中心的创作导向,在深入生活、扎根人民中进行无愧于时代的文艺创造。"

坚持以人民为中心的创作导向,是新时代中国特色社会主义文艺理论的精髓,既深刻地把握了社会主义文艺的本质,也鲜明地表现了中国共产党的宗旨,即全心全意为人民服务。社会主义文艺从本质上讲是人民的文艺,是否坚持以人民为中心的创作导向是社会主义文艺与非社会主义文艺的分水岭。在社会主义国家,人民大众应成为文艺活动的中心、文艺表现的中心,因此,应当充分尊重人民大众的文化权利,保障人民大众的文化利益。在现代社会,充分尊重人民大众基本的文化权益,是社会进步与文明的重要表征。人民大众不断增长和越来越高的文化需求,以及对于艺术的多元和多层次的需求,正是其文化利益的本质体现。坚持以人民为中心,就要坚持文化艺术面向人民大众,服务于大众,又要依靠大众,将大众的需求视为自身的发展目标。人民大众不仅是文化艺术的接受者,同时也是文化艺术的参与者和创造者。艺术生产不仅创造出大

---

① 习近平:《坚持以人民为中心的创作导向》,《人民日报》2014年10月16日01版。

量的艺术产品，同时也培养了文化艺术的消费者，正是人民大众的参与和共同创新，促使文化艺术得以更快的发展。

坚持以人民为中心的创作导向符合中国共产党根本宗旨的要求。人民不但是中国共产党的执政基础，而且是中国共产党执政的出发点和落脚点。坚持以人民为中心的创作导向不仅是文艺的党性原则的充分体现，而且是中国共产党的政治价值观的具体表现。从本质上来说，坚持党性就是坚持人民性，坚持人民性就是坚持党性，党性寓于人民性之中，人民性以党性为引领方向，二者既不应相互游离，更不应对立起来。坚持以人民为中心，就应在文艺创作中，将坚持党性与人民性有机地融为一体。要加强对文艺创作生产的组织领导，认真贯彻党的文艺方针政策，尊重文艺工作规律，健全符合文艺特点的规划引导机制。加强文艺团体和人才队伍建设，引导文艺工作者自觉履行社会责任。

坚持以人民为中心的创作导向是社会主义核心价值观的充分表现和反映。这一思想要求所有的文艺工作者，既要把人民作为文艺表现的主体，还要把人民作为文艺审美的鉴赏者、评判者，以及创造者，又要把为人民服务作为文艺工作者的根本职责，尊重人民大众，把人民大众的文化需求视为文化艺术建设的第一目标，矢志不移地坚持为大众服务。为人民大众创作，就要懂得人民大众真正的诉求是什么，而不是将一些低俗的、低层次的或是纯粹说教的内容强加给大众。我国当代发展文化艺术的基本任务，就在于大力繁荣文化艺术，发展文化产业和公共文化服务，满足人民大众不断增长的精神与文化的需求。坚持以人民为中心的创作导向的实施，正是为创作与生产大量优秀的文化艺术产品提供坚实的保障。

坚持以人民为中心是对所有文艺机构、团体及其工作者的基本要求。文艺工作者应以马克思主义为指导，倾心投身创作，聚精会神锻造精品，将更多优秀的文艺作品奉献给人民大众。要大力弘扬社会主义核心价值观，用美好的艺术陶冶人的情操，激励人的精神。要提高艺术的原创能力，推进艺术在思想内容、艺术形式、体裁结构、手段方法等方面实现创新，彰显中国特色、中国风格、中国气派。在我国，要鼓励艺术家自由地和心情舒畅地从事创作，这样做既符合艺术创作的基本规律，同时也符合马克思主义一贯倡导的人的自由发展的基本思想。然而，任何自由都是相对的，人类社会从来也没有绝对的自由，在任何国家也没有绝对的自由，凡是危害该国家安全和民族统一，以及对他人进行人身攻击和伤害的文艺作品，均会遭到禁止和封杀，不得肆意传播。由于中国既有的国情和社会形态，在中国业已建立和不断完善的社会主义民主不等同于西方的民主，任何有害于社会主义制度的艺术活动及其作品，同样也是不能允许创作传播的。

党的文艺方针和政策是相对稳定的，我们应以党的文艺方针和政策为行动指南，但是在执行中却不应将党的文艺方针和政策视为教条。在历史与文化的发展进程中，艺术创作呈现为千姿百态的景象，我们执行党的文艺方针和政策也不能墨守成规。坚持以人民为中心的创作导向,应该成为新时代党的文艺政策的立足点,同时应当以此为基点,科学地充分地理解、执行党的文艺政策,推动公益性文化事业与文化产业的繁荣发展。

　　改革开放以来的历史表明,历届党的领导集体都把"二为"方向、"双百"方针作为文化建设的总纲领,并将对"二为"方向、"双百"方针的贯彻执行作为每个时期文化建设指导思想的核心,在此基础上,又继续予以深化和发展,充实其内涵,使之始终保持鲜活的生命。多年来,"二为"方向、"双百"方针及其诸多新的内涵已经渗透于我国文化艺术活动的各个领域,指引着文化艺术建设一步步走向新的境界。在今后的文化建设进程中,社会政治经济文化艺术的发展还会对文化艺术建设提出更多新的课题,对中国特色社会主义文化艺术的建设实践与思想体系不断予以丰富和完善。作为指导全国文化艺术建设的基本理论与思想,将会随着时代的发展而发展。

第二章　公共文化服务主要政策

公共文化服务政策是我国文化艺术政策中的重要一环，对保障人民基本文化需求具有重要作用，它与文化产业政策、文化遗产政策构成了我国文化艺术政策的整体。公共文化服务主要涉及由政府提供的公共文化产品和服务。自2005年，党的文件中正式提出公共文化服务的概念，目前已成为我国公共文化政策中最重要的范畴。在此之前，我国有"文化事业""公益文化"的概念，可以看作公共文化服务的前身，相关政策都是公共文化政策的有机组成部分。

第一节　公共文化服务体系的涵义

公共文化是指那些具有公共性的文化领域、设施、空间、行为、活动、产品与服务，主要包括公共文化设施、公共文化活动、公共文化空间的营造或涉及公共文化空间的限制等。

为了推进国家的进步与发展，任何一个政府都必须履行两项基本职能：一为社会管控，二为公共服务。公共文化服务是公共服务的有机组成部分。随着政府职能的转变与公共服务理念的确立，为社会提供公共文化产品，满足公众的公共文化需求成为政府机构主要责任之一。公共文化服务体系的构建重新定位了公益性文化事业的价值导向，进一步强化了公共文化事业机构的社会地位及存在的意义，为我国文化体制改革指明了方向。

新世纪以来，为保障公民的基本文化权利，党中央、国务院将建设公共文化服务体系作为国家战略正式纳入国家议程。2005年10月，党的十六届五中全会通过的《中共中央关于制定国民经济和社会发展第十一个五年规划的建议》中对公共文化服务进行了专门论述，要求"加快政府对文化事业的投入，逐步形成覆盖全社会的比较完备的公共文化服务体系"。之后，我国又出台了多项政策措施强化公共文化服务体系建设。虽然2005年之前，国家层面没有"公共文化服务"的表述，但在此之前所提的"群众文化""社会文化""文化事业""文化公益事业"都有公共文化服务的色彩，因此在分析公共文化服务政策时也把与之相关的政策包容其中。

公共文化服务体系是现代政府公共服务体系的重要组成部分，它将文化建设与人民群众的基本利益紧密结合，体现了文化发展以人为本的特征，凸显了服务型政府执政为民的本质。就公共文化服务体系的内涵而言，目前学界基本达成共识，认为公共文化服务体系是由政府主导、社会参与的，以公共财政为主、其他文化机构与社会组织为辅的非营利性的，为全体国民普及文化知识、传播先进文化、保障人民群众文化权益的公益性文化机构和服务的总和。

第二节　新中国成立以来我国公共文化服务政策的发展

政策是国家为实现一定历史时期的目标而制定的行动准则，而文化政策是国家为达到一定的目标对文化领域的问题所颁布的相关规定与原则，是国家在文化艺术领域所采取的一整套制度性规定、规范、原则与要求体系的总称。

新中国成立以来我国公共文化服务政策的发展大体可划分为四个阶段：公共文化政策的萌芽期，时间为1949年新中国成立到"文化大革命"前夕；公共文化政策的停滞期，时间为1966—1977年；公共文化政策全面发展与复兴时期，时间为1978年十一届三中全会召开到2005年；公共文化服务的深化时期，时间为2005年十六届五中全会至今。

一、公共文化政策的萌芽期

新中国成立初期，人民群众在物质生活上处于贫困状态，很多地区尚未解决温饱问题。此阶段，公共文化服务处于萌芽状态，通过发布相关政策，我国兴建了一批文化馆、群众艺术馆、博物馆、图书馆等公共文化服务设施，为其后公共文化服务的进一步发展以及相关政策的制定和实施奠定了基础。

1. 文化馆、群众艺术馆相关政策

1949年新中国成立，当时我国公共文化设施十分薄弱。为此，国家开始对各地不同性质的民众教育馆进行改造，将其改建为人民文化馆。较早的文化馆出现在沈阳、北京等地。作为文化馆的前身，民众教育馆在我国有较长的历史。早在1915年，我国便出现了具有公共文化教育属性的江苏省立南京通俗教育馆，它是我国第一个民众教育馆。新中国成立前，我国曾出现三种性质不同的民众教育馆。

从新中国成立到"文革"之前，我国的文化馆事业发展较快。其突出表现便是形成了省、区、市（群众艺术馆）—县（文化馆）—乡镇（文化站）的全国文化馆事业机构体系。

在此期间,《关于整顿和加强文化馆、站工作的指示》《关于1954年文化工作的基本总结和1955年文化工作的方针和任务》《关于群众艺术馆的任务和工作的通知》《关于当前文化艺术工作若干问题的意见(草案)》等文件为文化馆、群众艺术馆的快速发展提供了充分的保障和支持。

1953年12月,文化部发布了《关于整顿和加强文化馆、站工作的指示》,指明了文化馆的性质及工作任务,确立了面向基层和面向普及的工作方针。文件出台后,全国开始了对文化馆(站)的整顿,文化馆的专业人员的素质有所提升。

1954年,文化部发布《关于1954年文化工作的基本总结和1955年文化工作的方针和任务》,要求认真执行"百花齐放,推陈出新"的政策,确立了文化馆事业发展的方针和原则,引导文化馆事业顺利发展。

1956年8月,文化部颁布了《关于群众艺术馆的任务和工作的通知》。其后,各省、地、市陆续建立群众艺术馆,其主要职能是辅导群众艺术活动,同时,在搜集民间艺术等方面也发挥了重要作用。

上述政策为群众文化的良性发展提供了有力保障。1953年,全国文化馆仅有2 455所,到1957年已增长到2 748所。群众艺术馆则实现了从无到有的突破,截至1957年,全国已建立38所群众艺术馆。①

但自1958年开始,文艺界出现了盲目冒进的现象。为改变这一不良局面,1962年4月,文化部和全国文联在调查研究、总结经验教训的基础上,共同制定了《关于当前文学艺术工作若干问题的意见(草案)》,对文艺工作的方针、文艺批评、民族文化遗产和外国文化、领导作风、文艺界的团结等问题进行了明确的规定,在群众文化的逐步恢复和发展方面发挥了重要作用。

2. 博物馆、图书馆相关政策

(1)博物馆相关政策

从1949年开始,党开始对旧有博物馆的接收工作。1949年2月,故宫博物院和北平历史博物馆被接管,至当年年底各地共接收博物馆20座。截至1952年,又先后接管了天津的北疆博物院、大连的资源馆、上海的亚洲文会博物院和震旦博物院及济南的广智院。至此,全国仅存的25座博物馆全部被接管。

1950年,为了加强对新中国成立后文物博物馆事业的统一领导和管理,中央人民政府决定在政务院文化部下设立文物事业管理局。同年5月24日,政务院颁发了《禁止珍贵文物图书出口暂行办法》的命令,规定了革命文献及实物等11类禁止出口的物品,运用政策法规手段结束了新中国成立前外国人肆意盗运我国珍贵文物的局面。同日,政务院还发布命令,规定了《古迹、珍贵文物、图书及稀有生物保护办法》以及《古文化遗址及古墓葬之调查发掘暂行办法》。它们及时有效地保护了各地文物古迹,打

---

① 参见梁泽楚编著:《群众文化史》(当代部分),新华出版社,1989年版,第59页。

击了盗掘和破坏文物的犯罪活动,同时,这也是我国考古发掘实行申报和执照制度的开始。

文化部于1951年10月发布了《对地方博物馆的方针、任务、性质及发展方向的意见》,指出博物馆事业的总任务是进行革命的爱国主义教育,博物馆事业以改造原有的为主,仅在个别有条件的地区筹建新博物馆。在此方针的指导下,截止到1952年年底,我国的博物馆事业得以顺利推进,博物馆数量达到35座。

1958年的"大跃进"运动在人们思想上造成了不少混乱,博物馆的工作秩序受到损害,科研业务受到批判。为使博物馆重新走上正轨,1962年8月,文化部文物局发出了《关于博物馆和文物工作的几点意见》,进而,又在1963年出台了《博物馆藏品保管暂行办法》。

(2)图书馆政策

1949年,我国公共图书馆仅有55所。内蒙古、新疆、广西等少数民族地区只有为数不多的图书馆。少儿图书馆方面,仅有上海儿童图书馆和北平市立图书馆儿童分馆。[1]

20世纪50年代中期,图书馆事业开始得到重视。1955年4月,文化部发布了《关于征集图书、杂志样本办法》,这是新中国成立之后建立呈缴本制度的重要举措。同年7月2日,《文化部关于加强与改进公共图书馆工作的指示》发布。1956年,周恩来提议将发展图书馆事业列入十二年科学发展规划之中。同年12月,高等教育部颁布《高等学校图书馆试行条例(草案)》。1957年6月,国务院批准了《全国图书协调方案》。依据此方案,成立了北京、上海两个全国性的第一、第二中心图书馆,成立了9个地区性中心图书馆。并组织图书馆之间开展图书采购、调配、书目编制、干部培养等方面的合作。《全国图书协调方案》的制定和实施,标志着我国文献资源共建共享活动迈出了重要一步。

上述政策法规的出台,使我国图书馆事业进入一个迅速成长的周期,县以上公共图书馆数量由1955年的96所,增长到1958年的922所,同期藏书量由2 890万册增长到6 300万册,无论是图书馆数量还是藏书量都实现了大幅增长。高等学校图书馆由1949年的132所,增长到1957年的229所,同期藏书量由794万册增长到4 000万册。农村图书室在1956年便达18万余所。遗憾的是,1958年到1966年期间,由于经济冒进和政治运动,加上1959—1961年的三年困难时期,图书馆事业未能在1958年基础上继续快速发展。[2]

---

[1] 参见马炎编著:《中外图书馆发展史概论》,兵器工业出版社,2008年版,第85-86页。
[2] 参见蒋永福著:《图书馆学通论》,黑龙江大学出版社,2009年版,第59页。

二、公共文化政策的停滞期

"文革"给党、国家和人民带来极其深重的灾难。"文革"期间,文化事业成为阶级斗争的工具。该时期,我国的群众文化工作遭到严重破坏。作为群众文化工作的主要载体,文化馆与博物馆、图书馆一起被打成"封资修"的阵地。群众文化工作、博物馆工作、图书馆工作在"文革"前的工作路线被全部推翻,所取得成绩也被全盘否定,公共文化政策的制定与实施基本处于停滞状态。

"文革"期间,我国群众文化工作遭到严重的损害,群众文化队伍被迫停止工作,文化设施及图书、设备遭到破坏,许多有价值的民间艺术资料被当作"封资修"的产物,遭受批判,很多文化馆被撤销,活动场所被侵占,在"文革"中后期,少数文化馆得以保留,但也基本成为阶级斗争和路线斗争工具,其工作大多是假、大、空的文化宣传。

"文革"期间,博物馆事业也遭到严重破坏。在极"左"思潮的影响下,新中国文物博物馆工作取得的成绩被全盘否定,大批干部和专家学者受到批判,大多数文物藏品成了"四旧",大量文物古迹遭到破坏,私人收藏被抄没或损毁。在大部分博物馆的历史陈列中,其科学性和艺术性原则被抛弃,历史发展的规律被扭曲,严重背离了历史唯物主义的原则。

"文革"期间,我国图书馆事业遭受了严重的破坏。许多图书馆处于关闭或半关闭状态,有些图书馆的藏书部分或全部散失;人员流失严重;图书馆事业的规模缩小,全国县以上公共图书馆由1965年的573所减少到1970年的323所,高等学校图书馆由1965年的434所减少到1971年的328所;专业刊物全部停办;学术研究停止;北京大学、武汉大学图书馆学系1966—1971年间停止招生。[①]为改变这一状况,1971年3至7月,在周恩来的推动下,全国出版会议在北京召开,会后出台了《关于出版工作座谈会的报告》,该报告经毛泽东批示同意,于8月以中央名义下发。报告下发后,图书馆事业情况稍有好转,图书馆逐步恢复开馆,开展借阅工作;北京大学、武汉大学图书馆学系从1972年起恢复招生;学术研究、馆际合作等逐步展开。这些都为"文革"后图书馆事业的发展打下了基础,也对当时其他文化事业的恢复有重要参照和指导意义。

三、公共文化政策的全面发展与复兴期

1978年12月,党的第十一届三中全会在北京举行。以此为标志,我国进入全面改革开放的历史新时期。此后,我国的公共文化设施网络日益健全,文化产品与服务的内容更加丰富,重大公共文化工程逐步推进。我国公共文化政策也进入复兴和发展期。

---

① 参见蒋永福著:《图书馆学通论》,黑龙江大学出版社,2009年版,第59-60页。

（一）保障公共文化设施的建设和服务的政策

公共文化设施是公民文化生活的载体，是公共文化服务体系的重要组成部分，"文革"结束后受到党和相关职能部门的高度重视。

1980年，中央书记处召开会议，就图书馆事业发展做出了部署。党中央在制定"六五"计划时，提出了"县县有图书馆、文化馆，乡乡有文化站"的目标，1980年代末这一目标基本实现。1982年，文化部出台了《文化部关于省（自治区、市）图书馆工作条例》，对图书馆的规范管理和职能发挥等提出了明确要求。1992年文化部发布《群众艺术馆、文化馆管理办法》，有效地推动了群众艺术馆等公共文化服务场馆的建设。2001年11月9日《国家计委、文化部关于"十五"期间加强基层公共文化设施建设的通知》下发，要求在明确目标的基础上，加强领导和规划，增加投入，加强基层公共文化设施建设。2003年，国务院发布《公共文化体育设施条例》，要求各公共文化体育设施开展与其设施功能、特点相适应的服务，保障其设施用于开展文明、健康的文化体育活动。2004年文化部发布《关于公益性文化设施向未成年人免费开放的实施意见》，规定公益性文化设施应加大向未成年人免费开放力度。

上述政策，为公共文化设施的快速发展提供了坚实的基础，为公共文化服务活动的开展提供了必要的物质保障。

（二）保障重点区域、人群公共文化权益的政策

"文革"结束后，为恢复和发展群众文化事业，党中央及有关部门出台了《关于关心人民群众文化生活的指示》《关于活跃农村文化生活的几点意见》《关于加强城市、厂矿群众文化工作的几点意见》等多个政策，在保障农村居民等重点人群的文化权益方面发挥了重要作用。

1990年代，相关部门出台了一系列保障农村、老年及西部地区文化权益的政策：1998年，文化部出台了《文化部关于进一步加强农村文化建设的意见》；1999年，文化部印发了《关于加强老年文化工作的意见》；2000年，文化部出台了《文化部关于实施西部大开发战略，加强西部文化建设的意见》。这些政策有效地推动了重点地区、重点人群的公共文化服务工作，提升了公共文化服务的水平。

大型文化工程对保障重点区域、重点人群的公共文化权益有很大助益。1990年，广西首先提出建设"边境文化长廊"工程，推进了边境地区文化事业的发展。1994年国家将这一工程由内陆边疆拓展到沿海地区，更名为"万里边疆文化长廊"，并制定了《全国万里边疆文化长廊建设总体规划》。该工程旨在满足边疆地区人民群众文化生活需要。为尽快改变老少边穷地区和中西部地区基层宣传文化设施严重不足的状况，1998年中宣部、文化部等多个部门组织实施"百县千乡宣传文化工程"，以宣传党的方针政策、普及科学知识。广播通信事业是公共文化服务的重要内容。1998年，为解决我国部分农村地区收听不到广播、收看不到电视的突出问题，我国开始组织实施"村村通"广播电视工程。

2002年4月17日,文化部印发《文化部、财政部关于实施全国文化信息资源共享工程的通知》,规定相关职能部门要利用网络等现代信息技术,为社会公众提供文化信息资源,满足重点区域、重点人群的文化权益。

(三)财税等支持政策

为使公共文化服务有效开展,改革开放以来我国出台了一系列政策支持文化事业单位的发展。

1987年2月2日,文化部发布《文化事业单位开展有偿服务和经营活动的暂行办法》,强调文化事业单位在符合法律法规和社会效益优先的基础上,可以适当开展有偿服务,保障资金收入来源。办法出台后,部分文化事业单位开设了服务性的经营项目,弥补了文化经费的不足,在一定程度上支持了文化事业单位的发展。

1994年财政部、国家税务总局发布《关于继续对宣传文化单位实行财税优惠政策的规定》,规定对部分宣传文化单位实施先征税后退税;对纪念馆、博物馆、图书馆、文物保护等单位的门票收入免征营业税;对文化事业单位的固定资产投资方征收零税率等。这些措施调动了文化事业单位对公众实行低价格、低门槛开放的积极性。

2001年,文化部印发《文化部关于"十五"期间文化建设的若干意见》和《文化部关于深化文化事业单位改革的若干意见》,对"十五"期间文化建设和文化事业单位改革提出了具体要求,意见明确提出对提供公共文化产品和服务的公益性文化事业单位加大扶持,这对增强公共文化机构的活力以及公共文化产品的供给都具有重要作用。

四、公共文化服务政策的深化期

十六大之后,文化改革发展进入新阶段。"公共文化服务"的概念在中央文件中正式提出,标志着中国的公共文化服务政策进入了一个新阶段。

自2005年起,公共文化工作的主要任务是在深化文化体制改革的同时,建立公共文化服务体系。党的十六届五中全会决定、十七大报告、十七届六中全会决定、十八大报告等重要文件都把"构建公共文化服务体系"作为重要目标。十八届三中全会更是提出了"构建现代公共文化服务体系"的任务。全国各级文化行政部门、新闻出版广电部门都将推动公共文化服务体系建设作为自身的中心工作,相关政策与法律法规不断推出。

2005年以来,我国的公共文化服务政策逐步完善,政策覆盖内容逐步丰富。2005年10月,中共十六届五中全会通过的《中共中央关于制定"十一五"规划的建议》正式提出"逐步形成覆盖全社会的比较完备的公共文化服务体系"。2006年,全国人大十届四次会议上通过的政府工作报告进一步要求"完善公共文化服务体系";同年9月,《国家"十一五"时期文化发展规划纲要》,将公共文化服务专辟一章。2007年,全国人大十届五次会议通过的政府工作报告再次强调这一问题;同年6月16日,中共中央政治局召开会议,专门研究公共文化服务体系建设问题;同年中办、国办印发了《关于加强公共文化服务体系建设的若干意见》,明确了公共文化服务体系建设的内容和任务。

2011年,文化部、财政部先后联合发布了《关于进一步加强公共数字文化建设的指导意见》与《关于实施"数字图书馆推广工程"的通知》,使公共文化服务在信息化背景下获得延伸。2016年,文化部《"十二五"时期公共文化服务体系建设实施纲要》鼓励和引导各机构通过移动终端提供公共文化服务。"十三五"以来,我国先后颁布了《公共文化服务保障法》《公共图书馆法》两部法律,标志着我国公共文化服务制度体系的进一步完善。

10多年来,我国公共文化服务政策覆盖内容从发展文化事业向健全公共文化服务网络、创新公共文化服务方式、完善公共文化服务运行机制、推进公共文化服务的法治保障等方面拓展。政策主体包括中共中央、全国人大、国务院、文化部(文化和旅游部)、广电总局(新闻出版广电总局)、科技部、财政部、发改委、国家文物局等政策主体,涉及传统文化传承、文化机构管理、文化惠民工程、社会力量参与、公平配置资源、文化队伍建设、文化科技创新、文化机构管理、文化遗产保护、经费保障、文化法治建设等主题,政策文件达到120余份,为全方位加强公共文化服务体系建设提供了有力的保障。

第三节 公共文化服务体系的政策定位和建设主体

一、公共文化服务体系的政策定位

国家公共文化服务体系的建设包含了现有文化单位和文化行业改革转型的基本内涵,是一种以改革转型后的公有文化单位为主体、社会力量积极参与的公共文化产品生产、分配、运营、管理和保障体系。

公共文化服务体系建设是我国文化事业体制改革方向的重要表征。我国文化体制改革和国家公共文化服务体系建设的基本目标是为了解放与发展文化生产力,提升公共文化机构的生产与服务能力,满足人民大众日益增长的对文化的需求,保障人民群众的基本文化权益。国家公共文化服务建设的政策定位,正是在这一理念和目标的基础上确立的。

二、公共文化服务体系的建设主体

政府与社会构成了公共文化服务体系的两大主体。其中，政府发挥引导、规划、规制的重要作用，既提供大多数的场所、设备，也提供具体的文化内容。而社会通过自组织，对大众的文化需求进行筛选，体现了公共文化的选择性、连续性和代表性。在公共文化服务体系中，政府是第一主体，同时不能缺少社会的参与，只有两者协调合作，才能真正建立符合社会及大众需求的公共文化服务体系。

1. 政府是公共文化服务体系构建的核心主体

在当代，政府与社会均是公共文化服务体系建设的主体，其中政府属于核心主体，或第一主体，担负最主要的职责。构建公共文化服务体系，为社会大众提供尽可能丰厚的文化服务，是政府的重要职能，也是其根本权能的组成部分。在政府所具备的统治、管理、服务三种权能中，现代政府十分重视社会服务。而在所有属于公共服务的职能中，政府又把文化服务放在十分重要的位置，这是当代社会文化建设地位的凸显所决定的。作为公共文化服务体系的建设，在政府方面主要包括：构建公共文化服务的体制与机制，构建政策与法律法规的保障体系，确立文化发展战略目标，制订文化艺术建设与发展规划，筹备与保证文化建设经费的投入与使用，保障公共文化资源的科学与合理使用，建设公共文化服务监控与评估机制，搭建公共文化发展及创意人才成长平台，协调各公共文化服务主体的工作，监督和促进政府工作人员行政道德和职业素养的不断提高等。

作为公共文化服务体系构建的核心主体，各级党委、政府以及各级文化行政部门，是我国公共文化服务体系建设的主导力量和责任主体，是公共文化服务体系建设的主要领导者和责任者，负责重大政策的制定、相关部门的监督、建设目标选择、建设经费的划拨和绩效考评与管理等。而作为各级党委政府下属的群团组织和文化事业单位，则主要承担公共文化服务政策的贯彻与落实，以及各项具体工作的实施与开展。

2. 社会机构与组织是公共文化服务体系的重要参与者

社会机构与组织在公共文化服务体系中亦有重要作用。当前，我国鼓励社会公众以各种组织形式参与公共文化服务，或者通过既有的组织参与公共文化活动，或者成立专门的公共文化组织承担公共文化服务。其中又可具体细分为以下几个主体：

（1）企业

企业已成为公共文化服务体系构建的重要参与主体。文化需求的多样化决定了文化供给主体的多元化。强大的生产能力与市场竞争力，使企业在文化基础设施的建设及某些文化产品的生产中比政府、文化事业单位及非政府组织有更多的优势，所以企业参与公共文化产品（服务）的生产、提供，有助于推动公共文化服务体系的建立健全和高效运转。在公共文化服务体系中，企业理应成为该体系建设主体中的一员，通过扶持、赞助等多种方式履行其社会公共责任,参与公共文化产品和服务的提供。企业的积极参与也有助于政府职能的转变,同时弥补政府公共文化服务的不足,提高公共文化服务的质量和效率。

(2)非政府组织

非政府组织是政府、市场之外的重要社会力量,同样属于公共文化服务的重要主体,其职能介于政府与市场之间,较多从事非营利性的社会服务活动,体现为对政府和市场职能的补充与调节。非政府组织一方面得到政府的政策支持,同时又得到市场各类企业的一定援助,承担政府与企业均难以承担的职能。非政府组织主要在合理配置公共文化资源、化解公共文化服务的供求矛盾、提升公共文化产品与服务的质量与效率、面向特殊群体提供多样化文化服务等等方面发挥重要的作用。

(3)社区

社区是公共文化服务体系构建的基本主体。所谓社区,通常被界定为聚集在一定地域中人群的生活共同体。在我国,社区日益成为人们生活的主要空间。因此,我国的公共文化服务体系需要社区的积极参与,以期真正为人民群众平等地参与行使自己基本的文化权利提供平台,使社区居民自主地参与丰富多彩的群众文化生活。社区参与公共文化服务体系建设,还可以社区为纽带,使区内各类组织已兴建的文化设施等资源在公共文化服务中发挥实效性作用,提高文化基础设施运行的效率和效益,避免基础设施的重复建设,优化社会文化资源的配置。

构建公共文化服务体系,其根本目的就是要通过充分动员社会各界力量平等地参与文化产品和文化服务的供给,满足人民群众日益增长的文化需求,保障公民的文化权益。在这一过程中,形成政府主导,企业、非政府组织、社区等社会各方共同参与、协同合作的良性机制,共同履行其服务社会的职责,充分满足人民大众的公共性文化需求。

第三章 文化产业政策

文化产业是新兴产业,其崛起是当代世界性的趋势。文化产业逐渐成为最具发展潜力、最有竞争力、增长最快的产业。我国文化产业发展迅速,文化实力不断增强。随着对文化产业认识的深化,我国文化产业政策也正在逐步深化发展。

第一节 文化产业政策的界定与功能

一、文化产业、文化产业政策

(一)文化产业

自1947年阿多诺和霍克海默在《启蒙的辩证法》中提出以来,文化产业逐步在世界上引发人们的关注,至今已超过60年。专家们从多个角度对文化产业的概念进行了界定。但到目前为止,在世界范围内,文化产业概念仍未得到十分严格的、统一的界定,在不同国家有不同称谓,在美国,被称为版权产业,在英国、澳大利亚被叫作创意产业,在西班牙称为文化消闲产业,中国、德国、韩国等国家则命名为文化产业。

从艺术和哲学价值评判出发,阿多诺和霍克海默对文化产业持否定态度,但自20世纪70年代起,"文化产业"逐渐成为一个中性词语,成为学术界描述现实社会中文化生产、传播和消费的工具,并被纳入国民经济统计中的产业分类范畴。

诸多学者对文化产业的概念进行了界定,很多政府以及国际组织也对其进行了界定。这些界定不尽相同,但大都强调以下几点:第一,与文化密切相关,以文化为主要内容;第二,强调其商业价值;第三,注重服务性;第四,将创意作为重要手段。

1992年,党中央、国务院在《关于加快发展第三产业的决定》中明确使用了"文化产业"的概念,文化的"产业"属性得到政府的认可。党的十五届五中全会通过的《中共中央关于制定"十五"计划的建议》中也出现"文化产业"的表述,由此文化产业逐步上升为国家战略。2004年4月1日,国家统计局印发《文化及相关产业分类》,对文化产业的概念和范围进行了权威界定。

结合中国政府的界定以及国内外学者的研究,文化产业可以界定为由市场主体实施的,提供文化产品和文化服务的生产、分配、交换的一系列活动的总和,其主要目的是满足人们的精神文化需求。

（二）文化产业政策

文化产业政策是政府制定和实施的旨在促进和规范文化产业发展的一系列政策的总和。文化产业政策是国家产业政策的重要组成部分,是以"文化产业"为政策对象的产业政策。

文化产业政策不同于一般的产业政策,它必须充分考虑文化产业的特殊性,这种特殊性就是文化产业在具有经济属性的同时,还具有很强的政治和意识形态属性,以及审美属性和民族文化属性,因此其政策的制定必须兼顾产业与市场规律,以及文化艺术规律。

文化产业政策涉及面较广,在产业发展的静态领域,既包括文化产业发展的总体性政策,也包括文化产业各类业态中的具体政策;在其产业的动态领域,既包括文化创造及艺术生产政策,也包括文化产品的流通、营销政策,以及大众文化消费政策。

二、文化产业政策的功能

文化产业政策在文化产业发展过程中发挥了重要的作用,主要有如下功能:

首先,对文化产业发展方向的确立与引导。文化产业是内容产业,具有一定的意识形态属性和审美属性,发展文化产业必须确保社会效益与经济效益相统一;文化需求是人民大众的根本需求,满足人民大众日益增长的文化需求是国家和政府的重要职责;文化领域为世人瞩目,提防国内外各种势力对文化的侵蚀,确保国家文化安全,也已成为文化建设的重要目标。以上方面,均需要依靠各种文化产业政策的确立和引导。

其次,对文化产业发展业态的调节与优化。在文化产业不断深化的形势下,社会新兴业态及中小企业更多向文化产业转型,文化产业内部各种业态也出现深刻的变化。由于权力不对等、信息不对称等因素的制约,其转型过程中往往会出现盲目性,"优胜劣汰"的市场机制有时也缺乏公正性与合理性。因此,需要以政策的力量对市场进行必要的调节和优化,尤其是对新兴业态和中小企业给予必要的扶持。

再次,对文化产业市场秩序的规范与调控。在文化产业发展过程中,竞争从来都是驱动市场繁荣的杠杆。但也会有一些企业和个人受利益驱使,背弃社会责任,违反市场规则,制造恶性竞争,或是制假售假,或是侵权盗版,导致市场的失衡和无序。对于市场竞争的调控,始终是政府的责任,需要及时制定与调整相关政策,规范各类企业的经营活动,对市场秩序予以调控,保障市场的良性运行。

最后,对文化产业公共资源的保护与利用。无论是历史资源还是当代资源,有形资源或者无形资源,文化资源均是国家和民族赖以生存和发展的重要基础。对文化产业公共资源必须以保护为重心,使其免于遭受损坏、歪曲和流失,同时又要充分利用与开发,使公共文化资源不被个人或少数企业垄断。文化资源的保护与利用,同样需要依靠政策加以调整和维护,唯此才能保证文化资源的共享与有效利用。

第二节　我国文化产业政策制定的出发点及政策发展历程

文化产业政策作为经济政策的一部分,在不同历史阶段,是与当时的政治、经济、社会环境等密切相关的。其根本要求是推动文化产业发展,优化经济结构。

一、我国文化产业政策制定的出发点

改革开放40余年来的文化产业政策,尽管不同时期的侧重点不同,但它们的核心出发点基本一致,表现为:

其一,以党和政府为主导,推进产业发展。改革开放后的文化政策始终坚持以马克思主义为指导方针,以坚持党的领导为根本保障。在重大文化政策的制定和实施上,党中央及各级党委提出指导思想,相关文化部门负责拟定政策文本,确保各垂直领域政策的迅速落地。

其二,中央与地方共同协调区域发展。每当中央出台相关文化政策时,全国各省、自治区、直辖市均会在中央相关领导机构指导下,充分结合本地实际情况,出台必要的地方性文化政策,或对中央政策作出具体的实施计划,显示出实事求是的优良传统。

其三,在改革与转型并举中调整产业结构。21世纪以来的大量文化产业政策,首先注重改革,对一些传统行业如新闻、广电、出版、演艺等,强化其体制与机制的改革,使其尽快适应当代文化产业发展的节奏,而对诸如动漫、游戏、互联网等新兴产业,则更多强调其业态的转型及机制的优化,充分发挥其在产业融合中的重要作用。

二、我国文化产业政策的发展历程

从改革开放开始,我国文化开始渐渐复苏,政府也愈加重视文化的发展,而文化产业概念的提出,更是把文化产业的发展作为提高国民经济水平的重要手段,政策的演进也与文化产业发展阶段相呼应。

改革开放初期,人们的思想被逐渐解放出来,国家也积极调整文化政策。20世纪80年代初,随着经济体制改革的帷幕拉开,一些文化机构为了生存,开展各种经营活动,获得经济利益,缓解经费不足状况,但这种行为长期未得到认可。直到1987年2月

2日,文化部、财政部、国家工商管理局颁发《文化事业单位开展有偿服务和经营活动的暂行办法》,才承认了文化事业单位开展有偿服务和经营活动的合法性。其后,为加强相关行业的管理,有关部门相继出台了《关于艺术表演团体的改革意见》《关于改进舞会管理问题的通知》《广告管理条例》等初具产业化特征的相关政策法规。1985年4月15日,国家统计局发布《关于建立第三产业统计的报告》,国务院同意并转发。该报告中,对三次产业进行了划分,并把文化、艺术归为第三产业的第三层次,文化、艺术的产业属性得到了政府的确认。

1988年,文化部、国家工商总局联合发布《关于加强文化市场管理工作的通知》,正式提出"文化市场"的概念,"文化市场"在我国的合法地位得到承认。1991年,国务院批转《文化部关于文化事业若干经济政策意见的报告》,正式提出了"文化经济"的概念。

从1992年开始,持续到2002年,我国的文化体制改革步伐明显加快,政府开始由"直接管理"转向"间接管理",由"办文化"转向"管文化"。此段时间,政府出台了一系列指导文化体制改革的政策措施和比较系统的发展文化事业的经济政策。

1992年国务院办公厅综合司编著的《重大战略决策——加快发展第三产业》一书出版,明确使用了"文化产业"的概念。1993年12月8日,《中国文化报》发表了当时文化部领导的讲话,提出"在改革开放中发展文化产业",这是我国政府文化行政部门领导人首次全面阐述对于文化产业的政策性意见。至此,文化产业在经济发展的浪潮中正式进入了发展轨道。

1998年8月,文化部文化产业司成立,标志着政府开始重视文化产业在社会主义市场经济中的作用。2000年10月11日,党的十五届五中全会通过《中共中央关于制定"十五"计划的建议》,第一次在中央正式文件中使用了"文化产业"概念,确立了文化产业的合法地位。建议提出"完善文化产业政策,加强文化市场建设和管理,推动有关文化产业发展",将文化产业从理论层面上升到国家发展规划和政策层面,标志着我国开始有意识地运用产业政策推动文化产业发展,具有重要意义。2002年11月,党的十六大报告指出,要完善文化产业政策,支持文化产业发展,增强我国文化产业的整体实力和竞争力。十六大报告首次将文化产业和文化事业作了明确区分,标志着文化产业的理论建设取得了实质性突破,文化产业的发展在中国进入了一个新的阶段。

自2003年以来,我国文化产业的地位大幅提高,政策制定以开拓创新深化体制改革为重心。2003年11月,十六届三中全会通过了完善社会主义市场经济体制的决定,文化产业开始作为国民经济的重要产业,纳入国民经济的总体规划,文化产业的战略地位得到了进一步确立。2005年10月11日,中国共产党第十六届中央委员会第五次全体会议通过了《中共中央关于制定"十一五"规划的建议》,提出完善文化产业政策,形成以公有制为主体、多种所有制共同发展的文化产业格局和以民族文化为主体、吸收外来有益文化的文化市场格局。2007年,党的十七大将"文化产业占国民经济比重明显提高"列入全面建设小康社会的奋斗目标,进一步提升了文化产业的战略地位。

这个时期,相关部门出台了《国务院关于非公有资本进入文化产业的若干决定》《文化部关于支持和促进文化产业发展的若干意见》《文化部关于鼓励支持和引导非公有制经济发展文化产业的意见》《文化及相关产业分类》《财政部、国家税务总局关于宣传文化增值税和营业税优惠政策的通知》《财政部、国家税务总局关于宣传文化所得税优惠政策的通知》《国务院办公厅转发财政部中宣部关于进一步支持文化事业发展若干经济政策的通知》《关于文化领域引进外资的若干意见》《关于加强文化产品进口管理的办法》和《国务院办公厅关于印发文化体制改革中经营性文化事业单位转制为企业和支持文化企业发展两个规定的通知》等等。中央政府制定的相关改革和培育文化产业发展的政策,为我国起步初期的文化产业的发展起到了重要的推动作用。

从2009年开始,我国文化产业迅速发展,产业发展政策进一步明晰,并形成了文化产业发展政策体系。2009年7月,国务院出台《文化产业振兴规划》,这是我国推出的第一部文化产业专项规划,它的出台标志着发展文化产业已经上升到国家战略层面,文化产业发展政策进一步完善。2011年3月16日,《国民经济和社会发展"十二五"规划纲要》提出"加快发展文化产业""推动文化产业成为国民经济支柱性产业,增强文化产业整体实力和竞争力",文化产业在社会发展和国民经济的战略地位进一步凸显,逐渐成为新的支柱性产业。2011年,党的十七届六中全会作出《中共中央关于深化文化体制改革推动社会主义文化大发展大繁荣若干重大问题的决议》,提出"加快发展文化产业,推动文化产业成为国民经济支柱性产业"和建设文化强国的奋斗目标,文化产业发展的战略思想更加成熟和完善。

在这一时期,比较重要的政策还有《关于深化国有文艺演出院团体制改革的若干意见》《关于深化中央各部门各单位出版社体制改革的意见》《关于文化体制改革中经营性文化事业单位转制为企业的若干税收优惠政策问题的通知》《关于支持文化企业发展若干税收政策问题的通知》《关于金融支持文化产业振兴和发展繁荣的指导意见》《文化部关于加快文化产业发展的指导意见》《商务部等十部门关于进一步推进国家文化出口重点企业和项目目录相关工作的指导意见》《关于加快发展体育产业的指导意见》《关于进一步推动新闻出版产业发展的指导意见》和《关于保险业支持文化产业发展有关工作的通知》等。这一系列的政策为在全球金融危机大背景下,中国文化产业继续保持快速发展与文化产业应对新的时代发展机遇提供了有力的政策保障。

第三节 我国当前的文化产业政策

自文化产业宏观战略正式推出以来,党中央、国务院及其国家各相关部委所制定的文化产业政策数量呈大幅增长态势,政策内容覆盖文化产业发展的各行业及各领域,既有宏观的战略性部署及引领,也有相对微观的区域性和行业性指导,同时辐射到与文化产业相关联及相融合的其他产业,文化产业政策体系化建设呈现出不断规范与完善的趋势。

特别是2012年以来,我国文化产业政策出现新的气象。党的十六大为文化产业指明了新的发展方向,十七大为文化产业发展提供了新的动力,十八大提供了明确的政策推动,十九大的召开则为推进文化产业全面发展提供了重要保障。2018年8月,习近平同志在全国宣传思想工作会议上强调"要推动文化产业高质量发展,健全现代文化产业体系和市场体系,推动各类文化市场主体发展壮大,培育新型文化业态和文化消费模式"[①],体现出十九大以来中国特色社会主义进入新时代之后我国文化产业政策的着力点。当前,我国的文化产业政策呈现出如下特点:

1. 覆盖财政、税收、人才、融合等的全面扶持政策

改革开放以来,我国的文化产业政策已经探索出一条适合社会主义经济发展的道路。在财政、税收、人才、土地、融合等几大方面,基本形成了党和政府全面扶持、多部门协调的政策体系。

(1)财政支持

财政政策主要表现为各专项产业发展资金的设立。资金来源为中央和地方各级财政投入,扶持对象包括单一文化产业门类、文化产业重点项目、特定文化企业、文化企业特定行为以及为文化产业提供金融支持及其他服务的主体。

(2)税收政策

文化产业的税收政策在主要税种中均有体现。增值税方面,对转制单位、重点文化产品生产企业、国务院批准成立的电影制片厂、电影集团及其成员企业等文化产业主体运用下调税率、出口退(免)税、先征后退等手段进行税收减免。企业所得税方面,国家对特定文化企业减免企业所得税;针对企业发展特殊时期,如新办文化企业三年免征所得税;针对企业从事国家鼓励的特定行为,如研发行为、企事业单位等主体对文化企业的捐赠行为,允许进行所得税加计扣除或抵免。个人所得税方面,国家对单位和个人进行特定文化行为的鼓励,如捐赠行为,在缴纳个人所得税时准予扣除;拍卖品为经文物部门认定是海外回流文物的,按转让收入额的2%计算缴纳个人所得税。营业税方面,对文化单位的特定经营行为收入予以减免税,如纪念馆、文化馆、图书馆等公益性文化单位的门票收入,文化企业的境外演出收入,动漫企业开发动漫产品提供的劳务收入等。关税方面,主要对文化企业进口从事文化生产和服务的必需设备免征进口关税,或对特定文化产品进口实行暂行优惠税率。房产税及土地使用税方面,对特定文

---

① 习近平:《举旗帜聚民心育新人兴文化展形象 更好完成新形势下宣传思想工作使命任务》,《人民日报》,2018-08-23.

化单位的自用房产或经营房产减免税,如宗教寺庙、公园、名胜古迹等。①

（3）人才培养政策

在文化产业人才政策方面,文化部推出了《全国文化系统人才发展规划（2010—2020）》,该文件在加强文化人才队伍建设和实施重大人才工程方面作出详实的规划,为文化产业发展提供人才支持。2016年中共中央印发的《关于深化人才发展体制机制改革的意见》中强调,改进人才制度的战略目标、冲破束缚人才的机制,才能建立具有国际竞争力的人才政策。意见的提出,为全国文化人才工作提供了指导方向。各地方政府也在文化产业人才培养、引进等方面进行积极的探索。

（4）土地政策

近年来中央和地方出台一系列土地政策对文化产业予以扶持。由于各地具体情况的不同,所以虽然国土资源部还未单独出台文化产业土地政策,但在其他相关政策中多有支持文化产业发展的土地优惠内容,各地政府也在文化产业项目、文化产业园区、特殊文化产业主体土地供应方面推出一些具体政策,为文化产业发展铺平道路。

（5）融合政策

我国的文化产业融合政策是在党的"十八大"以来逐步推出的。文化产业与金融业融合的政策方面,2014年,中国人民银行与财政部为开发具有文化需求的金融产品制定了规划。2014年,国务院作出推进文化创意和设计服务与相关产业融合发展的相关部署,指导文化创意和设计服务在经济社会各领域中的快速发展和实施。

文化与科技融合政策方面,"十一五"时期文化发展纲要提出要加快科技创新,推动文化与科技融合;"十二五"规划纲要提出构建国家文化产业科技基础条件平台,建设和完善国家重大文化科技基础设施,优化文化科技布局,加强相互配套、开放共享和高效利用;推动我国动漫产业发展的若干意见中也对促进科技与文化融合有所涉及;各部委,如文化部、新闻出版广电总局,均在推动文化产业、新闻出版产业发展的指导意见中提出运用高新科技转变产业发展方式、促进产业升级、提升内容创新能力与水平、丰富产品表现形式等意见;2014年《关于推进文化创意和设计服务与相关产业融合发展的若干意见》,为科技创新和文化产业的融合拓展了更大空间。

2. "一带一路"带动产业发展

文化产业作为国民经济的软实力代表,是我国参与国际化竞争的重要筹码。改革开放初期,我们无论是从资金、技术还是人才、管理等多方面,都与发达国家差距悬殊。经过40多年的运作与发展,经济和财政政策为文化产业的发展提供了资金保障,体制化改革孵化出的大型公司,为文化产业"走出去"争取了多方面的优势。文化部出台《"一带一路"文化发展行动计划（2016—2020年）》等政策,对推进国际文化交流及贸

---

① 参见祁述裕、孙博、曹伟、纪芬叶:《2000—2014年我国文化产业政策体系研究》,《东岳论丛》,2015年第5期,第58页。

易、增强我国文化影响力作出具体规划。近年来,我国和150多个国家签署了文化合作协定,设立了30多个海外中国文化中心,建立了良好的文化合作机制。

随着信息化、数字化趋势的日益明显,文化产业政策也越来越重视培育新兴文化业态,着力推进"互联网+"等战略。2017年6月30日,新的《国民经济行业分类》正式颁布。为此,国家统计局于2018年4月颁布了新修订的《文化及相关产业分类(2018)》,以适应文化产业新业态不断涌现和迅猛发展的态势。

党的十九大以来,文化创新成为发展文化产业的主线。2017年"数字文化产业"政策的出台,为互联网时代的文化发展提供了一条全新路径,适应各地经济体制的文化创意政策带动了全产业链的形成和发展。

第四章　文化遗产保护政策

文化遗产保护政策主要是指那些用来保护物质文化遗产和优秀非物质文化遗产的政策，无论是物质文化遗产还是非物质文化遗产，都是人类文明的瑰宝，都铭刻着民族的基因和历史的记忆。文化遗产保护政策的相继推出，对本民族优秀传统的精心保护和利用，意味着一个国家在文化建设历程中已经具有了高度的文化自觉。

第一节　文化遗产概念的提出及其特征

一、文化遗产概念的提出

文化遗产（Cultural heritage）概念的提出是比较晚近的事情，虽然有些约定俗成或零星的用法，但通常将1972年11月16日在巴黎举行的联合国教科文组织第17届会议上通过的《保护世界文化和自然遗产公约》（以下简称1972年公约）作为规范的文化遗产概念的肇始，此概念得到了大多数国家和地区的公认，也最具有权威性。在这个文件中，文化遗产定义的相关表述如下：

第1条　在本公约中，以下各项为"文化遗产"：
古迹：从历史、艺术或科学角度看具有突出的普遍价值的建筑物、碑雕和碑画，具有考古性质成分或结构、铭文、窟洞以及景观的联合体；
建筑群：从历史、艺术或科学角度看在建筑式样、分布均匀或与环境景色结合方面具有突出的普遍价值的单立或连接的建筑群；
遗址：从历史、审美、人种学或人类学角度看具有突出的普遍价值的人类工程或自然与人联合工程以及包括有考古地址的区域。

公约的第2条，又对"自然遗产"进行了规定。

第2条　在本公约中，以下各项为"自然遗产"：从审美或科学角度看具有突出的普遍价值的由物质和生物结构或这类结构群组成的自然景观;从科学或保护角度看具有突出的普遍价值的地质和地文结构以及明确划为受威胁的动物和植物生境区;从科学、保护或自然美角度看具有突出的普遍价值的天然名胜或明确划分的自然区域。

并且在第3条中提到"本公约缔约国均可自行确定和划分上面第1条和第2条中提及的、本国领土内的文化和自然遗产"。①

从这个文件的规定可以看到,文化遗产有着较为清晰的界限,是结合了国际社会对文化、遗产等概念的传统用法与各国在认定问题上的现实语境而提出的。事实上,文化遗产从命名以来,没有停止过充实完善的历程,一直在各种文件和文化实践中被不断修正,从中也可以看出国际社会政策的变迁。在早期国际法律文件中,文化遗产被叫作"文化财产"(cultural property),如1954年《武装冲突情况下保护文化财产的公约》,1970年《关于禁止和防止非法进出口文化财产和非法转让其所有权公约》,使用的都是"文化财产"。这里的概念更接近于通常意义上"产"的本意,即能够被继承或具有交换价值的有形的物质客体,只是其价值更多地体现在历史、文学、艺术、科学等精神文化层面而不是功能层面。1972年公约中所提到的文化遗产的3种类型——文物、建筑群、遗址,也都是体现了其有形的物质客体的这一特点。在很长一段时间内,相关国际组织法律文件中,"文化财产""文化遗产""文物"等用语交替使用,其定义都和通常意义上的"财产"密切联系,如日本、韩国等国家很早就在相关文化遗产法律领域使用"文化财产"这一概念。

但仅仅对物质形态的文化遗产进行保护是远远不够的,文化的传承不能只依靠这些能够看得到摸得着的物,更依赖于人的思想、观念和行为。例如作为文化遗产的建筑物,其价值不仅仅表现为物理存在的形态,关于它建造的空间选择、样式设计、技艺方式等,都体现了一种文化对自然和人类自身存在的思考,这同样是文化的重要组成部分。仅仅在法律中规定保护建筑本身,显然是不足的。而这些有价值的技艺、思想和观念行为又大量存续于民间生活中,作为一种生活方式被人们世代传承和实践。因此,非物质形态的文化遗产的保护,随着1989年《保护民间创作建议案》、2001年《世界文化多样性宣言》等联合国教科文组织文件的提出和实际工作的倡导,成为一个热度越来越高的议题。1997年11月,联合国教科文组织第29届大会通过了建立"人类口头和非物质文化遗产代表作"的决议,并于2000年4月启动了"人类非物质遗产代表作名录"的申报、评估工作。2002年9月,联合国教科文组织召开第3次全球文化部长圆桌会议,通过了《伊斯坦布尔宣言》,强调非物质文化遗产是构成人们文化特性的基本要素,是全人类的共同财富,各国政府有责任制定政策和采取措施保护它们,使之不断传承和传播。在该组织的努力下,经过多轮协商和反复修改,最终2003年10月,联合国教

---

① 参见联合国教科文组织1972年《保护世界文化和自然遗产公约》官方中文版。

科文组织第32届大会通过了《保护非物质文化遗产公约》（以下简称2003年公约），为各成员国制定相关国内法提供了国际法依据。它和1972年公约一起，形成了文化遗产保护的较为全面的国际法律文件，把文化遗产的概念从物质文化遗产拓展到非物质文化遗产领域，全面完善了文化遗产概念。

经过几十年的探索和实践，文化遗产概念不断丰富，国际社会普遍接受了文化遗产分为物质文化遗产和非物质文化遗产两种类型的做法，并且在二者关系的认知上也进一步深化。尽管如此，文化遗产概念仍然没有一个统一确切的表述，在不同的国际文件中也仍然按照各自的保护目标和实践范围来使用。例如联合国教科文组织2001年通过的《保护水下文化遗产公约》是指特殊类型的文化遗产——"水下文化遗产"，而不是整体意义上的文化遗产。因此，在某个国际法律文件中寻找一个完整的"文化遗产"概念是困难的，这种情况既体现了人类认知的进程，同时也说明文化遗产构成的复杂性。而在具体法律操作层面，概念的精确和适用显得更为重要。因此尽管我们今天用文化遗产来统称那些优秀的人类创造和智慧结晶，但在不同的语境下，还是要区分其内涵构成，毕竟在不同的法律文件中，其构成基础和指称范围都是不同的。下面我们以最主要的两个文化遗产领域的国际法律文件：1972年《保护世界文化和自然遗产公约》和2003年《保护非物质文化遗产公约》中的规定，来探讨文化遗产的有关概念。

二、文化遗产的界定

在1972年公约中，文化遗产概念如上文所述，主要是文物（或纪念地）、建筑群、遗址3种类型，都是从历史、艺术或科学角度来看具有突出的、普遍价值的、大型不可移动的文化财产。尽管公约概念中"monuments"被官方中译本译为"文物"，但显然和我们中文语境中使用的文物概念是不同的，从公布的文化遗产名录中也可以看出，这里是把小型可移动的文物排除在外的，更关注那些成为一个整体的、不可分割和移动的大型文物，如"建筑、雕塑作品，也包括具有建筑因素的历史性公园和庭院"等。

1972年公约从"文化—自然"的两分思维入手，把世界遗产分为两种类型。但这种不足也很快在保护实践中显现出来。因为即使是纯粹自然的景观，其价值也是无法摆脱人类意识的投射，是人自身力量的一种显现，更何况很多遗产在人类创造力的直接参与下才凸显出其普世价值性。于是，弥合二者之间差异的新型遗产——"文化与自然混合遗产"类型又被列入世界遗产的名录中。联合国教科文组织自然遗产协会副主席卢卡斯先生在1987年5月考察中国泰山时有这样的评价："泰山把自然与文化独特地结合在一起了，并在人与自然的概念上开阔了眼界……而泰山便是具有双重价值的遗产。"这类遗产既符合世界文化遗产的标准，也符合世界自然遗产的标准，使两种遗产过于割裂的情况得到改善。

随着人们认识的深入，1992年12月，联合国教科文组织世界遗产委员会第16届会议又提出将文化景观遗产作为一个全新的遗产类型。文化景观遗产是全人类公认的具有突出意义和普遍价值的自然和人类的共同作品，是无法替代的。包括3种类型：1.由人类有意设计和建筑的景观，如出于美学原因建造的园林和公园景观；2.有机进化的景观，它产生于最初始的一种社会、经济、行政以及宗教需要，并通过与周围自然环境的相联系或相适应而发展到目前的形式，包括残遗物（化石）景观，持续性景观；3.关联性文化景观，以与自然因素、强烈的宗教、艺术或文化相联系为特征，而不是以文化物证为特征。

文化景观遗产的提出，有着从单纯物化形态的遗产向非物化形态延伸的趋势，更看重了宗教、艺术或与传统生活相关联的那些文化因素。于是，在1972年公约的规定之下就有了4种类型的世界遗产：世界文化遗产，世界自然遗产，世界文化与自然混合遗产，文化景观遗产。

1972年公约中遗产类型的丰富，是国际社会对遗产问题认识逐步深化的结果，但是这种认识远未达到保护人类文化整体的要求。20世纪以来，人们看到不同国家有着不同的价值观和不同的实践模式，而不同的文化传统对于维持全球文化生态系统稳定有着重要的意义，是历史的见证和人类创造力的源泉，这些文化却因全球化的不平等和不对称影响力正在急剧消退，无法得到有力的保护。1972年公约作为一个有着几十年法律效力和操作经验，其概念和条文已经定型，无法再在这样的框架结构中进一步拓展了。在这样的情况下，2003年公约应运而生。非物质文化遗产正是对应1972年公约中的遗产类型所提出的，某种意义上是对它的补充。在2003年公约中，对非物质文化遗产作出了如下解释：

非物质文化遗产，指被各社区、群体，有时是个人，视为其文化遗产组成部分的各种社会实践、观念表述、表现形式、知识、技能以及相关的工具、实物、手工艺品和文化场所。这种非物质文化遗产世代相传，在各社区和群体适应周围环境以及与自然和历史的互动中，被不断地再创造，为这些社区和群体提供认同感和持续感，从而增强对文化多样性和人类创造力的尊重。在本公约中，只考虑符合现有的国际人权文件，各社区、群体和个人之间相互尊重的需要和顺应可持续发展的非物质文化遗产。

按上述定义，"非物质文化遗产"包括以下方面：
（1）口头传统和表现形式，包括作为非物质文化遗产媒介的语言；
（2）表演艺术；
（3）社会实践、仪式、节庆活动；
（4）有关自然界和宇宙的知识和实践；

（5）传统手工艺。①

相对于更侧重于物质形态的物质文化遗产，非物质文化遗产通常以精神、思想、技艺、知识等抽象形态表现出来，因此又被称为无形文化遗产，在国际社会上曾经以民间创作（民间传统文化）、非物质遗产、人类口头和非物质遗产等概念加以表述。2003年公约综合了各个阶段的定义和用法，在内涵和外延上进行了统一规定，从而为各国在保护此类遗产提供了法律上的概念依据。值得指出的是，非物质文化遗产概念很大程度上受到日本"无形文化财"概念的影响。早在1950年日本颁布的《文化财保护法》中，就把保护对象分为有形文化财、无形文化财、民俗文化财、史迹名胜、天然纪念物、传统建筑群、文化财保存技术、埋藏文化财等，对戏剧、音乐、工艺技术等无形文化遗产进行保护，并建立了"人间国宝"制度，政府对那些身怀绝技的技艺传承者通过审议认定为"人间国宝"，对他们培养和传承技艺给予支持和保护。这些体现东方思维特色的文化遗产保护方式后来被联合国教科文组织吸取，成为非物质文化遗产保护工作的重要理念来源。

三、文化遗产的类型

从1972年公约到2003年公约，文化遗产的概念不断丰富拓展，到目前为止在联合国教科文组织的法律文件中，世界遗产体系包括5大类别：世界文化遗产、世界自然遗产、世界自然与文化混合遗产、世界文化景观遗产、人类非物质文化遗产，他们分别属于两个不同的公约体系，有着不同的指称对象和适用的法律基础，也有着不同的缔约国和各自的组织机构、保护机制，因此不能把他们混为一谈。

在1972年公约的框架下，"文化遗产"是特指以下类型：文物（纪念地）、建筑群、遗址，不同于我们一般意义上谈到的文化遗产，也无法涵盖非物质文化遗产，它更突出各国文化遗产中那些特别重要的、具有突出普世价值的部分，强调对全人类的意义。

而2003年公约中的非物质文化遗产则有着很强的民族性和地域性特点，在此层面上突出其对于世界文化多样性的意义，"这种非物质文化遗产世代相传，在各社区和群体适应周围环境以及与自然和历史的互动中，被不断地再创造，为这些社区和群体提供认同感和持续感，从而增强对文化多样性和人类创造力的尊重。"在缺乏"文化遗产"统一法律定义的情况下，我们在讨论相关问题时，还是要注意辨析不同称谓所代表的范围，避免出现概念的混淆或概念的扩大，从而明确其特点和保护规律，更好地采取保护措施。

此外，随着国际社会对文化遗产概念的理解和价值评价多元化趋势的增强，又出现了一些新的文化遗产类型。这些新型文化遗产无法包含在传统的文化遗产范围内，但

---

① 参见联合国教科文组织2003年《保护非物质文化遗产公约》官方中文版。

其价值又较为独特,在当今社会发展条件下也面临着快速消失的危险,主要包括工业遗产、乡土建筑遗产、文化线路遗产等。

工业遗产主要指在世界范围内的工业转型过程中,那些传统工业因衰落、转产或迁移而遗留下的工业设施,虽然被闲置或废弃,但仍有着见证社会发展的历史、科学、艺术价值,是文化遗产的组成部分。

乡土建筑遗产有广义和狭义之分,作为乡土社会在漫长的历史发展过程中不断更新而成的一种适宜性地方建筑形式,凝聚了地方文化的精髓和地方建筑特色,也是文化遗产的重要组成部分。

而文化线路遗产是指拥有特殊文化资源集合的线性区域内的物质和非物质的文化遗产群,它产生于交通线路,各遗产组成部分通过交通线路及其蕴含的历史关系而联结起来,形成了一个有机动态系统,如中国的丝绸之路、大运河、茶马古道等。

上述这些遗产类型都是在国际古迹遗址理事会的主导下被提出的。国际古迹遗址理事会是世界遗产委员会的正式咨询机构,是有关促进古迹、建筑群及遗址的保存、保护、修缮和加固的国际组织,也是一个全球性的非政府组织,1965年在波兰华沙成立。它主要负责对世界遗产提名项目的文化价值进行评估,作为世界遗产委员会表决遗产是否得到批准的参考。该组织1999年通过的《关于乡土建筑遗产的宪章》、2003年通过的《下塔吉尔宪章》、2008年通过的《文化线路宪章》中,对工业遗产、乡土建筑遗产、文化线路遗产的定义、类型、识别指标、价值、保护原则等都作出了规定,使这些遗产类型得以确立并受到保护。上述法律文件虽然主要是一些原则性和宣示型的条款,但它对各国用法律手段保护上述遗产有重要的启示作用。

综上所述,文化遗产概念的形成离不开国际社会相关法律文件的规定,其逐步完善的过程也是在世界格局变化和政治、经济和文化发展的背景下,各种国际力量相互博弈的结果。在一般意义上,我们可以把文化遗产划分为物质文化遗产和非物质文化遗产。在2005年国务院发布的《关于加强文化遗产保护的通知》中,对"文化遗产"概念进行了表述:"文化遗产包括物质文化遗产和非物质文化遗产。物质文化遗产是具有历史、艺术和科学价值的文物,包括古遗址、古墓葬、古建筑、石窟寺、石刻、壁画、近代现代重要史迹及代表性建筑等不可移动文物,历史上各时代的重要实物、艺术品、文献、手稿、图书资料等可移动文物;以及在建筑式样、分布均匀或与环境景色结合方面具有突出普遍价值的历史文化名城(街区、村镇)。非物质文化遗产是指各种以非物质形态存在的与群众生活密切相关、世代相承的传统文化表现形式,包括口头传统、传统表演艺术、民俗活动和礼仪与节庆、有关自然界和宇宙的民间传统知识和实践、传统手工艺技能等以及与上述传统文化表现形式相关的文化空间。"可以看出,这是根据国际公约的相关规定和我国文化遗产的历史与现状,所作出的一个符合我国国情与保护实践要求的文化遗产定义。

第二节　文化遗产的特征

文化遗产分为物质文化遗产和非物质文化遗产，能够最大限度地弥合不同文化遗产之间的差异，把具有相同特质的文化遗产统一起来。在物质文化遗产与非物质文化遗产之间，其特征既有共同的一面，又有相区别的一面。

一、文化遗产的共有特征

（一）历史性

既然称为"遗产"，说明其历史演变必定经历了一个长期过程，其中蕴含了久远时代的信息和记忆，这些信息和记忆的价值也往往随着历史长度的增加而不断升高。就物质文化遗产而言，因年代久远而使这些信息更加珍贵，它所蕴含的历史信息是评定价值高低的重要标准。当然这也不能一概而论，有些近代文物虽然存世时间不长，但因为见证了重大的历史事件，见证了国家或民族在关键时刻的发展，也具有重要意义，比如那些重要的近代革命文物。而非物质文化遗产通常都是在当下存续的，其历史价值更体现在对特定历史时期的生产发展水平、社会组织结构和生活方式、道德习俗和行为禁忌的记忆上。因为非物质文化遗产大多以民间口传、活态的形式存在，对这些记忆的挖掘和揭示，可以弥补正史典籍之不足，去伪存真，考证出更全面、更真实的历史和文化。因此，作为文化遗产，无论其历史长短、有形无形，总会有重要的历史信息或历史记忆在里面留存，具有重要的历史价值。

（二）艺术性和科学性

作为历史的"遗留物"，人类创造和留存的一切物质与精神财产都记载了过去某时、某地、某一特定人群的智慧和创造，都有着某种价值，理论上都可以看作是文化遗产。但对这些内容全部进行保护是不现实的，只有对那些有着重要价值的代表性部分，通过国家立法形式的审议和确立，利用有限的资源进行保护。这个选择标准通常由各国政府根据本国情况进行掌握。《文物保护法》中关于"文物"的定义，多个条款都有"具有历史、艺术、科学价值"的表述，说明艺术性、科学性是判定其文物身份、价值高低的重要标准。《非物质文化遗产法》中也明确提出："对体现中华民族优秀传统文化，具有历史、文学、艺术、科学价值的非物质文化遗产采取传承、传播等措施予以保护。"因此，文化遗产不同于其他人类创造物或一般的财产，其价值更体现在实用性之外的艺术性和科学性上。

（三）不可再生性或稀缺性

无论是物质文化遗产还是非物质文化遗产，都是经过自然的选择和历史的洗礼，历经人为的破坏或淘汰之后留存下来的，因其稀缺而体现出价值。一旦遭到破坏将永远无法弥补，具有不可再生性。就物质文化遗产来说，大到历史建筑、人类活动遗址，小到一件书画作品，都是特定时代的产物，其所承载的历史、艺术、科学或文化价值都是独一无二的，即使同时代的作品也无法替代。而非物质文化遗产虽然还存在于现实中，但如果不注意保护和传承，那些技艺、知识、实践一旦失去也将面临"人亡艺绝"的境地，即使恢复也不再具有原真的价值要素。当然非物质文化遗产本身所具有的活态性和流变性也决定了其面貌总是在不断改变，但这种改变是一个自然而然的过程，不是"亡羊补牢"或"拔苗助长"式的人为改变，其核心价值不能再生。

（四）民族性与地域性

任何文化遗产都是特定时代和特定环境下的产物，和特定族群的心理、意识与行为有关，反映了某个民族特定的生产方式和生活方式，是群体智慧的结晶。虽然这个群体或地域的范围有大有小，也会随着历史进程和社会发展而不断交流扩大，但必然具有一定的民族性与地域性特征，是独特的。

某国的文化遗产是属于某国人民的独特创造，在此基础上才具有全人类的普遍价值。2003年公约尤其强调了非物质文化遗产是文化多样性的熔炉和可持续发展的保证，"承认各群体，尤其是土著群体，各团体，有时是个人在非物质文化遗产的创作、保护、保养和创新方面发挥着重要作用，从而为丰富文化多样性和人类的创造性作出贡献"。这充分说明了文化遗产本身所具有的民族性和地域性特征，并且这种特征可以通过交流和传播被全世界人们所共享，成为全人类的共同财富。

二、物质文化遗产的特征

物质文化遗产的特殊性，主要体现在不可替代、不可复制的特征上。因为每一件文物都有独特的历史文化信息承载，即使相同的两件文物，也会因为其流传方式和持有者的不同而蕴含不同的历史文化信息。比如毛泽东同志在延安抗战时期用过的物品，其价值就和普通群众家里的同样物品有很大不同，因为它见证了那个特殊时期的历史，有着重要的象征意义。也就是说，物质文化遗产的特殊性就体现在"这一个"上，是独一无二、绝无仅有的。因此在法律属性上，文物属于特定物而非种类物。而历史更为久远的文物，因其存世的稀缺性也具有了不可替代的价值，任何仿制品都无法拥有这种价值。一些现代复制品可能在工艺成就或科学性、艺术性上比历史原物更为高超，但也不能等同或替代原作。当然，有些历史上就已经存在的优秀仿品，比如宋人临摹南北朝时期和唐代的一些书画作品，因真迹的消失而十分珍贵，但这种价值已经是仿品本身所形成的属性。它们成为文物后，其负载的信息也是不可替代、无法复制的。

三、非物质文化遗产的特征

非物质文化遗产的独到特征，主要体现为活态性、流变性与濒危性。那些技艺、思想、精神、知识是在现实生活中被保留和实践的，是仍然被人们掌握、应用和传承的。如果说物质文化遗产的价值已经固化于实物上，是不能自我表达的、"死"的，那么非物质文化遗产就是通过人的行为活动直接表现出来，是"活"的。

活态性有两方面的含义：一是仍然在现实生活中具有生命力，二是其生命力依赖于人的活动而存在。由这两个意义又引申出两个方面的特性：传承性和流变性。传承性是指非物质文化遗产必须依赖一代又一代传承人的传承活动，比如言传身教、口传心授、应用实践等，才能不断流传和发展。如果没有人的活动，没有人愿意学习或无从学习，那么这些遗产终将面临失传、消亡，最终成为空有记载的历史烟云。流变性是指非物质文化遗产必须依靠人的观念、行为才能存在，而人的创造力是无限的，其生活的时代和环境也是在不断变化的，这就导致了非遗总是处在一个流动不居的变化中。濒危性是指一般非物质文化遗产均显现出衰微的态势，甚至面临消亡的危险，基本失去或缺乏当代市场的竞争力。

文化遗产的特征既有共性，又有区别。随着文化遗产类型的丰富，我们必须去深入研究、审慎辨析其不同特点，掌握其规律，才能制定出有针对性的文化政策和法律法规，才能实现对文化遗产的有效保护。根据物质文化遗产不可替代、不可复制的特性，要通过科学的技术手段进行维护和修缮，不仅对遗产本体，对其存在的环境也要进行保护，最大限度地保持原状。同时通过合理的展示和丰富的宣传手段，更广泛地发挥其历史、科学、艺术和文化价值，实现为人民群众和社会主义建设服务的功能。针对非物质文化遗产的活态传承和流变特征，则要以立法为保证、以政策为引导，通过宣传教育、科学管理、完善机制，把促进传承、维护其生命力作为核心问题，促进非物质文化遗产的整体性、可持续性发展，实现其凝聚文化认同、维护文化多样性、推动人类创造力发展的作用。

第三节 我国文化遗产政策的发展历程

任何政策都不是凭空产生，都与当时特定的历史条件密切相关，同时还与历史上曾经产生的相关政策有或多或少的关系，考察它们无疑可以帮助我们更清晰地认识当前的文化遗产政策。本节将介绍我国我国文化遗产政策的发展历程，特别是介绍历史上曾经出现过的主要文化遗产政策，介绍过程中也将提及部分法律法规。

一、封建社会时期的文化遗产政策

文化遗产概念出现较晚,是融合现代学术研究成果、顺应现代社会发展要求的产物,但文化遗产所指称的内容,如历史建筑、古迹遗址、文物文献和属于非物质文化遗产范畴的民间传说、手工技艺、民俗节庆等却古已有之。中国作为有着五千年悠久历史的文明古国,文化遗产资源丰富,其保护行动也由来已久。

在物质文化遗产的保护保存方面,古人就特别重视对历朝历代文化创造物的珍藏。从商代开始,统治者就将礼器等文物集中于宗庙进行保管。周代设立了"玉府""天府"等专门收藏文物珍品的机构,并派专职官员进行管理。汉代的珍贵文物和图书文献保存在"天禄""石渠""兰台",之后的历朝历代都有文物收藏和保管的专门场所。宋代是文物收藏的鼎盛时期,不仅王室宫廷的古物达到万余件,民间也兴起了收藏古物的热潮,文人士大夫除了把玩遣兴,还进行了深入的鉴定研究和编纂文物图录等工作,明清的文人也是如此。在建筑和文化遗迹的保护上,历代统治者尤其重视对有教化意义的纪念祠堂和宗庙的保护。典型代表是在孔子死后第二年(前478),为纪念孔子的业绩,鲁哀公将其生前居住的三所房间作为孔子庙堂,陈列其衣冠琴书和车辆等,传播他的思想。经过后来历代不断翻修和扩建,孔庙到宋代就形成了和今天规模相当的建筑群。另外像汉代的麒麟阁、云台,三国时期的诸葛武侯祠,唐代的凌烟阁,南宋的岳王祠庙、岳坟等,都是出于纪念历史人物功绩的目的而修建的,体现了我国远古时期就形成的祖先崇拜与祭祀的传统。

在非物质文化遗产的保护方面,主要体现在官方采取的文化保护措施和文化典籍整理,以及文人学者个人的搜集整理行动上。如西周时期就建立了采诗观风制度,朝廷派遣专门负责采诗的官员,到民间搜寻歌谣,了解民情风俗,考察政治得失。秦汉时期设立掌管音乐的乐府机关,派人到民间搜集歌谣、考察社会风俗。这些歌谣的一部分被收录到《诗经》《乐府诗集》《乐府杂录》等著作中。明代官修的《永乐大典》、清代乾隆年间编纂的《四库全书》等大型类书,整理保存了中国古代大量语言、文学、艺术、宗教、风俗、科学技术等资料。古代官方对传统节庆也十分重视,不仅规定相关节庆礼仪和风俗,皇族成员还常常主持和参与节庆活动,与民同乐。而古代历史、文学、地理学、科学著述中,也有非常丰富的神话传说、寓言民歌、风俗民情、农业技术、手工技艺等相关内容,如《山海经》《水经注》《风俗通义》《东京梦华录》《农政全书》《天工开物》等著作。

古代封建社会的文化遗产保护行动是为了维护统治的正当性和权威性,出于统治阶层的文化享乐和维持社会安定需要,并不是为了社会大众的文化权利和遗产自身的永续保护,不可能达到今天这样的文化自觉和理念高度,因而有着很大的局限。尽管客观上有着积极的保护效果,但因其强烈的政治功利性,相关政策是片面而不足的。

二、晚清至民国时期的文化遗产政策

我国关于文化遗产保护的科学认知是从民国时期开始的,是被迫打开国门与西方社会文化碰撞的结果。1906年,清政府设立民政部,拟定了《保存古物推广办法》,通令各省执行。1908年颁布的《城镇乡地方自治章程》也提到将"保存古迹"与"救贫事业、救荒"作为城镇乡之善举,列为城镇乡的"自治事宜"。但由于时局动荡,清政府根本无暇顾及文物古迹的保存保护,很快在辛亥革命的枪声中结束了统治。而在此之前的几十年里,列强对中国文化遗产的破坏和掠夺早已达到疯狂的地步。因此民国政府成立后,当务之急就是制止文物的外流。南京临时政府的外交部向英美德日各国领事发出照会,指出除清帝可以保留的原有财产外,一切清廷的动产或不动产均属民国所有,不得私相授受,否则将被视为无法律效力之买卖予以追还。北洋政府成立后,1914年6月大总统颁布了禁止和限制古物出口法令,1916年内务部公布了《保存古物暂行办法》,1924年内务部又拟定了《古籍、古物及古迹保存法(草案)》,规定"凡古籍、古物及古迹,无论何人,不得任意毁弃损坏,并不得贩运或携出国境"。尽管没有颁布正式法律,但这些法令在查办当时重大的外商串购、盗运古物案件上还是发挥了作用。

南京国民政府成立后,1928年9月颁布了《名胜古迹古物保存条例》,这是中国历史上第一部用于文化遗产保护的行政法规。之后1930年6月又公布了《古物保存法》,成为民国建立以来中央政府公布的第一部正式的文化遗产保护法。以此为依据,南京政府于1932年6月公布了《中央古物保管委员会组织条例》,后来又相继出台了《采掘古物规则》《古物出口护照规则》《外国学术团体或私人参加采掘古物规则》等一批保护文化遗产的法规,初步建立了一个文化遗产保护方面的法律框架。

晚清至民国时期的文化遗产保护政策主要有对外和对内两个方面,对外通过颁布法令和正式立法手段,制止文物的盗运、盗卖和外流,维护民族文化主权,打击破坏文化遗产的各种行为;对内则通过建立相关保护职能机关,完善管理机制来落实保护行动。例如民国政府相继支持开办了国立历史博物馆(1912)、古物陈列所(1914)、科学教育博物馆(1916)、故宫博物院(1925)以及筹办中央博物院(1933年,后因1937年日军进攻南京被迫停工)等,进行文物的收藏、保护、研究、展示。这些博物馆还进行了一系列的考古发掘和理论研究,出版相关著作,成立了中国博物馆协会,为当时的文化遗产保护工作做出了积极的贡献。在非物质文化遗产保护领域,以北京大学发起的歌谣征集为开端,把民间文学研究和现代民俗运动推向了一个高潮,不仅唤醒了中国文化界抢救与保护民族民间文化的意识,而且在相关学术人才培养方面取得了突出成就,成为中国现代抢救与保护非物质文化遗产历史上的里程碑。这一时期的文化遗产保护政策,初步搭建了我国文化遗产保护的法律框架、制度框架和学术框架,相关职能部门和研究团体在调查保护方面做了许多有益的工作,有了历史性的突破。但由于时局动荡、战争频仍,很多法律法规和保护政策都没有得到很好的执行,现实中大量的文化遗产还处于缺乏保护和管理不善的状况之下。

三、新中国成立后的文化遗产政策

新中国成立后,文化遗产的保护工作成为社会主义文化体系的重要组成部分,相关政策随着历史阶段的变化而有所调整,可以分为新中国成立初到"文革"前的政策初创期和改革开放以来的政策深化期两个阶段。第一个阶段,在"百花齐放,百家争鸣"的社会主义文艺总方针的指导下,主要的文化遗产政策体现在颁布法令禁止文物外流,确认文物保护范围,建立文物保护机构,确立保护制度和保护原则,以及成立民间文艺研究机构开展抢救与保护民族民间文化等方面。1950年5月,中央政府政务院(1954年改为国务院)颁布《禁止珍贵文物图书出口暂行办法》,结束了珍贵文物大量外流的历史。同年还颁布了一系列保护珍贵文物、征集革命文物、保护古建筑和关于古文化遗址发掘的命令、办法和指示,从中央到地方设立文物保护管理机构。1961年3月公布施行了《文物保护管理暂行条例》,共计18条,对建设工程与文物保护的关系、文物的发掘、出口限制等问题做出了较为详细的规定,提出文物保护"要遵守不改变原状的原则"。同时还公布了《关于进一步加强文物保护和管理工作的指示》以及《第一批全国重点文物保护单位名单》(共计180处),以配合《文物保护管理暂行条例》的实施。该条例是新中国成立后颁布的第一部文化遗产保护方面的行政法规,直到1982年《文物保护法》公布后才被废止,在施行的30多年里对文化遗产的保护起到了重要作用。在这些法令和政策的指导下,新中国取得了前所未有的文物保护成绩,从中央到地方建成了一大批博物馆,文物的考古发掘、科学研究、展览教育工作更加规范。

在非物质文化遗产保护方面,1950年在北京成立了中国民间文艺研究会(1987年改名为中国民间文艺家协会),其宗旨是"搜集、整理和研究中国民间文学、艺术,增进对人民的文学艺术遗产的尊重和了解,吸取和发扬它的优秀部分,批判和抛弃它的落后部分,使有助于新民主主义文化的建设"。1958年7月召开的中国民间文艺研究会第二次全国代表大会上,制定了对民间文化艺术进行"全面搜集,重点整理,大力推广,加强研究"的指导方针。中国民间文艺研究会做了大量发掘、整理、研究工作,先后创刊出版《民间文艺集刊》《民间文学》《民间文学论坛》等杂志和理论刊物,主编各种民间文学丛书、单行本60多种。1958年在毛泽东同志的倡议下,中华大地掀起了一场规模宏大的群众性收集民歌运动,各省份陆续出版本地区的民间故事集,民间文学的采录、整理和研究工作得到突飞猛进的发展。在少数民族非物质文化遗产的抢救和保护方面,1954年开始的全国性民族调查识别工作,搜集到数千万字的调查资料和一批宝贵的民族民俗文物,写出了一批有学术价值的调查报告,编写出版了《少数民族简史》《少数民族简志》《民族自治地方概况》等丛书,整理了大量少数民族文化艺术内容,为保护民间民族文化遗产做出了贡献。例如被号称三大少数民族英雄史诗——《格萨尔》(藏族)、《江格尔》(蒙古族)、《玛纳斯》(柯尔克孜族)就是在这一时期开始调查录音、整理翻译和出版的。

新中国成立初期的文化遗产保护政策起到了非常重要的作用,各方面工作取得了显著成绩。但"文革"使这一良好局面陷入低潮,各类文化遗产成为"破四旧"的主要冲击对象,遭到了严重的毁坏,相关工作也陷入停滞。即使在这样艰难的环境下,中央政府还是制定了一些政策,如《中共中央关于在无产阶级文化大革命中保护文物图书的几点意见》(1967)、《国务院关于加强文物保护工作的通知》(1974),发挥了防止文物被进一步破坏的重要作用。但"文革"十年所带来的灾难是严重的,很多保护成果都付之东流,直到改革开放后,文化遗产才获得了生机,相关保护工作进入了一个全面跃升和深化提高的阶段。在这一时期,文化遗产政策一是加大立法的力度,突出依法保护的重要性;二是加强国际合作,尤其是通过加入相关文化遗产国际公约接轨世界先进理念和经验;三是进一步完善相关保护机制,健全自上而下的管理机构;四是逐步探索建立有中国特色的文化遗产保护模式。

在立法方面,新中国初期文化遗产保护的成就和"文革"十年浩劫的教训,使人们认识到有法可依,有法必依是做好文化遗产工作的基础,而原有的《文物保护管理暂行条例》已不能满足日益增长的文化遗产保护工作需要,急需一部更加全面的法律来加以保障。于是,我国从1979年开始组织起草《文物保护法》,在1982年11月19日颁布实施。为贯彻《文物保护法》的规定,国务院还制定了《文物保护法实施条例》《长城条例》两部法规,相关部门制定了《博物馆管理办法》《世界文化遗产保护管理办法》等部门规章,各地人大和政府也出台了适应地方文化遗产保护的法规和规章。同时随着对文化遗产概念认识的不断深化,尤其是2004年加入《保护非物质文化遗产公约》后,我国对非物质文化遗产领域的保护工作更加重视,出台一系列文件进行规范。经过反复修改,2011年2月25日公布了《非物质文化遗产法》,完善了我国文化遗产保护法律体系。至此,我国以《宪法》为根本依据,以《文物保护法》和《非物质文化遗产法》为主干,以行政法规和规章及地方性法规和规章为补充的文化遗产法律保护机制已完善起来,并且在法律实践中发挥了重要作用。

改革开放后,文化遗产政策的一个突出特点是重视国际合作,通过加入多项国际公约的方式积极引入国外先进的工作经验和管理机制,推动文化遗产保护整体水平的提高。除了1985年加入的《保护世界文化和自然遗产公约》和2004年加入的《保护非物质文化遗产公约》外,我国还先后加入了《武装冲突情况下保护文化财产公约》(2000年加入)、《关于禁止和防止非法进出口文化财产和非法转让其所有权的方法的公约》(1989年加入)、《关于被盗或者非法出口文物的公约》(1997年加入)、《保护和促进文化表现形式多样性公约》(2007年加入)等。通过这些公约的签订,我国接受了来自国际社会文化遗产保护的理念,并按照缔约国的责任要求积极履行保护义务。如加强立法与国际通行做法进行接轨,先后制定《世界文化遗产保护管理办法》和《非物质文化遗产法》等法律法规,把国际公约转化为国内法便于相关规定的实施。投入资金保障文化遗产和相关区域环境得到保护,以及建设管理队伍、展开学术研究等。截至2020年12月,我国列入世界遗产名录的有55处,居世界第一;列入世界非物质文化遗产名录(包括急需保护和优秀保护实践的非遗项目)的有42项,居世界第一。从这些数据可以看出我国在文化遗产保护方面付出的努力和取得的成就。此外通过国际交流、参与或主办国际会议等方式,积极开展国际合作。2004年6月,第二十八届世界遗产大会在中国苏州举办,通过了"苏州宣言";2005年国际古迹遗址理事会第十五届大会在中国西安举行,并成立了国际古迹遗址理事会西安国际保护中心。这两次重要的会议密切了中国和国际组织的联系,展示了中国文化遗产保护的行动和决心,通过学术理论与方法的交流、民间文化艺术的交流以及资金和技术的合作,切实促进了中国文化遗产事业的发展。

新时期我国非常重视对文化遗产保护机制的完善,建立起各级文化遗产保护组织以及文化遗产调查认定、登录建档、传播传承制度,通过相关法律法规规范保护工作模式。经过多年的建设,目前我国已形成从中央到省(自治区、直辖市)、市、县四级文化遗产管理体系,各地区的相关部门和组织机构都积极探索并总结出一些宝贵经验和行之有效的方法。1999年黄山作为中国文化与自然遗产的杰出代表,获得首届"梅利娜·迈尔库里文化景观保护管理国际荣誉奖",2007年"丽江古城遗产保护民居修复项目"获得"联合国教科文组织亚太地区2007年遗产保护优秀奖",体现了在管理和保护方面的成绩。非物质文化遗产保护则建立起国家、省(自治区、直辖市)、市、县四级名录制度和国家级、省级非遗代表性传承人制度,通过适时公布名录和名单,加强非遗的研究认定、传承传播。

在完善相关工作机制的同时,我国还积极探索符合中国国情的文化遗产保护途径。例如新中国成立初期公布的"全国重点文物保护单位"在"文革"中发挥了重要作用,除了西藏噶丹寺遭到破坏以外,绝大多数都被完整保存下来。目前形成了文物保护点、区级文物保护单位、县级文物保护单位、市级文物保护单位、省级文物保护单位以及全国重点文物保护单位6个级别,与世界文化和自然遗产名录形成了不可移动文物保护体系。同时《文物保护法》还将保护范围扩大到历史文化名城和历史文化街区、村镇,由不可移动文物扩大到其所在的环境。随着非物质文化遗产保护理念的确立,各地又积极探索文化生态保护区的保护模式,把物质文化遗产(古建筑、历史街区与村镇、传统民居及历史遗迹等)和非物质文化遗产(口头传说与表述、传统表演艺术、民俗活动、礼仪、节庆、传统手工艺等)进行整体性保护。目前我国共建设了闽南、徽州、热贡等23个国家级文化生态保护实验区,进行保护机制、理念、内容、方法的创新尝试。在行政管理模式上,我国设立了非物质文化遗产保护工作部际联席会议制度,由文化和旅游部牵头,国家发改委、教育部、国家民委、财政部、住房和城乡建设部、统战部、文物局共同参与，统一协调解决非物质文化遗产保护工作中的重大问题。由于我国历史悠久、幅员辽阔、民族众多，文化遗产保护任务繁重，情况也比较复杂，因此在文化遗产的保护经验中探索中国特色的保护模式和工作路径，是我国文化遗产保护工作的重要方针之一。

第四节　我国当前文化遗产政策的指导方针

改革开放以来，我国文化遗产保护工作在党和政府的重视主导下，在社会各界的参与努力下，取得了举世瞩目的成就，为促进我国社会主义文化事业大发展、大繁荣做出了重要贡献。文化遗产政策也在这个过程中得到充实和完善，"保护为主、抢救第一、合理利用、加强管理"是当前我国文化遗产政策的指导方针。文化遗产，按类别可以分为物质文化遗产和非物质文化遗产两个部分，两个部分既相互统一、又有所区别。下面将根据相关法律规章和文件规定，对上述指导方针进行分析论述。

一、"保护为主，抢救第一"

文化遗产作为"遗产"，稀缺性、不可再生性是其基本属性，保护是文化遗产概念本身所体现出的题中之义。从古至今，对文化遗产加以保护保存一直是相关政策的主流，只是在实践中根据文化遗产的存续情况不同而有程度上的区别。目前我国文化遗产政策把"保护为主，抢救第一"列为首要指导方针，正是针对长期以来我国文化遗产的现实情况而做出的决策。

我国历史悠久，文化遗产资源丰富，保护任务尤为艰巨。对物质文化遗产而言，有些文物经历了漫长的时代更迭，在时间、自然、人为等复杂因素的作用下，其物理性状十分脆弱，抵御自然侵蚀的能力已大为降低，稍有不慎就有可能遭受不可逆转的破坏。有些重要的文化遗产如果能够得到及时抢救，其保存下去的概率会大大增加，但如果错过了抢救时机则可能永远无法弥补。

其次，巨大的文化遗产数量也决定了保护工作是一个漫长的过程。根据历时5年的第三次全国文物普查结果显示，全国31个省（自治区、直辖市）共登记不可移动文物766 722处（不包括港澳台地区），包括新发现文物536 001处，复查文物230 721处，[①]全国博物馆已知的登记馆藏文物超过1 200万件，如此巨大的文物数量使保护工作面临

---

① 《第三次文物普查成果正式对外公布》，http://www.sach.gov.cn/art/2011/12/30/art_722_109915.html

巨大的压力。而入藏博物馆的文物也不是高枕无忧，仍然面临严峻的保护形势。根据2002年至2005年国家文物局委托中国文物研究所组织开展的全国馆藏文物腐蚀损失调查显示，全国共有50.66%的馆藏文物存在不同程度的腐蚀损害。造成馆藏文物腐蚀损失的主要原因是文物库房条件不达标、文物保存环境控制设施设备匮乏、科研和运行经费严重不足、保护修复科技人才短缺等问题。经初步估算，如不采取有效措施，有可能造成数以亿元计的损失。①正因为如此庞大的数量和艰巨的工作任务，以及在历史上各阶段由于条件所限或重视不够所遗留的历史欠账问题，我们目前的工作方针就只能是在全面做好保护的基础上，集中优势力量对亟须保护的文化遗产进行重点抢救。

强调保护为主、抢救第一，也是由文化遗产事业当前面临的问题所决定的。改革开放以来，由于人们思想观念的转变和市场经济的发展，文物市场逐步活跃，巨大的利益使得盗窃、盗掘、走私文物等违法犯罪行为愈演愈烈。尽管国家通过有关立法严厉打击文物犯罪，但一些人为了牟取暴利，不惜损害国家和民族利益，有的甚至利用职权，上下串通，内外勾结，结成团伙和网络，形成了跨境的文物走私犯罪产业链，使文物大量破坏和流失。还有一些严重损害文物的问题，尽管不属于有意破坏，但造成的后果也是不容忽视的。如在大规模建设中，各种文物出土面世的速度大为加快，但由于缺乏必要的文物调查和有效的保护措施，许多文物往往在出土过程中受到损坏；有些地方在古建筑周围乱拆乱建，破坏了文物的环境；有些地方在维修、保护文物过程中由于不懂行、不负责，把真古董修成假古董，造成了"保护性"破坏；还有一些地方只想利用文物赚钱，急功近利，不顾文物的承受能力，实行超负荷、破坏性的利用。2015年度国家文物局直接督办案件中，法人违法案件占78%，法人违法案件多发，多表现在一些地方政府或部门、企事业单位不能正确处理文物保护与城乡建设发展的关系，侵占文物保护单位保护范围和建设控制地带，破坏文物历史环境风貌，甚至破坏文物本体。比如，山东即墨在实施"即墨古城片区改造项目"中，擅自拆除县级文物保护单位中山街五福巷和多处普查登记文物，新建大量仿古建筑，损失难以挽回；湖南省永兴县政府在省级文物保护单位板梁村保护范围和建设控制地带内违法新建旅游开发设施，拆除了部分文物建筑。②上述这些问题虽然性质不同，但都构成了对物质文化遗产的严重威胁，说明文化遗产保护工作面临着严峻的形势。

在非物质文化遗产领域，传统文化和文化多样性同样面临着严重的危机。首先，在全球化、信息化、商业化环境下，一些传统文化或社区文化所赖以生存的社会结构和形态、功能和性质发生了很大变化或不再存在，新出现或形成的文化大多和市场经济、消费社会的经济形态相适应，与个体主义和自由主义的价值观念和交往方式相适应，与市

---

① 《关于馆藏文物腐蚀损失情况及博物馆数量的说明》，http://www.sach.gov.cn/art/2011/11/18/art_722_109729.html。

② 《关于2015年度文物行政执法与安全监管工作情况的通报》，http://www.sach.gov.cn/art/2016/3/24/art_8_129362.html。

场经济或法治经济所要求的民主主义法治、民权主义政治、平等正义的分配原则和道德观念相适应,而传统文化不具备这些适应性,因而失去生存和发展的活力。其次,在全球化进程中外来文化往往处于强势地位,在传统文化调适自身以吸收其合理影响形成新文化之前,就已经被迫加速消失了。再次,由于传统文化自身的原因,比如某些非遗项目通过家族亲缘关系或师徒关系传承,这种特点也加剧了传统文化生存的危机。因此现代化进程的加快发展,使得非物质文化遗产在世界范围内都面临着空前的消亡或边缘化的危险。再加之传统文化和非物质文化遗产保护工作在方式方法上存在着许多问题,如割裂非遗自身存在的合理性,剥离传统文化特有的情感特性和礼俗特性,以物质文化遗产的保护模式保护非物质文化遗产,以及功利主义思想带来的过度开发等情况,也决定了保护为主、抢救第一的文化遗产政策必将要长期执行。

针对我国文化遗产保护工作的现实,国务院在2005年12月发出了《关于加强文化遗产保护的通知》(以下简称《通知》),重申了文化遗产保护的重要性:"加强文化遗产保护刻不容缓。地方各级人民政府和有关部门要从对国家和历史负责的高度,充分认识保护文化遗产的重要性,进一步增强责任感和紧迫感,切实做好文化遗产保护工作。"并针对两类遗产分别提出了工作要求,物质文化遗产保护要着力解决面临的突出问题,具体包括:1.切实做好文物调查研究和不可移动文物保护规划的制定实施工作;2.改进和完善重大建设工程中的文物保护工作;3.切实抓好重点文物维修工程;4.加强历史文化名城(街区、村镇)保护;5.提高馆藏文物保护和展示水平;6.清理整顿文物流通市场。非物质文化遗产则要积极推进相关保护工作,具体包括:1.开展非物质文化遗产普查工作;2.制定非物质文化遗产保护规划;3.抢救珍贵非物质文化遗产;4.建立非物质文化遗产名录体系;5.加强少数民族文化遗产和文化生态区的保护。《通知》中提出的工作要求也是目前阶段我国文化遗产保护的主要任务,有很强的针对性,而近十几年的工作也正是按照这一要求有条不紊地进行。

二、"合理利用,加强管理"

强调保护为主,强调把抢救放在首位,并不是否定文化遗产的合理利用,保护的目的最终还是利用。对物质文化遗产而言,利用恰恰是其价值实现的唯一途径。物质文化遗产包括可移动文物和不可移动文物以及历史文化名城(街区、村镇)等,无论哪种类型的文化遗产都具有历史、艺术和科学价值,这些价值体现在物质文化遗产所蕴含的信息上。我们说物质文化遗产不同于一般的物,也不是一般的财产,正是因为上面凝结了不可再生和不可替代的历史、文化、艺术、科学信息,这些信息的存在使其退出了实用范畴而被保护起来,成为"遗产"。利用的目的就是要通过深入研究和某种展示方式把这些信息共享出来,被人们所了解、欣赏和利用,从而为提高人民群众的科学文化素养、建设社会主义先进文化、构建社会主义和谐社会服务。所谓合理利用就是在不损害文物的前提下,最大限度地提取其信息。因此,文物的利用是必然的,因为文物本身不会"说话",只能有待于和人之间的"对话",而"对话"的重点在于如何处理保护文物本身与展示共享其信息之间的关系。只有通过人的理性把握实现二者平衡,才能在可控的条件下实现合理利用的目的。

  加强管理体现在各个方面,一是投入资金进行硬件建设,通过建设博物馆、改善博物馆藏品环境以及确认为各级文物保护单位等形式,把可移动和不可移动文物以稳妥安全的方式保护起来。对此政府一直积极投入,仅"十二五"期间全国一般公共预算文物支出五年累计1 404亿元,年均增长16.5%,其中中央财政文物支出五年累计607亿元,年均增长17.1%。全国博物馆总数达到4 510家,其中免费开放博物馆总数达到3 717个。[①]二是加强软件水平的建设,包括建立起规范的管理制度,培养专业的管理和科研人员队伍,提高科学技术应用能力进行文物信息的提取和展示等。在规章制度建设上,物质文化遗产的保护管理一直处于较高的立法层次,除了《文物保护法》和《文物保护法实施条例》作为最高准绳之外,还有《水下文物保护管理条例》《历史文化名城名镇名村保护条例》《博物馆条例》《考古发掘管理办法》《世界文化遗产保护管理办法》以及国务院众多部门、地方人大、地方政府颁布的法规文件,对相关领域内的文化遗产管理做出了详细规定。十二五期间,国务院又印发了《关于进一步做好旅游等开发建设活动中文物保护工作的意见》,提出了严格执行文物保护法律法规,严格履行涉及文物的旅游等开发建设活动审批,加大对文物保护的投入,加强文物旅游的指导和监管等8条意见,是对"合理利用,加强管理"政策在新的社会发展条件下的体现。三是加强人才建设。专业的管理和科研队伍是行使管理职能的重要保障。科学研究在物质文化遗产的价值揭示和利用转化中担当了重要的角色,是物与人之间"对话"的桥梁,如果没有科研对文物信息的认知揭示,文化遗产所具有的旅游休闲、宣传教育功能就无法实现。而科学研究必须依靠专业的人才队伍才能完成,因此培养各个专业领域的人才特别是文化遗产、文博专业人才,是保证加强管理的坚强后盾。2016年3月,教育部发布《关于公布2015年度普通高等学校本科专业备案和审批结果的通知》,其中首都师范大学申报的"文化遗产"专业被列入"新增审批本科专业名单",学位授予门类为"历史学"。这是我国首次设置"文化遗产"本科专业,体现了国家对培养从事文化遗产研究、保护与管理的专门人才的重视。随着科学技术的进步,通过数字技术对文物信息共享成为今后文化遗产保护的一个趋势。既然文化遗产的价值在于其承载的信息,而数字技术可以超越时间和空间的限制,通过构筑一个虚拟的具有现场感的"实景"实现遗产信息的实时性传递,在文物本体与文物信息的剥离过程中,达到信息最大化利用又不损害文物的目的。如敦煌研究院多年来一直致力于"互联网+敦煌文物"的数字化

---

  ① 《刘玉珠就"十二五"时期文物事业发展成就答记者问》,http://www.sach.gov.cn/art/2015/12/31/art_1629_129068.html。

建设工程并取得了突破性成果。近年来,我国政府启动"互联网+"战略和"互联网+中华文明行动计划",为遗产的数字化保护、研究和传播提供更多的政策引导和技术支持,使更多的文化遗产走出历史的尘封,走入现代生活,被更加合理地利用起来。四是通过政策宣传提高人们的遗产保护意识。这也是确保文化遗产合理利用的重要方面。2006年开始,我国政府规定每年6月的第二个星期六是国家"文化遗产日",通过一系列主题性活动营造全社会共同参与文化遗产保护的氛围,使文化遗产的概念深入人心,大大促进了文化遗产的保护和利用的进程。

总之,只要尊重物质文化遗产不可再生、不可复制的特点,把握其规律,加强管理,就能够实现文化遗产的合理利用。如果把文物束之高阁、严加防范,反而违背了保护目的,失去其存在价值。实践证明,合理科学的利用,不仅不会妨碍保护反而有利于保护。

三、"合理利用,传承发展"

非物质文化遗产具有活态性特点,它依靠人的行为活动和身体感官而呈现,是一种属于"默会性"的个人知识。这种知识不同于文字符号标识的正规知识那样需要复杂的理论和明晰的理性逻辑,更多的是依靠人自身不断的模仿、练习和感觉,如传统的戏曲、舞蹈、武术和手工技艺等,往往依靠跟随师傅唱念做打、一招一式地模仿和感受,在潜移默化中实现掌握相关规则技巧的目的。这个过程是经验性的,所谓"只可意会,不可言传",因为师傅言传身教的内容比语言阐释所体现出来的要丰富得多。正是从非遗的个体知识和个人经验出发,当人们把这些建构于身体之上的非遗表现形态进行功能、意义的认知并放置于社会环境中进行具体应用、互动时,就具有了社会价值和文化归属,形成了被个人、群体、社区所认同并世代相传的文化遗产,例如比个体经验更广阔的节庆、仪式活动和社会实践等内容。从这个认知角度入手,有学者把非物质文化遗产分为形态体系和行为体系,并指出具有身体性、经验实践性和传统性的非遗形态体系是相对独立的,可以脱离孕育其产生的社会时空得到传承。因此,非物质文化遗产又具有传承性和流变性特点,即依靠人体的物质基础(口头、手、肢体、表情等),通过运用自然界各类材质的物理媒介(声波、光波、线条、图像等),以一定习惯和规则组合起来的非遗的形态体系(口头文学、戏曲、舞蹈、音乐、美术等)在根本上是依靠人来传承的,而这个传承又可以发生于不同的时空,和社会文化中的不同因素互融形成新的行为体系要素,也是流变的。无论是非遗的形态体系和行为体系,还是其传承性、流变性特点,都决定了"传承发展"是非物质文化遗产保护政策的必然要求。

传承的根本在于人,缺乏身怀绝技、经验丰富的师傅们的言传身教和口传心授,非遗就不可能"上身",因为这里的技艺、知识和实践是融合了个体社会生活与自我意识的"活"的文化表达形式,充满了生命力量。因此传承是以人为媒介的传承而不是其他形式。为了更好地对传承人的传承活动进行记录和传播,2015年5月,文化部启动了对国家级非物质文化遗产代表性传承人抢救性记录工作,利用数字多媒体等现代化技术手段,全面、真实、系统地记录代表性传承人掌握的非物质文化遗产知识和精湛技艺,为后人传承、研究、宣传、利用非物质文化遗产留下宝贵资料。

设立代表性传承人制度、采取支持传承人开展传承传播的措施,都体现出对非遗传承性特点的把握和认识。而发展则是非遗流变性的内在要求。如前所述,随着现代化进程的加速,非遗面临着消亡和边缘化的危机。而非遗形态体系的相对独立性,可以适当调适自身与不同时空中的文化要素相融汇,形成新的非遗行为体系,进而带动非遗形态体系的发展变化。2015年7月,文化部启动"中国非遗传承人群研修研习培训计划",其目的是"针对部分传统手工艺者的综合文化修养、设计创新能力不高,民族特色知名品牌缺失,行业整体实力和市场竞争力不足等问题,秉持'强基础、拓眼界'的原则,通过大范围组织研修和培训,帮助非物质文化遗产传承人群提高文化素养、审美能力、学习能力;通过提高传统手工艺的设计、制作水平,促进传统工艺走进现代生活,并促进增加就业,提高传统工艺从业者收入;通过扩大传承人群,振兴传统工艺,全面提高非遗保护传承水平"。经过半年多的培训试点,2016年该计划全面启动,全国共有首批57所大专院校参与到培训工作中,按照研修、研习、普及培训3个层次,计划5年时间内培训10万人次。这是新中国成立以来甚至是有史以来第一次由国家组织的大规模非物质文化遗产传承人群培训活动,具有推动非物质文化遗产传承发展的重要意义。

我国的文化遗产政策经过新中国成立后的初创期和改革开放以来的深化期两个阶段,目前形成了既相互统一又有所区别的16字方针,根据物质文化遗产和非物质文化遗产的共性与特性给予分别指导,取得了文化遗产保护的丰硕成果和前所未有的良好态势。尤其是十八大以来,党和国家领导人十分重视文化遗产的保护工作,在多个重要场合的讲话和演讲中反复强调文化遗产保护工作的意义,并对相关工作做出了重要批示。习近平总书记2014年3月在联合国教科文组织总部发表演讲时指出:"中国人民在实现中国梦的进程中,将按照时代的新进步,推动中华文明创造性转化和创新性发展,激活其生命力,把跨越时空、超越国度、富有永恒魅力、具有当代价值的文化精神弘扬起来,让收藏在博物馆里的文物、陈列在广阔大地上的遗产、书写在古籍里的文字都活起来,让中华文明同世界各国人民创造的丰富多彩的文明一道,为人类提供正确的精神指引和强大的精神动力。"

第二编
文化艺术法律

第五章　文化艺术法律概述

文化艺术法律在我国法律体系中具有重要的地位，在文化艺术的生产、传播、营销与消费等各个环节，均发挥着引领、规范、制约与服务的作用。加强文化艺术的立法是推进社会主义文化建设的需要，法律的不断完善，无论是对公共文化服务、文化产业还是文化遗产的保护与利用等，都是至关重要的。

第一节　我国文化法律渊源

从法的渊源看，我国文化艺术法律体系构成既包括宪法、法律，又包括行政法规、地方性法规、部门规章，还包括党政机关颁布的规范性文件。其中，宪法作为我国的根本大法，对国家文化事业的发展作出了方向性的规定。法律指由全国人大和人大常委会制定的规范性文件。行政法规和部门规章由国务院及有关部门制定，它们在各类文化艺术活动中发挥着主体性作用。地方性法规主要在地域范围内发挥着补充性作用。法规性文件，主要对相关法律、法规作补充性规定，在某些时候起着先导性作用。

一、宪法

宪法是我国的根本大法，其关于国家基本制度和发展文化事业及保障公民享有从事文化活动的权利的规定，为文化艺术法制建设提供了基本原则。宪法规定"人民依照法律规定，通过各种途径和形式，管理国家事务，管理经济和文化事业，管理社会事务"[1]。宪法又规定"国家根据各少数民族的特点和需要，帮助各少数民族地区加速经济和文化的发展"[2]。"国家发展为人民服务、为社会主义服务的文学艺术事业、新闻广播电视事业、出版发行事业、图书馆博物馆文化馆和其他文化事业，开展群众性的文化活动""国家保护名胜古迹、珍贵文物和其他重要历史文化遗产"[3]。宪法还规定"中华人

---

[1]　参见《宪法》，第2条。
[2]　参见《宪法》，第4条。
[3]　参见《宪法》，第22条。

民共和国公民有进行科学研究、文学艺术创作和其他文化活动的自由。国家对于从事教育、科学、技术、文学、艺术和其他文化事业的公民的有益于人民的创造性工作,给以鼓励和帮助"。[1]宪法的这些规定,既是文化艺术法律体系的有机组成,又为建立文化艺术法律体系提供了根本依据。

二、法律

相对于其他领域的立法,我国的文化艺术立法略显滞后。不过,近年来,文化艺术立法以及现有文化法律的修订工作正在加快推进。2015年,《文物保护法》修订完成。2016年12月,《公共文化服务保障法》由第十二届全国人民代表大会常务委员会第二十五次会议通过并正式颁布,并已于2017年3月1日正式实施。2016年11月,《电影产业促进法》经全国人大常委会通过。2017年11月,《公共图书馆法》经全国人大常委会通过,并于2018年1月1日正式施行。2020年,《著作权法》修订完成。与此同时,《文化产业促进法》《广播电视法》正在推进过程中。

目前,文化艺术领域国家层面的法律并不多,只有《著作权法》(1990年颁布,2001年、2010年、2020年修订)、《文物保护法》(1982年颁布,2017年第5次修订)、《非物质文化遗产法》(2011年颁布)、《电影产业促进法》(2016年颁布)、《公共文化服务保障法》(2016年颁布)、《公共图书馆法》(2017年颁布,2018年修订)。《著作权法》对著作权人的各项权利及其保护措施进行了规定,对激发著作权人的创作积极性,促进文化艺术创作繁荣有积极的意义。《文物保护法》对文物的保护、利用和研究作出了全面规定。《非物质文化遗产法》从调整对象、调查名录、传承传播等多个方面,对非物质文化遗产的保护和利用进行了详细的规定。《电影产业促进法》是文化产业领域内的第一部法律,其规定的5个方面的主要措施将对中国电影产业产生深远影响,为未来电影产业持续健康繁荣发展提供有力的保障。《公共文化服务保障法》是我国公共文化服务方面的第一部法律,从公共文化设施建设与管理、公共文化服务提供等方面对公共文化服务进行了详细规定。《公共图书馆法》是专门规范图书馆领域的法律,它的出台为图书馆领域,尤其是公共图书馆的规范发展提供了有力的保障。

三、行政法规

行政法规是国务院根据宪法和法律,按照《行政法规制定程序条例》的规定而制定的各类法规的总称。行政法规一般称"条例""规定"或"办法"。国务院根据全国人民代表大会及其常务委员会的授权决定制定的行政法规,称"暂行条例"或者"暂行规

---

[1] 参见《宪法》,第47条。

定"①

我国目前共有数十部文化艺术行政法规,主要有《著作权法实施条例》(2002年颁布,2011年、2013年修订)、《著作权集体管理条例》(2004年颁布,2011年、2013年修订)、《传统工艺美术保护条例》(1997年颁布,2013年修订)、《广播电视管理条例》(1997年颁布,2013年、2017年、2020年修订)、《广播电视设施保护条例》(2000年颁布)、《电信条例》(2000年颁布,2014年、2016年修订)、《电影管理条例》(2001年颁布)、《娱乐场所管理条例》(2006年颁布,2016年、2020年修订)、《音像制品管理条例》(2001年颁布,2011年、2013年、2016年、2020年修订)、《广播电台电视台播放录音制品支付报酬暂行办法》(2009年颁布,2011年修订)、《计算机软件保护条例》(2001年颁布,2011年、2013年修订)、《互联网信息服务管理办法》(2000年颁布,2011年修订)、《互联网上网服务营业场所管理条例》(2002年颁布,2011年、2016年、2019年修订)、《信息网络传播权保护条例》(2006年颁布,2013年修订)、《文物保护法实施条例》(2003年颁布,2013年、2016年、2017年修订)、《水下文物保护管理条例》(1989年颁布,2011年修订)、《营业性演出管理条例》(2005年颁布,2008年、2013年、2016年、2020年修订)。

国务院制定的保护著作权以及各类文化艺术作品、演出娱乐、广播、出版等方面的行政法规,对保障公民言论、表达等民主权利,促进我国文化艺术行业的发展具有重要作用。

四、部门规章

部门规章属于具体法规,主要是国务院各部委为执行上位法而制定的操作规范及准则,具有操作性强、变动性大的特点。现行文化艺术方面的部门规章有数十部,主要有《国家艺术基金章程(试行)》(2014年颁布)、《互联网文化管理暂行规定》(2011年颁布,2017年修订)、《乡镇综合文化站管理办法》(2009年颁布)、《文化部涉外文化艺术表演及展览管理规定》(1997年颁布,2004年修订)、《营业性演出管理条例实施细则》(2009年颁布,2017年修订)、《演出经纪人员管理办法》(2012年颁布)、《音像制品进口管理办法》(2011年颁布)、《全国重点美术馆评估办法》(2008年颁布,2014年修订)、《文物藏品定级标准》(2001年颁布)、《文物保护工程管理办法》(2003年颁布)、《文物认定管理暂行办法》(2009年颁布)、《文物行政处罚程序暂行规定》(2005年颁布)、《世界文化遗产保护管理办法》(2006年颁布)、《文物进出境审核管理办法》(2007年颁布)、《古人类化石和古脊椎动物化石保护管理办法》(2006年颁布)、《国家级非物质文化遗产保护与管理暂行办法》(2006年颁布)、《国家级非物质文化遗产

---

① 参见国务院:《行政法规制定程序条例》,第5条。

项目代表性传承人认定与管理暂行办法》（2008年颁布）、《文化市场综合行政执法管理办法》（2011年颁布）、《文化部立法工作规定》（2006年颁布）、《博物馆管理办法》（2005年颁布）、《艺术档案管理办法》（2001年颁布）等。[①]

新闻出版广播电视方面的主要有《出版管理行政处罚实施办法》（1997年颁布）、《内部资料性出版物管理办法》（2015年颁布）、《新闻出版行政执法证管理办法》（1998年颁布）、《新闻出版行业标准化管理办法》（2013年颁布）、《印刷业经营者资格条件暂行规定》（2001年颁布，2015年、2017年修订）、《设立外商投资印刷企业暂行规定》（2002年颁布，2015年修订）、《音像制品进口管理办法》（2011年颁布）、《印刷品承印管理规定》（2003年颁布）、《著作权行政处罚实施办法》（2009年颁布）、《外商投资电影院暂行规定》（2003年颁布，2015年修订）、《音像制品出版管理规定》（2004年颁布，2015年、2017年修订）、《图书质量管理规定》（2004年颁布）、《订户订购进口出版物管理办法》（2011年颁布）、《新闻记者证管理办法》（2009年颁布）、《新闻出版统计管理办法》（2016年颁布）、《电影剧本（梗概）备案、电影片管理规定》（2006年颁布，2017年修订）、《互联网视听节目服务管理规定》（2007年颁布，2015年修订）、《电子出版物出版管理规定》（2008年颁布，2015年修订）、《音像制品制作管理规定》（2008年颁布，2015年、2017年修订）、《图书出版管理规定》（2008年颁布，2015年修订）、《出版专业技术人员职业资格管理规定》（2008年颁布）、《期刊出版管理规定》（2015年颁布、2017年修订）、《新闻出版总署立法程序规定》（2009年颁布）、《复制管理办法》（2009年颁布，2015年修订）、《卫星电视广播地面接收设施安装服务暂行办法》（2009年颁布，2015年修订）、《广播电视广告播出管理办法》（2009年颁布，2011年修订）、《广播电视安全播出管理规定》（2009年颁布，2016年、2021年修订）、《电视剧内容管理规定》（2010年颁布，2016年修订）、《电影艺术档案管理规定》（2010年颁布）、《著作权质权登记办法》（2010年颁布）、《出版物市场管理规定》（2016年颁布）、《有线广播电视运营服务管理暂行规定》（2011年颁布，2021年修订）、《教科书法定许可使用作品支付报酬办法》（2013年颁布）、《出版单位变更资本结构审批办法》（2016年颁布）、《新闻从业人员职务行为信息管理办法》（2014年颁布）、《使用文字作品支付报酬办法》（2014年颁布）、《国家新闻出版产业基地（园区）管理办法》（2014年颁布）、《广播电影电视行业统计管理办法》（2005年颁布，2016年修订）、《公益广告促进和管理暂行办法》（2016年颁布）、《新闻出版许可证管理办法》（2016年颁布、2017年修订）、《网络出版服务管理规定》（2016年颁布）、《专网及定向传播视听节目服务管理规定》（2016年颁布，2021年修订）。[②]这些规章的制定为文化艺术、新闻、出版、广播电视方面的执法提供了必要的依据和参照。

---

① 参见文化部网站，http：//zwgk.mcprc.gov.cn/？classInfoId=21。
② 参见广电总局网站，http：//www.sapprft.gov.cn/sapprft/govpublic/6682.shtml。

五、地方性法规

从文化领域的立法可以看到各地、各部门对文化传统以及文化事业和文化产业发展的重视程度,一些具有深厚文化根基和浓厚文化氛围的省份都比较重视艺术产业领域的立法,如北京、上海、浙江、江苏、陕西等地。[①]近年来,在文化大发展大繁荣政策的号召下,各地纷纷加快了文化艺术地方立法的节奏。

第二节 现有文化法律体系

文化法律体系是根据宪法制定的调整国家文化管理和社会文化艺术生活中发生的各种社会关系的法律规范的总称。

从立法的目的看,文化法律可以分为2大类:第1类为公共文化事务法,其目的是确定国家在发展公共文化事业方面的责任,并为社会提供参与公共文化事务所需要的条件和环境,包括各种优惠政策和法律保障等,如《文物保护法》《非物质文化遗产法》《公共文化服务保障法》《公共图书馆法》等;第2类为行为法,其目的是确定文化生产和消费的基本经济关系,为社会提供公平竞争环境、如《著作权法》《拍卖法》等。

当前,我国文化管理法律体系呈现出以宪法为核心,以横向的文化管理领域一般法为基础,以纵向的各文化管理部门法为主体构成的特点,其内容主要包括文化活动和管理的宪法性文件、文化管理领域一般法、行政法规、部门规章和地方性法规。

---

① 参见黄虚峰:《文化产业政策与法律法规》,北京大学出版社,2013年版,第78-79页。

第六章 国内文化艺术法律

目前,我国在公共文化服务、文化产业、文化遗产保护方面都已有相关法律,其中公共文化服务方面有《公共文化服务保障法》《公共图书馆法》,文化产业方面有《电影产业促进法》,文化遗产保护方面有《文物保护法》《非物质文化遗产法》。除上述法律外,《著作权法》对公共文化服务、文化产业、文化遗产的保护也有重要的意义。虽然我国文化法律体系的建构和完善尚需一段很长的过程,但相关法律的出台对于公共文化服务、文化产业、文化遗产领域的健康发展有重要意义。

第一节 《著作权法》

著作权法在我国文化艺术管理中居于基础地位,对保护文化艺术创作主体、文化艺术接受主体权益,繁荣文化艺术创作都有重要作用。

一、著作权法概述

(一)著作权法在我国的变迁

清末,我国便开始关注著作权保护。中国历史上第一部著作权法诞生于1910年,这一年清政府颁布了《大清著作权律》。因清政府很快垮台,该法实际上未得以有效实施。但该法对北洋政府和南京国民政府都有所启示,1915年北洋政府颁布了《著作权法》,南京国民政府上台后,也于1928年颁布了《著作权法》,两部《著作权法》基本上沿袭了《大清著作权律》的内容。

新中国成立初期,南京国民政府的《著作权法》被废止,也未制定新的《著作权法》,但并未停止对著作权的保护,制定了诸如《关于书籍稿酬的暂行规定》《图书、期刊版权保护试行条例》等法规。伴随中国经济社会的发展,特别是改革开放以来,中国融入世界的步伐加快,系统全面的著作权保护法的出台显得尤为迫切。

1990年9月7日,新中国第一部《著作权法》颁布。作为新中国第一部全面系统的保护著作权的法律,《著作权法》具有拓荒的性质。随着时间推进和客观形势的变化,我国于2001年、2010年、2020年对《著作权法》进行了修订，著作权法的保护水平进一步提升。三次修改的主要内容：一是增加了受保护的作品种类和著作权人的专有权利；二是增加了对技术措施和权利管理信息的保护；三是调整了"法定许可"的范围等。

在网络技术迅猛发展的背景下，新技术不断涌现，著作权保护面临着很多新问题；同时版权产业在我国已开始占有较为重要的地位，需要更有力的版权保护环境。基于上述原因，我国于2011年7月启动了《著作权法》的修订工作。2014年6月6日起，《著作权法（修订草案送审稿）》开始向社会征求意见，为期一个月。其中一项重要内容为相关权制度的完善，主要包括出版者版式设计权、表演者权、录音制作者权和广播组织权等。2020年11月，修订工作完成。

（二）著作权的定义、特征

1. 著作权的定义

著作权，是指作者等著作权人对文学、艺术和自然科学、社会科学、工程技术等作品所依法享有的人身和财产权利等专有权利的总称，是基于具有独创性的作品而产生的权利。作品是产生著作权的基础要件，无作品便没有著作权。作品创作完成后，无论是否发表或利用，著作权即已产生。

著作权是作者的人身权利与财产权利的合一。著作人身权，又称精神权利，是指作者基于作品而产生的与作者人身密切相关的权利，一般只能由作者本人享有和行使。著作财产权，又称经济权利，是指作者等著作权人自己使用或授权他人通过某种形式使用作品，并获得经济报酬的权利。该权利允许作者将作品转让或许可给他人使用。

著作权有广义和狭义之分。狭义的著作权，是指作者就其所创作的作品而享有的专有权利。大陆法系国家的著作权是狭义的，不含邻接权。我国2010年、2020年修订的《著作权法》虽未有"邻接权"的表述，但实际上有邻接权的相关内容，如"与著作权有关的权利"实际上就是邻接权。

广义的著作权，还包括邻接权。出版者、表演者等作品传播者在作品传播作品过程中，因自己的创造性劳动和资金投入所取得的成果也属于著作权保护的范畴。在英美法系国家，作者权利、邻接权都是版权的组成部分，没有著作权和邻接权的区别，采用的是广义的著作权。

2. 著作权的特征

作为知识产权的有机组成，著作权具有知识产权的一般特征：一是非物质性、二是时间性，三是地域性。

（1）非物质性

著作权的非物质性是指著作权的客体不是物质载体本身，而是物质载体所"承载"或"体现"的精神性内容。

（2）地域性

著作权的地域性是指著作权的效力一般只限于本国境内，除非该国加入的国际条约、双边或多边协定中有相关规定。这一点与所有权迥异。

（3）时间性

著作权的时间性是指对著作权的保护有一定的期限，其目的是为了防止过度保护，导致公众根据前人的成果进行创新和创造受限。我国《著作权法》第22条、第23条中对各种类型的著作权期限进行了规定。

（三）著作权法

著作权法是指规定有关著作权以及相关权益的取得、行使和保护的法律规范的总和。

除上文提及的《著作权法》外，我国保护著作权的法律还有《刑法》《民法典》中的有关规定；国家的行政法规有《计算机软件保护条例》（2001年颁布，2013年修订）、《著作权集体管理条例》（2004年颁布，2011年、2013年修订）、《信息网络传播权保护条例》（2006年颁布，2013年修订）、《著作权法实施条例》（2002年颁布，2011年、2013年修订）；部门规章有国家版权局发布的《著作权行政处罚实施办法》（2009年颁布）；司法解释有2002年颁布的《最高人民法院关于审理著作权民事纠纷案件适用法律若干问题的解释》以及2011年《最高人民法院、最高人民检察院、公安部联合颁布的《关于办理侵犯知识产权刑事案件适用法律若干问题的解释》等。

此外，我国加入的国际公约中也有与著作权相关的内容，同样可以纳入我国著作权法的范畴。我国于1992年加入《伯尔尼公约》《世界版权公约》《保护录音制品制作者防止未经授权复制其录音制品公约》；2001年，伴随着我国加入世界贸易组织《与贸易有关的知识产权协定》也已对我国生效。它们保护的是在中国的外国人的相关权益，即只有外国人才可以在我国主张条约所赋予的利益。具体操作过程中，首先应根据我国《著作权法》办理，当我国《著作权法》与国际公约不一致时，才可以依据公约获得保护。

二、著作权的客体

著作权的客体，即著作权法的保护对象，是指受著作权法保护的具有独创性并能以某种有形形式复制的文学、艺术和科学作品。

（一）作品应具备的条件

1. 具有独创性

这是作品最重要的特征或条件。其一，独创性的"独"是指作品由创作者独立完成。其二，独创性的"创"是作品必须具有创造性。

2. 具有能够被他人感知的外在形式

作品必须具备一定的客观外在表达形式，即作品具有可感知性，它是作品受著作权法保护的必要条件。

3. 具有可复制性

作品还须具有可复制性，只有如此，作品才有被侵权的可能，因而需要法律的保护。

（二）不受著作权法保护的对象

1. 思想

在建立著作权保护制度的国家，虽然强调保护"思想的表达"，但对思想本身不予保护。著作权法并不保护抽象的思想、观念、构思、创意、工艺、操作方法等。

2. 事实及对事实的一般汇编

著作权法保护作品中的独创性部分，但不鼓励和保护创作者垄断作品中的材料部分。

3. 官方正式文件

法律、法规，国家机关的决议、命令和其他具有立法、司法、行政性质的文件以及官方正式译文等官方文件涉及社会公众和国家整体利益，因此不在著作权法保护范围之内。

4. 公有领域的作品

作品超过保护期之后便进入了公有领域，成为公共财产，人人可以使用，但包括发表权、署名权、修改权和保护作品完整权在内的著作权的精神权利部分应得到尊重。

5. 竞技体育活动

著作权法保护对思想、观念或情感等具有一定美感的表达。除花样游泳、花样滑冰、体育舞蹈、艺术体操等运动竞赛表演除外，其他体育活动不在著作权保护范围之内。

6. 被法律禁止出版、传播的作品

在我国，内容反动、淫秽的作品属依法禁止出版、传播的作品，不受著作权法保护。

（三）作品的分类

按照著作权法的规定，作品可划分为以下几类：

1. 文字作品

文字作品主要包括小说、散文、诗词、论文等以文字形式表现的作品。产品说明书、节目预告单、科技论文等也属于文字作品。

2. 音乐、戏剧、曲艺、舞蹈和杂技艺术作品

音乐作品包括声乐、器乐作品，是能够演唱或者演奏的作品。

戏剧作品是指传统戏曲、话剧、音乐剧、歌剧等在舞台上演出的作品。曲艺作品是指相声、评书、大鼓等以说唱为主要形式的表演作品。两者受到著作权法保护的部分是剧本或底本。

舞蹈作品是指通过人体优美的动作、生动的表情等表现情感的作品。著作权法保护的主要是舞蹈动作的设计，而不是舞蹈表演本身。

杂技艺术作品是指杂技、马戏等通过动作和技巧表现的作品。杂技艺术作品的内容主要是杂技艺术作品的设计与创作。

3. 美术、建筑作品

美术作品是指以线条、色彩等塑造的有审美意义的平面或者立体的造型艺术作品,主要包括绘画、雕塑、书法等。

建筑作品是指以建筑物或构筑物形式表现的具有审美意义的作品。建筑作品主要包括两方面的内容:一个是建筑物本身;另一个是建筑的设计图和它的模型。

4. 摄影作品

摄影作品是指摄影师在感光材料等材料上记录物体形象,用来反映社会生活与自然现象,并表达作者思想情感的艺术作品。著作权法意义上的摄影作品必须具有独创性。

5. 视听作品

视听作品,是指存储在一定介质之上,由一系列的有声或无声的画面组成,并借助放映装置进行放映或传播的作品。

6. 口述作品

口述作品是指即兴演讲、授课等以口头语言形式表现的作品。

7. 图形作品和模型作品

我国《著作权法实施条例》中,对图形作品有如下定义:"为施工、生产绘制的工程设计图、产品设计图,以及反映地理现象、说明事物原理或者结构的地图、示意图等作品。"

模型作品则是指为展示、观测或者试验等用途,根据物体的原貌,按照比例制成的立体作品,如动植物模型、地理沙盘模型和产品模型等。

8. 计算机软件

计算机软件包括计算机程序及其有关文档。计算机程序,是指可以由计算机等装置执行的代码化指令序列,或者可以被自动转换成代码化指令序列的符号化指令序列。文档,是指用来描述程序的内容、组成、设计、功能规格等内容的文字资料和图表。

此外还有"符合作品特征的其他智力成果"。

三、著作权的主体

著作权的主体是指依法享有著作权的人。

（一）著作权的几大主体

根据我国《著作权法》相关规定,著作权人可分为以下4类:

1. 自然人作者

著作权最基本的权利主体是自然人,主要是创作文学艺术作品和科学作品的自然人。不仅作者,其他人根据合同或法律的规定,也能成为著作权人。

首先,通过继承、赠予、遗赠、受让,自然人可获得著作权。这类著作权人称继受主体。他们不能享有完整的著作权,因为著作权中的人身权利不能转让。

其次,有一类情况比较特殊,作者不享有著作权或仅有部分著作权。如按照最高人民法院《关于审理著作权民事纠纷案件适用法律若干问题的解释》的规定:"由他人执笔,本人审阅定稿并以本人名义发表的报告、讲话等作品,著作权归报告人或者讲话人享有。"

2. 视为作者的法人或者非法人组织

《著作权法》第11条规定:"由法人或者非法人组织主持,代表法人或者非法人组织意志创作,并由法人或者非法人组织承担责任的作品,法人或者非法人组织视为作者。"例如,《电影管理条例》等行政法规中规定电影制片的主体是单位,因此,电影作品的著作权人是法人,而不是自然人。

3. 国家

某些情况下,著作权的主体(一般是财产权)是国家,主要包括以下3种情况:(1)公民死亡时,无继承人或受遗赠人,或继承人放弃继承权的,著作权中的财产权归国家所有;(2)法人、非法人组织终止,没有权利义务承受人,著作权中的财产权利归国家所有;(3)公民、法人或者其他组织赠予国家的,著作权中的财产权归国家所有。

4. 外国人

外国人的作品在中国获得著作权保护,必须符合以下3项条件中的任意一条:(1)外国人的作品首先在中国出版,外国人的作品在"中国境外首先出版后,30日内在中国境内出版的,视为该作品同时在中国境内出版"[①];(2)其所属国或者经常居住国与中国签订了相互保护著作权的协议或共同参加了《伯尔尼公约》《世界版权条约》和《与贸易有关的知识产权协定》等保护著作权的国际条约[②];(3)外国人的作品首次在上述国际条约的缔约国出版,或者在非缔约国首次出版后30天内在缔约国出版[③]。

(二)特殊作品的著作权归属问题

通常情况下,著作权归作者所有。但是,有些作品在创制和传播过程中,多个主体共同参与,就涉及著作权的归属问题。

1. 职务作品的著作权归属

职务作品是指公民为完成法人等组织的工作任务而创作的作品。《著作权法》中,对职务作品的著作权归属有以下规定:

第一,一般情况下,职务作品的著作权人为作者,但法人或非法人组织在其业务范围内有优先使用权。作品完成两年内,未经单位同意,作者不得许可第三人以与单位使用的相同方式使用该作品。

第二,以下两种情况,作者只享有署名权,著作权的其他权利由法人或者非法人组

---

① 参见国务院:《著作权法实施条例》,第8条。
② 参见《著作权法》,第2条。
③ 参见黄虚峰:《文化产业政策与法律法规》,北京大学出版社,2013年版,第108页。

织享有:(1)主要是利用法人或者非法人组织的物质技术条件创作,并由法人或者非法人组织承担责任的工程设计图、产品设计图、计算机软件等作品;(2)法律、行政法规规定或者合同约定著作权由法人或者非法人组织享有的职务作品。

2. 委托作品的著作权归属

委托作品是指受人委托创作的作品。我国《著作权法》19条规定:"受委托创作的作品,著作权的归属由委托人和受托人通过合同约定。合同未作明确约定或者没有订立合同的,著作权属于受托人。"

3. 演绎作品的著作权归属

演绎作品,是指改编、翻译、注释、整理已有作品而产生的作品。一部演绎作品同时包含了原作者和演绎作者的智力创造,因此我国对两者都予以保护。

4. 合作作品的著作权归属

合作作品,是指由两个以上的作者共同创作的作品,其著作权由合作作者共同享有。合作作品的著作权由合作作者通过协商一致行使;不能协商一致,又无正当理由的,任何一方不得阻止他方行使除转让、许可他人专有使用、出质以外的其他权利,但是所得收益应当合理分配给所有合作作者。当合作作品无法分割时,其著作权由合作作者共同享有;当作品可分割使用时,作者对各自创作的部分单独享有著作权。

5. 汇编作品的著作权归属

汇编作品是指对若干作品、作品的片段等进行选择、汇集和编排而产生的新作品,其著作权归汇编人享有,但其前提是不侵犯原作品的著作权。

6. 视听作品的著作权归属

我国《著作权法》规定,编剧、导演、摄影、作词、作曲等是影视作品的作者。《著作权法》第17条规定:"视听作品中的电影作品、电视剧作品的著作权由制作者享有,但编剧、导演、摄影、作词、作曲等作者享有署名权,并有权按照与制作者签订的合同获得报酬";"视听作品中的剧本、音乐等可以单独使用的作品的作者有权单独行使其著作权。"

电影作品、电视剧作品以外的视听作品的著作权归属"由当事人约定;没有约定或者约定不明确的,由制作者享有,但作者享有署名权和获得报酬的权利"。

7. 美术作品原件的著作权归属

美术作品主要涉及两种权利:一是创作作品的艺术家享有的美术作品著作权,二是财产权,它是指作品原件所有人对美术作品原件所享有的所有权,包括对美术作品原件的占有、使用、收益和处置的权利。这是两类不同的权利,两者可以分离。我国《著作权法》第20条规定:作品原件所有权的转移,不改变作品著作权的归属。同时规定,美术、摄影作品原件的展览权由原件所有人享有;作者将未发表的美术、摄影作品的原件所有权转让给他人的,受让人展览该原件不构成对作者发表权的侵犯。

四、著作权的内容

著作权的内容是著作权法中最为重要的部分,是指著作权人所享有的所有专有权利。我国《著作权法》规定著作权的内容包括人身权和财产权两部分。

(一)人身权

人身权,又称精神权利,是作者基于作品依法享有的与人身相联系或密不可分的却与财产无直接关系的权利内容。只有作者才能享有,他人不可剥夺、转让和限制,永远受到保护,无时间限制。

我国《著作权法》规定了作者享有发表权、署名权、修改权和保护作品完整权4项人身权。

1. 发表权

发表权是指作者将作品公之于众的权利。发表权明确了只有作者本人才能决定是否将自己的思想公之于世。

发表权包括如下内容:(1)决定发表作品的权利;(2)决定不发表作品的权利;(3)选择发表方式的权利;(4)选择发表时间的权利。

发表权具有如下特点:(1)发表权只能行使一次。一旦将作品公之于众,发表权也就用尽了。(2)发表权通常要和著作财产权的任何一种权利一起行使。(3)发表权不能转让。发表权专属于作者,不可转移,也不能继承。(4)行使发表权时不得侵犯他人利益。

2. 署名权

署名权是表明自己的身份,在自己创作的作品上署名的权利。如果没有相反证明,在作品上署名的人就是作者,无论署的是真名、笔名、假名。作者也可以选择暂时不署名。作者也有权同意或禁止未参加创作的人在自己作品上署名。如果作者在发表的作品上署名,则他人在以出版、广播、表演、翻译、改编等任何方式使用该作品时,都应当说明作者姓名,否则便构成侵权。

3. 修改权

修改权是指修改或者授权他人修改其作品的权利。所谓"修改",是对作品内容作局部的变更以及文字、用语的修正。① 修改既可以在作品发表前进行,也可在作品发表以后进行。

修改权通常由作者自己行使,作者也可以授权他人修改自己的作品。未经作者授权许可的修改行为,属侵权行为。

修改权的行使在实际中受到一定限制:(1)文字性的修改。如编辑对作品中存在

---

① 参见胡康生主编:《中华人民共和国著作权法释义》,法律出版社,2002年版,第43页。

的错漏、笔误、语病等进行的修改,可以不经过作者的同意,直接修改。(2)基于物权的对抗效力,修改权受到限制。建筑作品竣工后或美术作品原件所有权转移后,作者修改权的行使需经过建筑物所有人或美术作品原件所有人同意,方可进行。

4. 保护作品完整权

保护作品完整权,是指保护作品不受歪曲、篡改的权利。因为作品是作者精神创造的产物,是作者的思想、情感和精神的结晶,如果作者的作品被他人歪曲和篡改,必然会破坏作品的完整性,损害作者体现在作品中的感情和人格。

保护作品完整权,包括保护作品的内容、表现形式和作品形象的完整。保护作品内容的完整,要求他人在使用作品时,不得作歪曲性、贬损性的使用,不得断章取义、篡改作者的思想观点;保护作品表现形式的完整,是指作者有权禁止他人剽窃、割裂文章,以维护文章形式的和谐统一;保护作品形象的完整,是指他人在评价作品时,不得随意吹捧或者贬损作品形象,以保护作品的社会评价水平不受伤害、不被降低。①

5. 其他著作人身权

我国《著作权法》规定了上述4种著作人身权。一些大陆法系国家还规定了包括收回作品权、接触作品权和追续权等在内的其他著作人身权。

(1) 收回作品权

考虑到该权利严重违反契约自由原则,不利于交易安全,目前仅有部分大陆法系国家承认,英美法系国家不予承认。

收回作品权的含义是作者已经转让了或者许可他人行使其经济权利,但若因希望修改作品或者阻止作品继续流传,作者可以收回其已经转让或许可的权利。但因为作品的收回必然会影响先前合法获得权利者的利益,因此,作者在行使该权利时必须进行必要的补偿。

收回作品权主要有3种情况:第一种是因内容错误或观点改变而引起的收回权;第二种是因使用权人或受让人不作为而引起的收回权;第三种是特定时间点的收回权,西班牙、葡萄牙等国的著作权法中有相关规定。

(2) 接触作品权

接触权,也称"著作物接触权""接触作品权"等,是指作品原件或稀有复制件转让后,因行使著作权的需要,作者有权接触作品并复制的权利。

就其性质而言,接触权首先是一种著作人格权,具有专属性,只有作者享有,其他受让著作权的主体不享有接触权。其次,接触权本质上是一种控制权。以美术作品为例,接触权是在无形物作品(著作权)与作为载体的有形物(美术作品原件)不可分离地结合后,当作为载体的有形物转移占有后,作者仍然是无形物作品的权利主体,仍享有在一定条件下,接触和控制作为载体的有形物的权利。

---

① 参见黄宪容主编:《出版法规及其应用》,苏州大学出版社,2005年版,第61页。

但需要注意的是,作者行使接触权时应当尽量避免对合法占有人造成不便。

(3) 追续权

截至2015年,全球已有81个国家创设了追续权制度。随着英国、瑞士分别于2006年、2014年创设追续权制度,世界顶级的艺术品市场中只剩下我国与美国尚未规定追续权制度。①

追续权,又称"延续权""转售权""转售版权税"等。不同国家对追续权有不同界定,基本内涵可概括为艺术作品原件初次售出后,当此原件再次转售时,作者或者相关权利人,可从转售的金额获得一定的收益。

(二) 财产权

财产权,是指作者享有的基于作品的使用而获得报酬的权利,是作者所享有的财产权利。英美法系国家、大陆法系国家,都十分重视对财产权利的保护和利用。一定意义上,著作财产权利是著作人身权的支撑和基础。只有作者才能利用作品并获得经济利益,他人使用有关作品必须经过作者许可授权,并支付相应的费用。这种排他性的财产权利和由此产生的经济利益,是对作者创作活动的激励。

我国《著作权法》共规定了13种财产权利,权利人可以通过转让或者许可他人使用等方式来获得经济利益。

1. 复制权

复制权是著作财产权中最常用、最核心的权利。我国《著作权法》将复制权定义为"以印刷、复印、拓印、录音、录像、翻录、翻拍、数字化等方式将作品制作一份或者多份的权利"。

要构成著作权法上的"复制行为",须满足以下两个要件:

(1) 该行为应当在有形物质载体之上再现作品;

(2) 该行为应当使作品被相对稳定和持久地"固定"在有形物质载体之上,形成作品的有形复制件。②

2. 发行权

发行权即"以出售或者赠予方式向公众提供作品的原件或者复制件的权利",实际上由复制权派生而来。通常而言,发行是复制的结果,在出版行业,发行构成了复制的目的。

在著作权法中,发行的形式十分广泛,既包括图书、美术作品、视听作品、录音录像制品等的有偿销售发行,还包括赠阅等无偿的发行行为。美国版权法中甚至把出租、租借和借阅纳入发行的范畴。③

---

① 参见戴哲:《美国追续权立法研究——兼谈对我国追续权立法的影响与启示》,载《电子知识产权》,2016年第8期,第35页。
② 参见王迁:《知识产权法教程》,中国人民大学出版社,2011年版,第130-131页。
③ 参见王迁:《知识产权法教程》,中国人民大学出版社,2011年版,第132页。

构成著作权法意义上的发行行为,应当符合以下条件:

首先,该行为应当是公开行为,即面向"公众"提供作品的原件或复印件,非公开地提供作品原件或复制件不构成发行。

其次,该行为必须导致公众获得作品原件或有形复印件。因此,像公开朗诵诗歌、展览油画等并非发行行为。[①]

发行权可以给著作权人带来经济利益,但不是无限制的,德国、美国、奥地利等国家都规定"发行权的一次用尽原则",我国事实上也承认该原则。"发行权的一次用尽原则",意味着"著作权人将作品的原件或复制件提供给公众后,著作权人便失去了对这些原件或复制品的控制权,他人可以再次出售,而不构成对著作权人的侵权。"[②]

3. 出租权

我国《著作权法》将出租权定义为"有偿许可他人临时使用视听作品、计算机软件的权利,计算机不是出租的主要标的的除外"。除此之外,按照《著作权法》第44条的规定,录音录像制品的制作者也享有出租权。

4. 展览权

展览权,又称公开展览权或展示权,是指"公开陈列展示美术作品、摄影作品的原件或者复制件的权利"。在我国,展览权仅适用于美术作品和摄影作品。展览既包括在美术馆等专业场所进行的展览,也包括在其他公开场合进行的展示。展览的形式不仅有直接展示,还包括以电视、幻灯以及网络形式的展示。

需要注意的是,我国对著作权有一些限制,如《著作权法》规定:"作品原件所有权的转移,不改变作品著作权的归属,但美术、摄影作品原件的展览权由原件所有人享有。"这是对"展览权"规定的一个重要例外。另外,关于人像的绘画、雕塑和摄影,如果涉及第三人的肖像,著作权人或原件所有人行使展览权时,应得到该第三人的许可。

5. 表演权

表演权是指"公开表演作品,以及用各种手段公开播送作品的表演的权利"。表演权可分为现场表演(舞台表演)和机械表演两种形式。现场表演(舞台表演)包括现场朗诵诗歌、演奏音乐、戏剧演出、表演舞蹈、曲艺表演等。机械表演是指借助机器设备录制舞台表演,并将其公开传播的行为。[③]

表演权主要包含以下3项内容:

(1)授权他人在现场表演其作品,即上演、演奏其作品,这是指演员、演唱者亲自在现场公开表演。

(2)授权他人以任何手段或方法公开表演,包括通过录音录像制品进行表演。

(3)授权他人"向公众播送表演"。即以广播或电视方式传播之外的其他所有的

---

① 参见《著作权法》,第10条。
② 参见樊伟星:《发行权穷竭原则的现实与立法构想》,载《法治与社会》,2012年21期,第23页。
③ 参见余俊:《论著作财产使用权》,载《兰州学刊》,2007年第7期,第102页。

公开传送方式。

6. 放映权

放映权是指"通过放映机、幻灯机等技术设备公开再现美术、摄影、视听作品等的权利"。所谓的公开再现,是指"面向公众的放映,不管盈利与否,都属于著作权人的放映权范围之内"。放映权的设立意味着公开播放电影、电视等视听作品的行为必须经过著作权人的授权许可并支付相应的报酬。

放映权在国外一般属于机械表演权,并没有单列。

7. 广播权

广播权是指"以有线或者无线方式公开广播或者传播作品,以及通过扩音器或者其他传送符号、声音、图像的类似工具向公众传播广播的作品的权利"。

广播权主要包括3个层次的内容:

(1)授权广播其作品(或以任何其他无线传送符号、声音或图像等向公众传播其作品);

(2)许可由原广播机构以外的其他广播机构,以有线方式转播前述广播的作品;

(3)许可通过扩音器(或其他传送符号、声音、图像的类似工具)传播前述广播的作品。

在具体操作中,未发表的作品,广播电台、电视台播放时必须获得作者授权,"而对于已发表的作品,广播电台、电视台播放时可以不经著作权人许可,但应当支付报酬"。①

8. 信息网络传播权

信息网络传播权是指"以有线或无线的方式向公众提供作品,使公众可以在其选定的时间和地点获得作品的权利"。

科学技术的进步促进了文化艺术的发展,但也给著作权的保护提出了很多新的挑战。为了应对网络环境下的新变化,我国2001年修订的《著作权法》中新增了信息网络传播权的内容。

对于信息网络传播权,有以下内容需要注意:

(1)网络既包括互联网这一网络媒介,也包括电话网络等以电子技术为基础的网络;

(2)信息的接收者是不特定的公众,而不是特定的个人或团体;

(3)网络的方式可使公众自由选择获得作品的时间和地点。

9. 摄制权

摄制权是指以摄制视听作品的方法将作品固定在载体上的权利。著作权人自己可以行使该权利,但实践中通常是授权他人来使用。最常见的是将小说拍成电影、电视剧。

---

① 参见《著作权法》,第46条。

视听作品完成后,制片人对视听作品享有单独的著作权,而原作品的著作权人对原作品仍享有单独的著作权。

在具体操作过程中,《著作权法实施条例》也有相关规定,"著作权人许可他人将其作品摄制成电影作品或以类似摄制电影的方法创作的作品的,视为已同意对其作品进行必要的改动,但是这种改动不得歪曲篡改原作品"。

10. 改编权

改编权是指"改变原作品,创作出具有独创性的新作品的权利"。[①]改编是一种再创作,故又称为二度创作。改编者对作品进行再度创作并赋予新的形式,对新的作品享有著作权。需要注意的是,根据改编作品进行第二次改编的,需要得到原作品著作权人和第一次改编作品作者的许可,否则不能公开使用。

11. 翻译权

翻译权是将作品从一种语言文字转换成另一种语言文字的权利。这是一种著作权人对自己的作品享有的以其他各种语言文字形式再表现的权利,包括禁止他人未经许可而实施上述行为的权利。翻译人对其新的表现形式享有著作权。中外文的互译都属于翻译行为,而由普通话译成中国某地区的方言或将方言译成普通话不属于翻译,因为它们在书面上都用汉字。

12. 汇编权

汇编权是指将作品或者作品的片段通过选择或者编排汇集成新作品的权利。并非所有汇编都能形成新作品,只有其内容的选择或者编排具有独创性而构成智力创作,才能享受著作权的保护。需要注意的是如果被汇编的作品或者作品片段是他人享有著作权的,应当得到著作权人的许可。

13. 应当由著作权人享有的其他权利。

这是一种开放式的规定,为未来将出现的新的作品使用方式预留空间,是各国的通行做法,我国也是如此。

五、邻接权

邻接权,又称"有关权",是指与著作权"邻近、接壤"的权利。著作权法中的邻接权(Neighboring Right),是知识产权中与著作权邻接的权利,其实质上是指作品传播者在传播作品过程中享有的各项权利。

我国2010年、2020年修订的《著作权法》中,并未出现"邻接权"这一名词,但两者中所涉及的出版者权、表演者权、录音录像制作者权、广播电视组织者权实际上就是邻接权。

---

① 参见《著作权法》,第10条。

（一）出版者权

出版者权指出版者对自己出版的图书、报刊等所享有的专有权利。

1. 版式设计权。《著作权法》第37条规定：出版者有权许可或者禁止他人使用其出版的图书、期刊的版式设计。其权利的保护期为10年，截止于使用该版式设计的图书、期刊首次出版后第10年的12月31日。需要说明的是版式设计不等于装帧设计，下面将对版式设计与装帧设计做简单介绍。

版式设计是指对图书、刊登文章等出版物的版面格式的设计，包括对版心、篇章结构、排式、用字、行距、标点等版面布局因素的安排。版式设计权的使用针对的是同一种出版物而言的。

装帧设计是指对出版物外观的装饰设计，包括封面的色彩和图形等。如果出版物销量较大，装帧设计可以作为知名商品特有的装潢受到《反不正当竞争法》的保护。

2. 专有出版权。专有出版权，是指出版者享有的对作品以图书形式进行复制并予以发行的专有权利。《著作权法》第33条规定："图书出版者对著作权人交付出版的作品，按照合同约定享有的专有出版权受法律保护，他人不得出版该作品。"

专有出版权来自著作权人的授权，出版者要取得专有出版权，必须与著作权人签订出版合同。专有出版权包括重印和再版图书的权利。在权利的有效期限内，图书出版者有权对图书重印和再版，但必须通知著作权人，并支付相应的报酬。同时，出版者也有义务重印和再版。图书脱销时，图书出版者拒绝重印、再版的，著作权人有权终止合同。

3. 修改删节权。《著作权法》第36条规定："图书出版者经作者许可，可以对作品修改、删节""报社、期刊社可以对作品作文字性修改、删节。对内容的修改，应当经作者许可"。

对书稿、报刊作品的编辑加工，是图书出版、报刊出版过程的重要环节。但修改权是作者所享有的一种人身权，图书、报刊出版者只有经作者同意，才可以对作品进行修改、删节。

（二）表演者权

表演者权是指表演者对其表演活动所享有的人身权、财产权等专有权利。

1. 主体

我国《著作权法实施条例》第5条规定："表演者是指演员、演出单位或者其他表演文学、艺术作品的人。"

关于表演者主体的界定，要注意以下3点：

（1）无论作品是否过了著作权保护期，对其进行表演的表演者都对其作品享有表演者权。比如曹雪芹的《红楼梦》已过了著作权保护期，但是，邓婕对其塑造的王熙凤依然享有表演者权。

（2）被表演的不是著作权法意义上的作品，从事表演活动的人便无法构成著作权法意义上的"表演者"。

（3）根据我国《著作权法》的规定，演出单位也可以是表演者。此时，演出组织者需要与著作权人签订著作权许可使用合同，直接表演的演员则不须与著作权人直接订立许可合同，因此不构成许可使用法律关系的主体。

2. 客体

表演者权的客体是表演活动。也就是表演者通过对作品的理解和解释，以声音、动作、表情等形式将作品的内容传达出来，或者借助一定的工具如乐器、道具等将作品的内容传达出来。如果表演者表演了多次，则表演者对每一次表演都享有表演者权。

3. 内容

我国《著作权法》规定，表演者享有以下权利：

（1）表明表演者身份；（2）保护表演形象不受歪曲；（3）许可他人从现场直播或公开传送其现场表演，并获得报酬；（4）许可他人录音录像，并获得报酬；（5）许可他人复制、发行、出租录有其表演的录音录像制品，并获得报酬；（6）许可他人通过信息网络向公众传播其表演，并获得报酬。

其中表明表演者身份、保护表演形象不受歪曲的保护期不受限制，其余权利的保护期为50年。

（三）录音录像制作者权

录音录像制作者权是指录音、录像制品的制作者对其制作的录音、录像制品享有的专有权利。

我国《著作权法实施条例》对录音制品的定义为"任何对表演的声音和其他声音的录制品"。对录像制品的定义为"电影作品和以类似摄制电影的方法创作的作品以外的任何有伴音或者无伴音的连续相关形象、图像的录制品"。

录音录像制作者对其制作的录音录像制品，享有许可他人复制、发行、出租、通过信息网络向公众传播并获得报酬的权利，权利的保护期为50年。录像制作者还享有许可电视台播放权。

（四）广播组织权

广播组织权是指广播组织就自己播放的节目享有的专有权利。广播组织不仅指广播电台，还包括电视台、卫星广播组织、有线广播组织等。广播组织权包括以下两项权利：

1. 转播其播放的广播、电视节目的权利

电台、电视台对其制作的广播、电视节目，有权予以播放，无须再征求著作权人和表演者的同意。转播是指一个广播组织同时播放另一个广播电视组织正在播放的节目。

2. 录制、复制其广播电视节目的权利

其他广播电视组织未经其许可，不得将播放的广播、电视节目录制在音像载体上。要复制这个音像载体，也必须得到广播电台、电视台的许可。

广播电台、电视台上述权利的保护期为50年。

六、著作权的限制

制定《著作权法》的目的，一方面是为了"保护权利人的专有权"，另一方面又"促进知识的传播"。这两点是相互矛盾的，过分保护权利人的专有权，就会抑制知识的传播，因此在保护权利人的同时，必须进行必要的限制。在我国，著作权的限制有3类：合理使用、法定许可和强制许可。

三者的不同之处在于，根据合理使用规定对作品进行的使用既不需要经过著作权人许可，也不需要支付报酬。根据法定许可使用作品者无须经过著作权人的许可，但应当支付报酬。强制许可则需经使用人事先申请，由主管机关授权后方可使用，并向著作权人支付报酬，未获主管机关授权的不得使用。

（一）合理使用

合理使用是指在特定情况下使用作品，可以不经著作权人许可，不向其支付报酬，但应当指明作者姓名、作品名称，并且不得侵犯著作权人依照《著作权法》享有的其他权利。

对于合理使用的标准，我国《著作权法实施条例》第21条明确规定："依照著作权法有关规定，使用可以不经著作权人许可的已经发表的作品的，不得影响该作品的正常使用，也不得不合理地损害著作权人的合法利益。"目前我国法院在作出相关判断时大多依据该规定。

1. 合理使用应遵循的几大原则：

（1）合理使用的作品必须是已经发表的作品。

（2）合理使用必须说明作者姓名、作品名称和作品的出处。

（3）合理使用不得侵犯著作权人的其他权益。

（4）合理使用必须出于正当目的。

2. 合理使用的具体情况

我国《著作权法》第24条规定了合理使用的13种情况。

（1）为个人学习、研究或者欣赏，使用他人已经发表的作品。

这种情况有3种限制：一是主体上限于使用者本人，排除单位或团体使用；二是使用目的是为了学习、研究或欣赏，而不能用以出版、出租、出借和作其他营业性的使用；三是使用对象是他人已经发表的作品，未发表的作品，不在"合理使用"之列。

（2）为介绍、评论某一作品或者说明某一问题，在作品中适当引用他人已经发表的作品。

这种情况的关键词是"适当"两字。一般来说，引用不能超过一定的量，如果超过一定的量，则很可能转化为抄袭。其次要注意引用的目的，是为了说明自己的思想观点或情感,而不是其他。

（3）为报道时事新闻,在报纸、期刊、广播电台、电视台等媒体中不可避免地再现或者引用已经发表的作品。

（4）报纸、期刊、广播电台、电视台等媒体刊登或者播放其他报纸、期刊、广播电台、电视台等媒体已经发表的关于政治、经济、宗教问题的时事性文章,但著作权人声明不许刊登、播放的除外。

这些文章,通常与国家或有关政府部门以及执政党在经济、政治、外交等重大问题上的方针、政策有关,其他内容,如历史的、艺术的等类文章都不属合理使用的范围。另外,此处可以合理使用的使用者是其他新闻媒介,非新闻媒介不可对这些时事性文章作合理使用。

（5）报纸、期刊、广播电台、电视台等媒体刊登或者播放在公众集会上发表的讲话,但作者声明不许刊登、播放的除外。该条款的目的是为了让公众了解当前生活中的事件和观点。

（6）为学校课堂教学或者科学研究,翻译、改编、汇编、播放或者少量复制已经发表的作品,供教学或者科研人员使用,但不得出版发行。

基于国情,我国制定该条款。在一些发达国家,则把这类使用排除在"合理使用"的范围之外。这里的学校课堂教学专指面授教学,函授、广播或电视教学不在此列。使用目的只能是教学科研人员的课堂教学和科学研究,学生的学习上也不能使用。

（7）国家机关为执行公务在合理范围内使用已经发表的作品。

为了公众、社会和国家的利益,国家机关可以在履行职能时,在合理范围内使用已经发表的作品。如发布通缉令时所使用的犯罪嫌疑人的照片或者画像,即使它们是受到著作权保护的作品,公安机关的使用也是合理的。

（8）图书馆、档案馆、纪念馆、博物馆、美术馆、文化馆等为陈列或者保存版本的需要,复制本馆收藏的作品。

该条款表述中的3个内容需要注意:一是"本馆收藏的作品";二是"为陈列或者保存版本需要";三是无论是否已经发表,都可进行此种复制。

（9）免费表演已经发表的作品,该表演未向公众收取费用,也未向表演者支付报酬,且不以营利为目的。

此处的表演仅指现场表演。免费表演是指非营业性的表演,既不向观众收费,包括直接的和间接的;也不向表演者支付报酬,包括给表演者的车马费、出场费或实物对价。

（10）对设置或者陈列在室外公共场所的艺术作品进行临摹、绘画、摄影、录像。

对此类艺术作品的临摹、绘画、摄影、录像等属于再创作行为,将此类行为归为"合理使用",是国际惯例。但此类行为不能采取与艺术作品"直接接触"的方式,如拓印等。

（11）将中国公民、法人或者其他组织已经发表的以国家通用语言文字创作的作品翻译成少数民族语言文字作品在国内出版发行。

该条款的设置是为了使少数民族民众获得更多的信息和受教育的机会,促进少数民族地区和人口的发展。

（12）以阅读障碍者能够感知的无障碍方式向其提供已经发表的作品。

该条款是为了增进阅读障碍者的福利,使阅读障碍者能够更好地获得信息和阅读作品。可以改成方便阅读障碍者感知的作品,既包括中国公民或组织以汉语发表的作品,也包括外国公民或组织的以其他语言发表的作品。

（13）法律、行政法规规定的其他情形。

（二）法定许可

法定许可使用制度,又称"法定许可证"制度,是指根据法律的明确规定,以特定的方式使用他人已经发表的作品可以不经著作权人的许可,但必须向著作权人支付报酬的制度。我国《著作权法》一共有5种"法定许可的"的情形。《信息网络传播权保护条例》也有一种"法定许可"和一种"准法定许可"情形。

1. 教科书编写出版法定许可

《著作权法》第25条规定:"为实施义务教育和国家教育规划而编写出版教科书,可以不经著作权人许可,在教科书中汇编已经发表的作品片段或者短小的文字作品、音乐作品或者单幅的美术作品、摄影作品,但应当按照规定支付报酬,指明作者姓名、作品名称,并且不得侵犯著作权人依照本法享有的其他权利。"

2. 报刊转载法定许可

《著作权法》第35条规定:"作品刊登后,除著作权人声明不得转载、摘编的外,其他报刊可以转载或者作为文摘、资料刊登,但应当按照规定向著作权人支付报酬。"

此项法定许可仅适用于报刊之间的相互转载,不适用于书籍之间和报刊与书籍之间。

3. 制作录音制品的法定许可

《著作权法》第42条规定:"录音制作者使用他人已经合法录制为录音制品的音乐作品制作录音制品,可以不经著作权人许可,但应当按照规定支付报酬;著作权人声明不许使用的不得使用。"

"制作录音制品的法定许可"实际上只允许使用词曲本身。根据法定许可制作录音制品者,必须自己聘用乐队、与歌手(表演者)签约,并将歌手的演唱录制下来制成录音制品。[①]该规定的目的是为了防止唱片公司的垄断。

4. 广播电台、电视台播放已发表作品的法定许可

《著作权法》第46条规定:"广播电台、电视台播放他人已发表的作品,可以不经著作权人许可,但应当支付报酬。"

需要指出的是,"播放作品的法定许可"不适用于电视台播放的电影作品。

---

① 参见王迁:《知识产权法教程》,中国人民大学出版社,2007年版,第267页。

5. 制作和提供课件法定许可

2006年国务院颁布《信息网络传播权保护条例》，2013年对其进行了修订。新版《信息网络传播权保护条例》第8条规定："为通过信息网络实施九年制义务教育或者国家教育规划，可以不经著作权人许可，使用其已经发表作品的片断或者短小的文字作品、音乐作品或者单幅的美术作品、摄影作品制作课件，由制作课件或者依法取得课件的远程教育机构通过信息网络向注册学生提供，但应当向著作权人支付报酬。"该条款可以看作是"教科书编写出版法定许可"在网络环境中的延伸。

6. 通过网络向农村提供特定作品的准法定许可

新版《信息网络传播权保护条例》第9条规定："为扶助贫困，通过信息网络向农村地区的公众免费提供中国公民、法人或者其他组织已经发表的种植养殖、防病治病、防灾减灾等与扶助贫困有关的作品和适应基本文化需求的作品，网络服务提供者应当在提供前公告拟提供的作品及其作者、拟支付报酬的标准。"同时规定，按照上述规定提供作品的个人或机构，不得直接或者间接获得经济利益。

七、侵犯著作权的行为及其法律责任

根据我国《著作权法》的规定，侵犯著作权和侵犯邻接权是侵犯著作权的两个主要方面，侵权者要承担民事责任、行政责任或刑事责任。

（一）侵犯著作权行为

1. 侵犯著作权行为的定义

所谓侵犯著作权的行为，是指未经作者或著作权人许可，又无法律上的根据，擅自使用了受著作权法保护的作品，因而损害著作权人的专有权利的行为。

2. 侵犯著作权行为的主要表现

我国《著作权法》第52条、53条以及《著作权法实施条例》规定的违法行为主要有3类：一是侵犯著作权与邻接权的人身权、财产权的侵权行为形态；二是与著作权、邻接权有关的侵权行为形态；三是兜底性侵权行为形态。

（1）侵犯著作权与邻接权的人身权、财产权的侵权行为形态

① 未经著作权人许可，发表其作品的；

② 未经合作作者许可，将与他人合作创作的作品当作自己单独创作的作品发表的；

③ 没有参加创作，为谋取个人名利，在他人作品上署名的；

④ 歪曲、篡改他人作品的；

⑤ 剽窃他人作品的；

⑥ 未经著作权人许可，以展览、摄制视听作品的方法使用作品，或者以改编、翻译、注释等方式使用作品的，《著作权法》另有规定的除外；

⑦ 使用他人作品,应当支付报酬而未支付的;

⑧ 未经视听作品、计算机软件、录音录像制品的著作权人或者与著作权有关的权利人许可,出租其作品或者录音录像制品的,《著作权法》另有规定的除外;

⑨ 未经著作权人许可,复制、发行、表演、放映、广播、汇编、通过信息网络向公众传播其作品的,《著作权法》另有规定的除外;

⑩ 未经出版者许可,使用其出版的图书、期刊的版式设计的;

⑪ 未经表演者许可,从现场直播或者公开传送其现场表演,或者录制其表演的;

⑫ 其他侵犯著作权以及与著作权有关的权益的行为;

⑬ 出版他人享有专有出版权的图书的;

⑭ 未经表演者许可,复制、发行录有其表演的录音录像制品,或者通过信息网络向公众传播其表演的,《著作权法》另有规定的除外;

⑮ 未经录音录像制作者许可,复制、发行、通过信息网络向公众传播其制作的录音录像制品的,《著作权法》另有规定的除外;

⑯ 未经许可,播放、复制或者通过信息网络向公众传播广播、电视的,《著作权法》另有规定的除外。

(2) 与著作权、邻接权有关的侵权行为形态

① 未经著作权人或者与著作权有关的权利人许可,故意避开或者破坏技术措施的,故意制造、进口或者向他人提供主要用于避开、破坏技术措施的装置或者部件的,或者故意为他人避开或者破坏技术措施提供技术服务的,法律、行政法规另有规定的除外;

② 未经著作权人或者与著作权有关的权利人许可,故意删除或者改变作品、版式设计、表演、录音录像制品或者广播、电视上的权利管理信息的,知道或者应当知道作品、版式设计、表演、录音录像制品或者广播、电视上的权利管理信息未经许可被删除或者改变,仍然向公众提供的,法律、行政法规另有规定的除外;

③ 制作、出售假冒他人署名的作品的。

(3) 兜底性侵权行为形态

其他侵犯著作权以及与著作权有关的权益的行为。

在我国采用著作权侵权过错责任原则的情况下,原告诉求的落空是很现实的。所以,我国知识产权审判实践中一般是限制过错要件对著作权侵权诉讼的干扰,其办法就是借助于上述侵权行为形态对过错概念进行客观解释,也就是说被告的行为只要包含上述行为之中的任意一种,并且被告知道原告的权利存在,被告就有过错。①

(二) 侵犯著作权的法律责任

侵权责任,有广义与狭义之分。广义的侵权责任,是指行为人因侵害《著作权法》

---

① 参见周安平:《中国著作权理论与实践研究》,人民出版社,2014年版,第311页。

等所确认和保护的著作权人合法权益、国家或社会公共利益而依法应当承担的法律责任的总称。侵犯著作权的行为人依法应承担法律责任。一般情况下，侵权人应承担停止侵权、赔礼道歉或赔偿损失等民事责任，如果侵权行为损害了公共利益，还要承担行政责任，严重损害公共利益并构成犯罪的侵权行为要承担刑事责任。狭义的侵权责任，是指行为人因其侵权行为而依法应当承担的民事责任的总称。此处，我们讨论的是广义的侵权责任。

1. 民事责任

（1）停止侵害

停止侵害是指侵权人立即停止正在实施的侵犯他人著作权的行为。停止侵权包括停止出版，封存处理，中止正在传播的作品的扩散等。

（2）消除影响、赔礼道歉

侵权人侵犯了著作权人的人身权利时，法院应当判定侵权人消除影响和赔礼道歉，以弥补侵权行为给著作权人造成的人身权利的损害。消除影响，是指侵权人在与损害受害人名誉的同等范围内消除损害带来的影响，一般采取公开声明的方式。

（3）赔偿损失

赔偿损失是指侵权人由于侵犯著作权并导致著作权人蒙受损失时，侵权人应承担的民事责任。

侵犯著作权或者与著作权有关的权利的，侵权人应当：①按照权利人的实际损失给予赔偿；②实际损失难以计算的，可以参照该权利使用费给予赔偿，赔偿数额还应当包括权利人为制止侵权行为所支付的合理开支；③权利人的实际损失或者侵权人的违法所得、权利使用费难以计算的，由人民法院根据侵权行为的情节，判决给予500元以上500万元以下的赔偿。3种计算赔偿额的方式有明确的先后顺序，损失额前一种方式无法计算时，才能适用后一种方式。

2. 行政责任

当侵权人的特定侵权行为同时损害公共利益时，还需要承担行政责任。行政责任是著作权行政管理部门对于侵犯他人著作权的行为所给予的行政处罚。与我国不同，世界上大多数国家的著作权法中并无行政责任的相关内容。

在我国，适用于行政责任的行为在《著作权法》第53条有明确规定，除《著作权法》等法律以及行政法规另有规定的情况，以下行为构成侵权行为：

（1）未经著作权人许可，复制、发行、表演、放映、广播、汇编、通过信息网络向公众传播其作品的；

（2）出版他人享有专有出版权的图书的；

（3）未经表演者许可，复制、发行录有其表演的录音录像制品，或者通过信息网络向公众传播其表演的；

（4）未经录音录像制作者许可，复制、发行、通过信息网络向公众传播其制作的录音录像制品的；

（5）未经许可，播放、复制或者通过信息网络向公众传播广播、电视的；

（6）未经著作权人或者与著作权有关的权利人许可，故意避开或者破坏技术措施的，故意制造、进口或者向他人提供主要用于避开、破坏技术措施的装置或者部件的，或者故意为他人避开或者破坏技术措施提供技术服务的；

（7）未经著作权人或者与著作权有关的权利人许可，故意删除或者改变作品、版式设计、表演、录音录像制品或者广播、电视上的权利管理信息的，知道或者应当知道作品、版式设计、表演、录音录像制品或者广播、电视上的权利管理信息未经许可被删除或者改变，仍然向公众提供的；

（8）制作、出售假冒他人署名的作品的。

著作权行政管理部门可以责令侵权人停止侵权行为，没收违法所得，没收、销毁侵权复制品，并可处以罚款等。

著作权行政管理部门实施行政处罚，应当适用《行政处罚法》规定的一般程序。当事人对地方著作权行政管理部门的行政处罚不服的，可以向该部门的本级人民政府或者其上一级著作权行政管理部门申请行政复议。如对国家版权局的行政处罚不服的，可以向国家版权局申请行政复议。当事人对行政处罚或者行政复议决定不服的，可以依法提起行政诉讼。①

3. 刑事责任

著作权是一种私权，多数情况下侵犯著作权的行为应当只导致民事责任。但是，某些严重侵犯著作权的行为，不仅会影响著作权人自身的利益，还会扰乱市场经营秩序，对社会公共利益造成严重损害。对此，多数国家都在民事责任之外规定了刑事责任。

侵犯著作权入刑在我国经历了一个过程。1990年的《著作权法》和当时的《刑法》并未涉及侵犯著作权的内容。1997年，我国修订《刑法》时，才在《分则》第3章中增加了"侵犯知识产权犯罪"。其第217条、第218条规定的都是与侵犯著作权有关的犯罪。其中，第217条规定了"侵犯著作权罪"，第218条规定了"销售侵权复制品罪"。1998年12月，最高人民法院出台了《关于审理非法出版物刑事案件具体应用法律若干问题的解释》。2004年12月，最高人民法院、最高人民检察院发布了《关于办理侵犯知识产权刑事案件具体应用法律若干问题的解释》。2006年5月，国务院发布了《信息网络传播权保护条例》。2007年4月，最高人民法院、最高人民检察院发布了《关于办理侵犯知识产权刑事案件具体应用法律若干问题的解释（二）》。2011年1月，最高人民法院、最高人民检察院、公安部发布了《关于办理侵犯知识产权刑事案件适用法律若干问题的意见》。2015年12月，国务院发布了《关于新形势下加快知识产权强国建设的若干意见》。这些法律法规为追究侵犯著作权行为的刑事责任提供了依据。

---

① 参见王迁：《知识产权法教程》，中国人民大学出版社，2007年版，第288页。

（1）侵犯著作权罪

按照《刑法》的规定，侵犯著作权罪可以定义为以营利为目的，侵犯他人著作权，违法所得数额较大或者有其他严重情节的行为。犯罪主体既可以是个人，也可以是单位。

我国《刑法》第217条规定，以营利为目的，有以下侵犯著作权情形之一，违法所得数额较大或者有其他严重情节的，处3年以下有期徒刑或者拘役，并处或者单处罚金；违法所得数额巨大或者有其他特别严重情节的，处3年以上10年以下有期徒刑，并处罚金：

① 未经著作权人许可，复制发行、通过信息网络向公众传播其文字作品、音乐、美术、视听作品、计算机软件及法律、行政法规规定的其他作品的；

② 出版他人享有专有出版权的图书的；

③ 未经录音录像制作者许可，复制发行、通过信息网络向公众传播其制作的录音录像的；

④ 未经表演者许可，复制发行录有其表演的录音录像制品，或者通过信息网络向公众传播其表演的；

⑤ 制作、出售假冒他人署名的美术作品的；

⑥ 未经著作权人或者与著作权有关的权利人许可，故意避开或者破坏权利人为其作品、录音录像制品等采取的保护著作权或者与著作权有关的权利的技术措施的。

（2）销售侵权复制品罪

销售侵权复制品罪，是指以营利为目的，销售明知是侵权的复制品，违法所得数额巨大的行为。犯罪主体可以是个人，也可以是单位。

我国《刑法》第218条规定，以营利为目的，销售明知是《刑法》第217条规定的侵权复制品，违法所得数额巨大的或者有其他严重情节，处5年以下有期徒刑或者拘役，并处或者单处罚金。

《关于办理侵犯知识产权刑事案件具体应用法律若干问题的解释》对该项内容做了较为细致的解释。其第6条规定：以营利为目的，实施《刑法》第218条规定的行为，违法所得数额在10万元以上的，属于"违法所得数额巨大"；第14条规定，实施《刑法》第217条规定的侵犯著作权的行为，又销售该复制品，构成犯罪的，应当依照《刑法》第217条的规定，以侵犯著作权罪处罚。实施《刑法》第217条规定的侵犯著作权行为，又销售明知是他人的授权复制品，构成犯罪的，应当实行数罪并罚。第15条规定，单位实施《刑法》第213条至第219条规定的行为，按照本解释规定的相应个人犯罪的定罪量刑标准的3倍定罪量刑。第16条规定，明知他人实施侵犯知识产权犯罪，而为其提供贷款、资金、账号、发票、证明、许可证件，或者提供生产、经营场所或运输、储存、代理进出口等便利条件、帮助的，以侵犯知识产权犯罪的共犯论处。

八、著作权的集体管理

著作权法赋予著作权人享有各项著作财产权利,保障作者能够从其创作中获得经济利益。但是,该项权利不会直接变为经济利益,而需要通过著作权人对其进行开发与管理得以实现。著作权法保障著作权人合法管理自己的著作权利。

著作权人对其合法权利的管理方式可分为个人管理和集体管理两种。个人管理是指著作权人仅依靠自身的力量,对其合法权利加以行使和保护。集体管理则表现为著作权人借助著作权集体管理组织等专门机构,更有效地行使和保护其合法权利。

个人管理方式在有效行使和保护著作权方面存在诸多局限性。一般而言,在保护著作权方面,著作权人个人既无精力也无专门的经验。因此,集体管理的重要性便凸显出来了。著作权集体管理组织既可以帮助著作权所有者有效行使权力,又可以方便著作权使用者便捷地取得使用许可。它是架设在两者之间的桥梁,既可以帮助作品使用者能顺利取得授权,降低作品使用成本,又可以减少著作权人的权利损害,保障著作权人的利益。

著作权的集体管理是指为保障著作权人的利益,按照法律规定成立集体管理组织,并通过该组织集中行使作品的使用许可、收取报酬并予以分配以及纠纷处理的活动。

一般而言,著作权集体管理机构只管理著作权人自己无法直接行使的权利。从世界各国经验来看,著作权集体管理主要涉及音乐作品的表演权、播放权和机械复制权,美术作品的追续权,文字作品、美术作品、摄影作品的影印复制权,表演者和唱片制作者的邻接权等。[①] 著作权集体管理机构在同著作权人签订合同后,著作权人一般会将其后创作作品的权利也授权该机构。

就世界范围而言,著作权集体管理主要采取两种模式,一种为垄断型模式,一种为竞争型模式。垄断型模式又可分为绝对垄断和相对垄断两种模式。绝对垄断是指在某一国家或某一地区内,由一个中央协会负责不同种类著作权的统一管理。这种协会既是著作权的集体管理机构,又是邻接权的管理机构。苏联、意大利是典型代表。相对垄断是指根据作品形式和利用权利形式的不同,而采用多种协会体制,即在同一作品形式或权利范畴内,只存在一个全国性集体管理组织。德国、法国、日本是典型代表。垄断型模式的优点在于:(1)能够有效地保护著作权人的利益;(2)方便使用人获取授权;(3)有利于国际间的著作权集体管理组织的相互授权。但它也存在一定的问题:(1)权利人和使用者失去了选择的自由;(2)著作权集体管理组织可能会滥用垄断优势,如限制会员退出,强迫使用人接受一揽子许可,索取高额使用费等。[②]

---

① 参见黄虚峰:《文化产业政策与法律法规》,北京大学出版社,2013年版,第137页。
② 参见周安平:《中国著作权理论与实践研究》,人民出版社,2014年版,第230-234页。

竞争型模式是指对于同一种类权利可以由多个集体管理组织来管理,鼓励组织之间自由竞争,以美国、加拿大为代表。其优点在于:(1)可以更公平地保护著作权人的权益;(2)作品使用人的选择更多;(3)有利于保护公众利益。其缺点在于:(1)管理效率要低于垄断型模式;(2)容易出现管理权利的混淆。

两种模式各有利弊,各国应该根据实际情况选择。目前我国采取的是垄断型的著作权集体管理模式。1991年国务院发布的《著作权法实施条例》中首次出现了"集体管理"的字样。2001年,我国对《著作权法》进行了第一次修订。修订后的《著作权法》增加了集体管理组织的规定,在第8条中规定:"著作权人和与著作权有关的权利人可以授权著作权集体管理组织行使著作权或者与著作权有关的权利。著作权集体管理组织被授权后,可以以自己的名义为著作权人和与著作权有关的权利人主张权利,并可以作为当事人进行涉及著作权或者与著作权有关的权利的诉讼、仲裁活动。"2004年国务院颁布了《著作权集体管理条例》,对著作权集体管理进行了更详尽的规定,详细地规定了其设立、组织机构、管理活动以及法律责任。2011年、2013年国务院对其部分条款进行了修订。

(一)著作权集体管理组织的职责、收费与分配

1. 职责范围

著作权集体管理组织的职责范围主要包括以下几项:(1)代表权利人与作品使用者就使用作品的条件和许可进行协商谈判,并发放许可、收取使用费;(2)与境外著作权集体管理组织签订协议,代表境外著作权人管理其权利;(3)开展其他活动,如对社会公众进行宣传教育、帮助青年作者、为会员提供社会保障等。

《著作权集体管理条例》第2条规定,著作权集体管理组织可以自己的名义进行下列活动:与使用者订立著作权或者著作权有关的权利许可使用合同;向使用者收取使用费;向权利人转付使用费;进行涉及著作权或者与著作权有关的权利的诉讼、仲裁等。

2. 管理的权利种类

著作权集体管理组织管理的权利种类包括表演权、放映权、广播权、出租权、信息网络传播权、复制权等权利人自己难以有效行使的权利。

3. 许可与收费

发放许可与收取许可费用是著作权集体管理组织的主要工作内容。

许可方式主要包括两种:一揽子许可和单项许可。一揽子许可适用于使用者对作品的需求量较大的情况。如广播电台、电视台、娱乐场所等每年播放大量音乐作品,集体管理组织采取一揽子许可的方式可以提高办事效率。单项许可即著作权集体管理组织针对每一次特定的使用作品行为,向使用者发放许可并收取许可费。如演唱会上的音乐作品的使用。

对于收费标准,《著作权集体管理条例》第13条规定:"著作权集体管理组织应当根据下列因素制定使用费收取标准:(1)使用作品、录音录像制品等的时间、方式和地

域范围;(2)权利的种类;(3)订立许可使用合同和收取使用费工作的繁简程度。"

4. 分配

著作权集体管理组织具有非营利性特点。因此,在向作品使用者收取作品许可费之后,扣除一定比例的使用费作为其日常管理开支外,一般都直接地分配给著作权人。

为了保障权利人获得合理分配份额的权利,《著作权集体管理条例》第29条第2款还规定:"著作权集体管理组织转付使用费,应当编制使用费转付记录。使用费转付记录应当载明使用费总额、管理费数额、权利人姓名或者名称、作品或者录音录像制品等的名称、有关使用情况、向各权利人转付使用费的具体数额等事项,并应当保存10年以上。"

(二)我国的著作权集体管理组织

目前,我国已经成立了音乐著作权协会、音像著作权集体管理协会、文字著作权协会、摄影著作权协会和电影著作权协会。

1. 中国音乐著作权协会

中国音乐著作权协会简称"音著协",成立于1992年12月17日,是由国家版权局和中国音乐家协会共同发起成立的中国大陆唯一的音乐著作权集体管理组织,是专门维护作曲者、作词者和其他音乐著作权人合法权益的非营利性机构。总部设在北京,下设会员部、作品资料部、表演权许可业务部、复制权许可业务部、广播权许可业务部等9个职能部门,工作人员已逾60人。会员部对外服务广大音乐著作权人,联络、吸收著作权人加入协会,是联系音乐著作权人与音著协以及会员与音著协的桥梁和纽带。在国际合作方面,协会于1994年5月加入了国际作者和作曲者协会联合会(CISAC),在CISAC的框架下,协会已与50多个国家和地区的同类组织签订了相互代表协议。2007年6月,协会成为国际影画乐曲复制权协理联会(BIEM)成员。2012年10月,音著协加入国际复制权联合会(IFRRO)。2009年3月,协会被批准成为国际标准音乐作品编码,即ISWC编码中国大陆地区唯一代理机构。①

2. 中国音像著作权集体管理协会

中国音像著作权集体管理协会,简称"音集协",是经国家版权局正式批准成立的我国唯一音像集体管理组织,依法对音像节目的著作权以及与著作权有关的权利实施集体管理。中国音像著作权集体管理协会的宗旨是遵守我国法律、法规和我国参加的国际著作权条约,本着提供服务,反映诉求,规范行为的精神,维护会员的合法权利,规范音像节目的合法使用,促进我国音像业及音像市场的发展。

该协会管理的权利种类包括:

(1)音像节目表演权;

(2)音像节目放映权;

---

① 参见中国音乐著作权协会网站,http://www.mcsc.com.cn/mIL-5.html。

（3）音像节目广播权；

（4）音像节目出租权；

（5）音像节目信息网络传播权；

（6）音像节目复制、发行权；

（7）其他适合集体管理的音像节目著作权和与著作权有关的权利。①

3. 中国文字著作权协会

中国文字著作权协会（以下简称协会）是依据《著作权法》和国务院颁布的《著作权集体管理条例》，由中国作家协会、国务院发展研究中心等12家著作权人比较集中的单位和陈建功等500多位我国各领域著名的著作权人共同发起，并于2008年10月24日在北京成立。协会是以维护著作权人合法权益为宗旨，从事著作权服务、保护和管理的非营利性社会团体，已获得国家版权局正式颁发的《著作权集体管理许可证》，是我国唯一的文字作品著作权集体管理机构。承担对会员及文字作品的登记、管理，依法收取使用者交纳的使用费，并发放许可证，定期向权利人分配使用费，教科书和报刊转载文字作品等"法定许可"著作权使用费的收转工作。②

4. 中国摄影著作权协会

中国摄影著作权协会是由中国摄影家协会联合全国性摄影团体和著名摄影家发起，经国家版权局同意，报国务院总理办公会批准成立的国家一级社团及非营利性组织，简称"中摄权协"（中摄权协2010年获世界知识产权组织最高奖——版权金奖），作为国家政府唯一指定的摄影著作权管理机构，以维护著作权人合法权益，促进摄影作品的创作和传播为宗旨。通过著作权管理和举办展览、培训、影赛、作品限量鉴证（交易）等活动，推动摄影繁荣和文化发展。中摄权协实行会员制，对会员及优秀作品给予50年的著作权（人身权和财产权）维护。拥有优秀摄影作品（良好传播价值）的摄影家、摄影工作者和摄影爱好者以及有关组织，均可申请加入。③

5. 中国电影著作权协会

电影著作权协会是著作权集体管理领域继音乐、音像、文字、摄影后成立的第五家协会，简称"影著协"，对维护电影作品权利人的权益，建立和完善电影作品使用和保护的便捷渠道，推进我国电影产业的健康发展具有重要意义。

中国电影著作权协会的前身是中国电影版权保护协会，自2005年8月成立以来，在宣传电影版权、推广版权知识、开展国际交流和为会员单位积极维权等方面做了大量工作。根据《电影作品著作权集体管理使用费收取标准》和《电影作品著作权集体管理

---

① 参见中国音像著作权集体管理协会网站，http://www.cavca.org/gyxh.php。

② 参见中国文字著作权协会网站，http://www.prccopyright.org.cn/staticnews/2010-01-28/100128145635437/1.html。

③ 参见中国摄影著作权协会网站，http://www.cpanet.org.cn/html/zhuzuoquanxiehui/guanyuxiehui/index.html。

使用费转付办法》，中国电影著作权协会可以自己的名义，受会员单位委托发放电影作品的使用许可，收取和转付使用费用，并对侵权盗版行为以自己的名义进行维权。

第二节 《公共文化服务保障法》

《公共文化服务保障法》是我国公共文化服务方面的首部法律，对保障我国公共文化服务及其公共文化服务体系建设具有重要意义。

一、《公共文化服务保障法》的出台背景

新中国成立以来，我国政府重视群众性文化服务的建设，先后制定了多部法规，现行的法规有《群众艺术馆、文化馆管理办法》《公共图书馆服务规范》《美术馆工作暂行条例》《博物馆条例》，它们的特点是针对性较强。

随着中国加入WTO以及服务型政府的建设，公共文化服务的概念被正式提出，它所涵盖的内容与群众文化大致重合，但涉及范围更广。公共文化服务主要包括公共文化设施、公共文化产品、文化活动、其他相关服务4部分。与文化产业相对应，公共文化服务的核心在于"公共性"或"公益性"，在本质上是属于全民共有共享，并以为大众提供非营利性服务为根本目的。它是实现公民文化权利的重要保障。这些文化权利包括文化参与、享受，文化选择权、创造权和文化传播权，文化成果受保护权。

党的十八大以来，我国公共文化建设显著提速，但与人民日益增长的精神文化需求相比，仍然还有一定差距。为此，党的十八届四中全会明确提出，制定公共文化服务保障法，促进基本公共文化服务标准化、均等化。在全国人大教科文卫委员会等部门的努力下，经过多次征求意见和修改完善，《公共文化服务保障法》最终在2016年12月十二届全国人大常委会第二十五次会议上获得通过。

二、《公共文化服务保障法》的主要内容

《公共文化服务保障法》共6章65条，包含如下内容。

（一）总则

1. 立法目的

《公共文化服务保障法》制定的目的是为了加强公共文化服务体系建设，丰富人民群众精神文化生活，传承中华优秀传统文化，弘扬社会主义核心价值观，增强文化自信，

促进中国特色社会主义文化繁荣发展,提高全民族文明素质。①

2. 公共文化服务的定义

所谓公共文化服务,是指由政府主导、社会力量参与,以满足公民基本文化需求为主要目的而提供的公共文化设施、文化产品、文化活动以及其他相关服务。②

3. 公共文化服务的原则

公共文化服务应当坚持社会主义先进文化前进方向,坚持以人民为中心,坚持以社会主义核心价值观为引领;应当按照"百花齐放、百家争鸣"的方针,支持优秀公共文化产品的创作生产,丰富公共文化服务内容。③

4. 政府在公共文化服务中的职责

(1) 县级以上人民政府应当将公共文化服务纳入本级国民经济和社会发展规划④。

(2) 国务院根据公民基本文化需求和经济社会发展水平,制定并调整国家基本公共文化服务指导标准,根据该标准,省、自治区、直辖市人民政府结合当地实际需求、财政能力和文化特色,制定并调整本行政区域的基本公共文化服务实施标准⑤。

(3) 国务院建立公共文化服务综合协调机制,指导、协调、推动全国公共文化服务工作。国家文化主管部门、地方各级人民政府承担统筹、协调职责⑥。

(4) 国家文化主管部门、新闻出版广电主管部门依照《公共文化服务保障法》和国务院规定的职责负责全国的公共文化服务工作;地方各级人民政府文化、新闻出版广电主管部门根据其职责负责本行政区域内的公共文化服务工作。国务院其他有关部门、各级人民政府其他有关部门在各自职责范围内负责相关公共文化服务工作。⑦

5. 扶持和鼓励措施

《公共文化服务保障法》规定了国家对公共文化服务的扶持和鼓励措施,涉及对老少边穷地区、特殊人群公共文化服务的扶持以及教育、科技、对外交流合作、社会力量参与公共文化服务的鼓励措施。

(1) 国家扶助革命老区、民族地区、边疆地区、贫困地区的公共文化服务,促进公共文化服务均衡协调发展⑧;

(2) 各级人民政府应当根据未成年人、老年人、残疾人和流动人口等群体的特点

---

① 参见《公共文化服务保障法》,第1条。
② 参见《公共文化服务保障法》,第2条。
③ 参见《公共文化服务保障法》,第3条。
④ 参见《公共文化服务保障法》,第4条。
⑤ 参见《公共文化服务保障法》,第5条。
⑥ 参见《公共文化服务保障法》,第6条。
⑦ 参见《公共文化服务保障法》,第7条。
⑧ 参见《公共文化服务保障法》,第8条。

与需求,提供相应的公共文化服务①;

（3）国家鼓励和支持公共文化服务与学校教育相结合,充分发挥公共文化服务的社会教育功能,提高青少年思想道德和科学文化素质②;

（4）国家鼓励和支持发挥科技在公共文化服务中的作用,推动运用现代信息技术和传播技术,提高公众的科学素养和公共文化服务水平③;

（5）国家鼓励和支持在公共文化服务领域开展国际合作与交流④;

（6）国家鼓励和支持公民、法人和其他组织参与公共文化服务,对在公共文化服务中作出突出贡献的公民、法人和其他组织,依法给予表彰和奖励。⑤

（二）公共文化设施建设与管理

1. 公共文化设施的定义

《公共文化服务保障法》规定公共文化设施是指用于提供公共文化服务的建筑物、场地和设备,主要包括图书馆、博物馆、文化馆（站）、美术馆、科技馆、纪念馆、体育场馆、工人文化宫、青少年宫、妇女儿童活动中心、老年人活动中心、乡镇（街道）和村（社区）基层综合性文化服务中心、农家（职工）书屋、公共阅报栏（屏）、广播电视播出传输覆盖设施、公共数字文化服务点等。并规定县级以上地方人民政府应当将本行政区域内的公共文化设施目录及有关信息予以公布。⑥

该规定扩展了公共文化设施的范围,不仅将文化行政部门管理的公共图书馆、博物馆、文化馆（站）、科技馆等作为公共文化设施,同时将科技馆、体育场、工人文化宫、青少年宫、妇女儿童活动中心并不属于文化行政部门管理的场所等纳入了公共文化设施范畴,此举可带来我国公共文化设施数量倍增的效果,是盘活存量资源、提高综合效能的有力举措。

2. 公共设施的建设

《公共文化服务保障法》还对公共文化设施的建设进行了规定。

（1）县级以上地方人民政府应当将公共文化设施建设纳入本级城乡规划,其选址应当征求公众意见。⑦该条款的规定将公共文化设施的建设上升到一个新的高度,在更大的程度上满足公众的需求。选址方面征求公众的意见,可以较好地解决公共文化设施建成后使用效率不高、设施闲置浪费的现象,使选址更具合理性。

（2）公共设施建设用地要符合土地利用总体规划和城乡规划,并依照法定程序审

---

① 参见《公共文化服务保障法》,第9条。
② 参见《公共文化服务保障法》,第10条。
③ 参见《公共文化服务保障法》,第11条。
④ 参见《公共文化服务保障法》,第12条。
⑤ 参见《公共文化服务保障法》,第13条。
⑥ 参见《公共文化服务保障法》,第14条。
⑦ 参见《公共文化服务保障法》,第15条。

批,任何单位和个人不得侵占公共文化设施建设用地或者擅自改变其用途;新建、改建、扩建居民住宅区,应当按照有关规定、标准,规划和建设配套的公共文化设施。①

(3) 公共文化设施的设计和建设要符合实用、安全、科学、美观、环保、节约的要求和国家规定的标准,并配置无障碍设施设备。②

(4) 地方各级人民政府可以采取新建、改建、扩建、合建、租赁、利用现有公共设施等多种方式,加强基层综合性文化服务中心建设,推动其统一管理、综合利用,并保障其正常运行。③

(5) 任何单位和个人不得擅自拆除公共文化设施,不得擅自改变公共文化设施的功能、用途或者妨碍其正常运行,不得侵占、挪用公共文化设施,不得将公共文化设施用于与公共文化服务无关的商业经营活动。因城乡建设确需拆除公共文化设施,或者改变其功能、用途的,应当符合有关法律、行政法规的规定。④

上述条款为公共文化设施的建设提供了必要的保障,有利于相关设施发挥功能和价值。

3. 公共文化设施的维护与管理

(1) 公共文化设施管理单位应当按照国家规定的标准,配置和更新必需的服务内容和设备,加强经常性维护管理工作,保障其正常使用和运转。⑤

(2) 公共文化设施管理单位应当建立健全管理制度和服务规范,特别是建立公共文化设施资产统计报告制度和公共文化服务开展情况的年报制度。⑥

(3) 公共文化设施管理单位应当建立健全安全管理制度,保障公共文化设施和公众活动安全。⑦

(4) 各级人民政府应当建立有公众参与的公共文化设施使用效能考核评价制度,公共文化设施管理单位根据评价结果提高服务质量。⑧

4. 相关鼓励政策

(1) 国家推动公共图书馆、博物馆、文化馆等公共文化设施管理单位根据其功能定位建立健全法人治理结构,吸收有关方面代表、专业人士和公众参与管理。⑨

(2) 国家鼓励和支持公民、法人和其他组织兴建、捐建或者与政府部门合作建设

---

① 参见《公共文化服务保障法》,第16条。
② 参见《公共文化服务保障法》,第17条。
③ 参见《公共文化服务保障法》,第18条。
④ 参见《公共文化服务保障法》,第19条。
⑤ 参见《公共文化服务保障法》,第20条。
⑥ 参见《公共文化服务保障法》,第21条。
⑦ 参见《公共文化服务保障法》,第22条。
⑧ 参见《公共文化服务保障法》,第23条。
⑨ 参见《公共文化服务保障法》,第24条。

公共文化设施,鼓励公民、法人和其他组织依法参与公共文化设施的运营和管理。①

上述规定是推动公共文化服务社会化提供的有效举措。

此外,《公共文化服务保障法》第26条,对公众使用公共文化设施进行了规定。

（三）公共文化服务提供

1. 各级政府的责任

《公共文化服务保障法》第27条、28条对各级政府在公共文化服务提供方面的责任进行了规定,要求各级人民政府应当充分利用公共文化设施,促进优秀公共文化产品的提供和传播;设区的市级、县级地方人民政府制定公布本行政区域公共文化服务目录并组织实施。

2. 公益性文化单位的责任

公益性文化单位应完善服务项目、丰富服务内容,创造条件向公众提供免费或者优惠的文艺演出等文化产品或服务,并为公众开展文化活动提供支持和帮助。同时规定,国家鼓励经营性文化单位提供免费或者优惠的公共文化产品和文化活动。②

3. 基层综合性文化服务中心的责任

基层综合性文化服务中心应当加强资源整合,建立完善公共文化服务网络,充分发挥统筹服务功能,为公众提供书报阅读等公共文化服务,并根据其功能特点,因地制宜提供其他公共服务。③

4. 公共文化设施的责任

《公共文化服务保障法》第31条规定,公共文化设施应当根据其功能、特点,按照国家有关规定,向公众免费或者优惠开放,收取费用的,应当每月定期向中小学生免费开放;公共文化设施开放或者提供培训服务等收取费用的,应当报经有关部门批准,收取的费用,应当用于公共文化设施的维护、管理和事业发展;服务项目和开放时间应公示,临时停止开放的,应当及时公告。

5. 数字文化建设

国家统筹规划公共数字文化建设,构建公共数字文化服务网络,建设公共文化信息资源库,实现基层网络服务共建共享。国家支持开发数字文化产品,推动利用宽带互联网等提供公共文化服务。地方各级人民政府应当提高数字化和网络服务能力。④

6. 重点地区、重点人群的公共文化服务提供

（1）各级政府要因地制宜提供流动文化服务。⑤

（2）国家重点增加农村地区图书等多个种类的公共文化产品供给,促进城乡公共

---

① 参见《公共文化服务保障法》,第25条。
② 参见《公共文化服务保障法》,第29条。
③ 参见《公共文化服务保障法》,第30条。
④ 参见《公共文化服务保障法》,第33条。
⑤ 参见《公共文化服务保障法》,第34条。

文化服务均等化。①

（3）各级政府应在人员流动量较大的公共场所、务工人员较为集中的区域以及留守妇女儿童较为集中的农村地区，提供便利可及的公共文化服务。②

（4）地方各级人民政府应当加强面向在校学生的公共文化服务，促进德智体美教育。③

（5）地方各级人民政府应当支持军队基层文化建设，加强军民文化融合。④

（6）国家加强民族语言文字文化产品的供给。⑤

7. 鼓励性政策和措施

（1）国家鼓励和支持机关、学校、企业事业单位的文化体育设施向公众开放。⑥

（2）国家鼓励公民主动参与公共文化服务，地方各级人民政府应当给予必要的指导、支持和帮助。⑦

（3）国家鼓励和支持公民、法人和其他组织通过兴办实体等多种方式，参与提供公共文化服务。⑧

（4）国家倡导和鼓励公民、法人和其他组织参与文化志愿服务。公共文化设施管理单位、县级以上地方人民政府有关部门应建立相应的机制。⑨

8. 政府采购

国务院和省、自治区、直辖市人民政府制定政府购买公共文化服务的指导性意见和目录。国务院有关部门和县级以上地方人民政府应当根据指导性意见和目录，结合实际情况，确定购买的具体项目和内容，及时向社会公布。⑩

《公共文化服务保障法》第44条还规定了限制措施，任何组织和个人不得利用公共文化设施、文化产品、文化活动以及其他相关服务，从事危害国家安全、损害社会公共利益和其他违反法律法规的活动。

（四）保障措施

1. 各级政府的保障措施

（1）国务院和地方各级人民政府应将公共文化服务经费纳入本级预算，安排公共

---

① 参见《公共文化服务保障法》，第35条。
② 参见《公共文化服务保障法》，第36条。
③ 参见《公共文化服务保障法》，第38条。
④ 参见《公共文化服务保障法》，第39条。
⑤ 参见《公共文化服务保障法》，第40条。
⑥ 参见《公共文化服务保障法》，第32条。
⑦ 参见《公共文化服务保障法》，第37条。
⑧ 参见《公共文化服务保障法》，第42条。
⑨ 参见《公共文化服务保障法》，第43条。
⑩ 参见《公共文化服务保障法》，第41条。

文化服务所需资金。①

（2）国务院和省、自治区、直辖市人民政府应当增加投入,通过转移支付等方式,重点扶助老少边穷地区开展公共文化服务。②

（3）国家采取政府购买服务等措施,支持公民、法人和其他组织参与提供公共文化服务。③

（4）地方各级人民政府应当按照公共文化设施的功能、任务和服务人口规模,合理设置公共文化服务岗位,配备相应专业人员。④

（5）县级以上人民政府应当建立健全公共文化服务资金使用的监督和统计公告制度,加强绩效考评,确保资金用于公共文化服务。任何单位和个人不得侵占、挪用公共文化服务资金。审计机关应当依法加强对公共文化服务资金的审计监督。⑤

（6）各级人民政府应当加强对公共文化服务工作的监督检查,并将考核评价结果作为确定补贴或者奖励的依据。⑥

（7）各级人民政府及有关部门应当及时公开公共文化服务信息,主动接受社会监督。⑦

2. 公共设施的补助

《公共文化服务保障法》第47条规定,免费或者优惠开放的公共文化设施,按照国家规定享受补助。

3. 对社会资本等的鼓励和支持

（1）国家鼓励社会资本依法投入公共文化服务。⑧

（2）公民、法人和其他组织捐赠财产用于公共文化服务的,依法享受税收优惠;国家鼓励通过捐赠等方式设立公共文化服务基金。⑨

（3）国家鼓励和支持公民、法人和其他组织依法成立公共文化服务领域的社会组织。⑩

4. 其他鼓励措施

（1）国家鼓励和支持文化专业人员、高校毕业生和志愿者到基层从事公共文化服

---

① 参见《公共文化服务保障法》,第45条。
② 参见《公共文化服务保障法》,第46条。
③ 参见《公共文化服务保障法》,第49条。
④ 参见《公共文化服务保障法》,第51条。
⑤ 参见《公共文化服务保障法》,第55条。
⑥ 参见《公共文化服务保障法》,第56条。
⑦ 参见《公共文化服务保障法》,第57条。
⑧ 参见《公共文化服务保障法》,第48条。
⑨ 参见《公共文化服务保障法》,第50条。
⑩ 参见《公共文化服务保障法》,第53条。

务工作。[①]

（2）国家支持公共文化服务理论研究，加强多层次专业人才教育和培训。[②]

（五）法律责任

《公共文化服务保障法》第58条、59条对违反该法规定的地方各级政府、工作人员的行为进行了规定，违法行为较轻的，由其上级机关或者监察机关责令限期改正；情节严重的，对直接负责的主管人员和其他直接责任人员依法给予处分。第60条对侵占公共文化设施的建设用地或者擅自改变其用途的进行了规定：由县级以上地方人民政府土地主管部门、城乡规划主管部门依据各自职责责令限期改正；逾期不改正的，由作出决定的机关依法强制执行，或者依法申请人民法院强制执行。第61条、62条对公共文化设施管理单位及其责任人员的违法行为进行了规定。

《公共文化服务保障法》第63条还规定，违反该规定，损害他人民事权益的，依法承担民事责任；构成违反治安管理行为的，由公安机关依法给予治安管理处罚；构成犯罪的，依法追究刑事责任。

（六）附则

《公共文化服务保障法》第64条规定，境外自然人、法人和其他组织在中国境内从事公共文化服务的，应当符合相关法律、行政法规的规定。第65条规定了《公共文化服务保障法》的实施日期。

《公共文化服务保障法》的出台有重要意义，它对公共文化服务设施的建设管理、服务提供等方面都做出了详细的规定，为公共文化服务的持续推动提供了明确的方向。同时，《公共文化服务保障法》明确了政府在公共文化服务方面的责任，既规定了政府的义务，又提出了政府的鼓励措施，包括为社会资本进入提供明确的制度保障等。但《公共文化服务保障法》作为一部纲领性文件，很多措施不够深入细致，对其实施有一定的阻碍。当然，这与法律的性质有关，也与我国幅员辽阔、各地发展程度的现实情况相关，相应的实施细则出台显得十分迫切。但无论如何，《公共文化服务保障法》的出台可以对我国公共文化服务体系的建设提供重要的助力。

第三节　《公共图书馆法》

在公共文化服务领域，我国目前有两部法律，一部为《公共文化服务保障法》，一部为《公共图书馆法》，其中后者是专门规范图书馆领域的法律，它的出台为图书馆领域，

---

① 参见《公共文化服务保障法》，第52条。
② 参见《公共文化服务保障法》，第54条。

尤其是公共图书馆的规范发展提供了有力的保障。

一、《公共图书馆法》的出台背景

图书馆作为社会教育的组成部分，在提高人口素质、提升国家软实力方面有特殊作用。法律是保证图书馆事业健康发展的利器。放眼世界，发达国家对于图书馆立法工作十分看重，众多发展中国家也将其作为立法的重点，印度、坦桑尼亚等亚非发展中国家都有图书馆法。新中国成立后，特别是自1978年改革开放以来，我国的图书馆事业无论在图书馆数量，还是在服务质量、管理水平等方面都取得了较大进展。然而，图书馆领域仅有部分部门法规和地方法规，法律长期缺位，使图书馆的建设、管理长期依靠政策和行政手段，它们的约束性和强制性很难保证，由此带来的较大变动性不利于图书馆事业的健康发展。于是出现了一个颇为尴尬的局面，一方面，我国的图书馆事业迅速发展，具有相当基础，另一方面，却没有一部与之相适应的规范图书馆事业、保障公共图书馆健康发展的法律，因此图书馆的科学管理水平有待提升，公众的阅读权利也难以有效保证。图书馆可以分为公共图书馆和其他各类图书馆两种，前者对于保障公众的阅读权利尤为重要。

鉴于这些情况，出台公共图书馆方面的法律显得十分迫切，《公共图书馆法》就是在这种背景下诞生的。通过发展公共图书馆事业，建成覆盖城乡、布局合理的公共图书馆体系，可以有效保障公民公平阅读和获得信息服务的权利。

但《公共图书馆法》的出台也并非一蹴而就，从2001年开始酝酿，到2017年11月4日通过，《公共图书馆法》的立法过程经历了16年的历程。整个过程中有如下重要节点：2008年立法工作正式启动；2010年3月，《公共图书馆法（征求意见稿）》形成，并由文化部办公厅发至相关部委和文化系统，征求意见；2017年6月23日，十二届全国人大常委会第二十八次会议对《公共图书馆法（草案）》（以下简称《草案》）进行了分组审议，6月28日至7月27日面向公众征求意见；同年10月31日，《草案》再次提请全国人大常委会会议审议，此次《草案》在公共图书馆的界定、加强数字化及网络化建设、确保文化安全加强馆内活动管理、提升公共图书馆服务水平等方面有所调整，11月4日，《公共图书馆法》在十二届全国人大常委会第三十次会议中获准通过。其间，图书馆业内人士、法学专家、民众以及各级人大代表都贡献了自己的力量，凝聚了较为广泛的共识。2018年10月26日，全国人大常委会对《公共图书馆法》进行了修订。

二、《公共图书馆法》的主要内容

《公共图书馆法》共6章55条，包括总则、设立、运行、服务、法律责任以及附则等内容。

（一）总则

1. 立法目的

《公共图书馆法》制定的目的是为了促进公共图书馆事业发展，发挥公共图书馆功能，保障公民基本文化权益，提高公民科学文化素质和社会文明程度，传承人类文明，坚定文化自信。①

2. 公共图书馆的定义

所谓公共图书馆是向社会公众免费开放，收集、整理、保存文献信息（包括图书报刊、音像制品、缩微制品、数字资源等）并提供查询、借阅及相关服务，开展社会教育的公共文化设施。②

3. 公共图书馆的作用

公共图书馆是社会主义公共文化服务体系的重要组成部分，应当将推动、引导、服务全民阅读作为重要任务。③

4. 基本要求

（1）公共图书馆应当坚持社会主义先进文化前进方向，坚持以人民为中心，坚持以社会主义核心价值观为引领，传承发展中华优秀传统文化，继承革命文化，发展社会主义先进文化。④

（2）公共图书馆应当遵守有关知识产权保护的法律、行政法规规定，依法保护和使用文献信息。馆藏文献信息属于文物、档案或者国家秘密的，公共图书馆应当遵守有关文物保护、档案管理或者保守国家秘密的法律、行政法规规定。⑤

（3）公共图书馆行业组织应当依法制定行业规范，加强行业自律，维护会员合法权益，指导、督促会员提高服务质量。⑥

5. 政府责任

县级以上人民政府应当将公共图书馆事业纳入本级国民经济和社会发展规划，将公共图书馆建设纳入城乡规划和土地利用总体规划，加大对政府设立的公共图书馆的投入，将所需经费列入本级政府预算，并及时、足额拨付。⑦

6. 主管部门

（1）国家文化主管部门负责全国公共图书馆的管理工作。国务院其他有关部门在各自职责范围内负责与公共图书馆管理有关的工作。

---

① 参见《公共图书馆法》，第1条。
② 参见《公共图书馆法》，第2条。
③ 参见《公共图书馆法》，第3条。
④ 参见《公共图书馆法》，第3条。
⑤ 参见《公共图书馆法》，第10条。
⑥ 参见《公共图书馆法》，第11条。
⑦ 参见《公共图书馆法》，第4条。

（2）县级以上地方人民政府文化主管部门负责本行政区域内公共图书馆的管理工作。县级以上地方人民政府其他有关部门在各自职责范围内负责本行政区域内与公共图书馆管理有关的工作。①

7. 鼓励和扶持措施

（1）国家鼓励公民、法人和其他组织自筹资金设立公共图书馆。县级以上人民政府应当积极调动社会力量参与公共图书馆建设，并按照国家有关规定给予政策扶持。②

（2）国家鼓励公民、法人和其他组织依法向公共图书馆捐赠，并依法给予税收优惠。境外自然人、法人和其他组织可以依照有关法律、行政法规的规定，通过捐赠方式参与境内公共图书馆建设。③

（3）国家扶持革命老区、民族地区、边疆地区和贫困地区公共图书馆事业的发展。④

（4）国家鼓励和支持发挥科技在公共图书馆建设、管理和服务中的作用，推动运用现代信息技术和传播技术，提高公共图书馆的服务效能。⑤

（5）国家鼓励和支持在公共图书馆领域开展国际交流与合作。⑥

（6）对在公共图书馆事业发展中作出突出贡献的组织和个人，按照国家有关规定给予表彰和奖励。⑦

（二）设立

1. 设立原则

国家建立覆盖城乡、便捷实用的公共图书馆服务网络。公共图书馆服务网络建设坚持政府主导，鼓励社会参与。县级以上地方人民政府应当根据本行政区域内人口数量、人口分布、环境和交通条件等因素，因地制宜确定公共图书馆的数量、规模、结构和分布，加强固定馆舍和流动服务设施、自助服务设施建设。⑧

2. 政府的义务

县级以上人民政府应当设立公共图书馆。地方人民政府应当充分利用乡镇（街道）和村（社区）的综合服务设施设立图书室，服务城乡居民。⑨

省、自治区、直辖市人民政府文化主管部门应当在其网站上及时公布本行政区域内公共图书馆的名称、馆址、联系方式、馆藏文献信息概况、主要服务内容和方式等信

---

① 参见《公共图书馆法》，第5条。
② 参见《公共图书馆法》，第4条。
③ 参见《公共图书馆法》，第6条。
④ 参见《公共图书馆法》，第7条。
⑤ 参见《公共图书馆法》，第8条。
⑥ 参见《公共图书馆法》，第9条。
⑦ 参见《公共图书馆法》，第12条。
⑧ 参见《公共图书馆法》，第13条。
⑨ 参见《公共图书馆法》，第14条。

息。①

3. 设立条件

（1）章程；

（2）固定的馆址；

（3）与其功能相适应的馆舍面积、阅览座席、文献信息和设施设备；

（4）与其功能、馆藏规模等相适应的工作人员；

（5）必要的办馆资金和稳定的运行经费来源；

（6）安全保障设施、制度及应急预案。②

4. 章程的内容

章程应当包括名称、馆址、办馆宗旨、业务范围、管理制度及有关规则、终止程序和剩余财产的处理方案等事项。③

5. 登记手续

公共图书馆的设立、变更、终止应当按照国家有关规定办理登记手续。④

6. 工作人员

（1）政府设立的公共图书馆馆长应当具备相应的文化水平、专业知识和组织管理能力。

（2）公共图书馆应当根据其功能、馆藏规模、馆舍面积、服务范围及服务人口等因素配备相应的工作人员。公共图书馆工作人员应当具备相应的专业知识与技能，其中专业技术人员可以按照国家有关规定评定专业技术职称。⑤

7. 捐赠者可享有的权利

（1）公共图书馆可以以捐赠者姓名、名称命名文献信息专藏或者专题活动。

（2）公民、法人和其他组织设立的公共图书馆，可以以捐赠者的姓名、名称命名公共图书馆、公共图书馆馆舍或者其他设施。

以捐赠者姓名、名称命名应当遵守有关法律、行政法规的规定，符合国家利益和社会公共利益，遵循公序良俗。⑥

8. 终止

公共图书馆终止的，应当依照有关法律、行政法规的规定处理其剩余财产。⑦

9. 国家图书馆的设立

---

① 参见《公共图书馆法》，第18条。
② 参见《公共图书馆法》，第15条。
③ 参见《公共图书馆法》，第16条。
④ 参见《公共图书馆法》，第18条。
⑤ 参见《公共图书馆法》，第19条。
⑥ 参见《公共图书馆法》，第20条。
⑦ 参见《公共图书馆法》，第21条。

国家设立国家图书馆,主要承担国家文献信息战略保存、国家书目和联合目录编制、为国家立法和决策服务、组织全国古籍保护、开展图书馆发展研究和国际交流、为其他图书馆提供业务指导和技术支持等职能。国家图书馆同时具有《公共图书馆法》规定的公共图书馆的功能。[①]

（三）运行

1. 运行管理

国家推动公共图书馆建立健全法人治理结构,吸收有关方面代表、专业人士和社会公众参与管理。[②]

2. 职能、职责

（1）公共图书馆应当根据办馆宗旨和服务对象的需求,广泛收集文献信息；政府设立的公共图书馆还应当系统收集地方文献信息,保存和传承地方文化。文献信息的收集应当遵守有关法律、行政法规的规定。[③]

（2）公共图书馆可以通过采购、接受交存或者捐赠等合法方式收集文献信息。[④]

（3）公共图书馆应当按照国家公布的标准、规范对馆藏文献信息进行整理,建立馆藏文献信息目录,并依法通过其网站或者其他方式向社会公开。[⑤]

（4）公共图书馆应当妥善保存馆藏文献信息,不得随意处置；确需处置的,应当遵守国家文化主管部门有关处置文献信息的规定。公共图书馆应当配备防火、防盗等设施,并按照国家有关规定和标准对古籍和其他珍贵、易损文献信息采取专门的保护措施,确保安全。[⑥]

（5）公共图书馆应当定期对其设施设备进行检查维护,确保正常运行。公共图书馆的设施设备场地不得用于与其服务无关的商业经营活动。[⑦]

（6）公共图书馆应当加强馆际交流与合作。国家支持公共图书馆开展联合采购、联合编目、联合服务,实现文献信息的共建共享,促进文献信息的有效利用。[⑧]

3. 权利

公共图书馆馆藏文献信息属于档案、文物的,公共图书馆可以与档案馆、博物馆、纪念馆等单位相互交换重复件、复制件或者目录,联合举办展览,共同编辑出版有关史料或者进行史料研究。[⑨]

---

① 参见《公共图书馆法》,第22条。
② 参见《公共图书馆法》,第23条。
③ 参见《公共图书馆法》,第24条。
④ 参见《公共图书馆法》,第25条。
⑤ 参见《公共图书馆法》,第27条。
⑥ 参见《公共图书馆法》,第28条。
⑦ 参见《公共图书馆法》,第29条。
⑧ 参见《公共图书馆法》,第30条。
⑨ 参见《公共图书馆法》,第32条。

4. 出版单位责任

出版单位应当按照国家有关规定向国家图书馆和所在地省级公共图书馆交存正式出版物。①

5. 政府责任

县级人民政府应当因地制宜建立符合当地特点的以县级公共图书馆为总馆,乡镇（街道）综合文化站、村（社区）图书室等为分馆或者基层服务点的总分馆制,完善数字化、网络化服务体系和配送体系,实现通借通还,促进公共图书馆服务向城乡基层延伸。总馆应当加强对分馆和基层服务点的业务指导。②

（四）服务

1. 服务原则

公共图书馆应当按照平等、开放、共享的要求向社会公众提供服务。③

2. 服务范围

公共图书馆应当免费向社会公众提供下列服务：

（1）文献信息查询、借阅；

（2）阅览室、自习室等公共空间设施场地开放；

（3）公益性讲座、阅读推广、培训、展览；

（4）国家规定的其他免费服务项目。④

3. 服务内容

（1）面向特殊人群的服务。政府设立的公共图书馆应当设置少年儿童阅览区域,根据少年儿童的特点配备相应的专业人员,开展面向少年儿童的阅读指导和社会教育活动,并为学校开展有关课外活动提供支持。有条件的地区可以单独设立少年儿童图书馆。政府设立的公共图书馆应当考虑老年人、残疾人等群体的特点,积极创造条件,提供适合其需要的文献信息、无障碍设施设备和服务等。⑤

（2）为国家机关提供的服务。政府设立的公共图书馆应当根据自身条件,为国家机关制定法律、法规、政策和开展有关问题研究,提供文献信息和相关咨询服务。⑥

（3）公共图书馆向社会公众提供文献信息,应当遵守有关法律、行政法规的规定,不得向未成年人提供内容不适宜的文献信息。公共图书馆不得从事或者允许其他组织、个人在馆内从事危害国家安全、损害社会公共利益和其他违反法律法规的活动。⑦

---

① 参见《公共图书馆法》,第26条。
② 参见《公共图书馆法》,第31条。
③ 参见《公共图书馆法》,第33条。
④ 参见《公共图书馆法》,第33条。
⑤ 参见《公共图书馆法》,第34条。
⑥ 参见《公共图书馆法》,第35条。
⑦ 参见《公共图书馆法》,第37条。

4. 相关职责

（1）公共图书馆应当通过开展阅读指导、读书交流、演讲诵读、图书互换共享等活动，推广全民阅读。①

（2）公共图书馆应当通过其网站或者其他方式向社会公告本馆的服务内容、开放时间、借阅规则等；因故闭馆或者更改开放时间的，除遇不可抗力外，应当提前公告。公共图书馆在公休日应当开放，在国家法定节假日应当有开放时间。②

（3）政府设立的公共图书馆应当通过流动服务设施、自助服务设施等为社会公众提供便捷服务。③

（4）政府设立的公共图书馆应当加强数字资源建设、配备相应的设施设备，建立线上线下相结合的文献信息共享平台，为社会公众提供优质服务。④

（5）政府设立的公共图书馆应当加强馆内古籍的保护，根据自身条件采用数字化、影印或者缩微技术等推进古籍的整理、出版和研究利用，并通过巡回展览、公益性讲座、善本再造、创意产品开发等方式，加强古籍宣传，传承发展中华优秀传统文化。⑤

（6）公共图书馆应当改善服务条件、提高服务水平，定期公告服务开展情况，听取读者意见，建立投诉渠道，完善反馈机制，接受社会监督。⑥

（7）公共图书馆应当妥善保护读者的个人信息、借阅信息以及其他可能涉及读者隐私的信息，不得出售或者以其他方式非法向他人提供。⑦

5. 读者的义务

读者应当遵守公共图书馆的相关规定，自觉维护公共图书馆秩序，爱护公共图书馆的文献信息、设施设备，合法利用文献信息；借阅文献信息的，应当按照规定时限归还。对破坏公共图书馆文献信息、设施设备，或者扰乱公共图书馆秩序的，公共图书馆工作人员有权予以劝阻、制止；经劝阻、制止无效的，公共图书馆可以停止为其提供服务。⑧

6. 鼓励和扶持措施

（1）国家构建标准统一、互联互通的公共图书馆数字服务网络，支持数字阅读产品开发和数字资源保存技术研究，推动公共图书馆利用数字化、网络化技术向社会公众提供便捷服务。⑨

（2）国家采取政府购买服务等措施，对公民、法人和其他组织设立的公共图书馆

---

① 参见《公共图书馆法》，第36条。
② 参见《公共图书馆法》，第38条。
③ 参见《公共图书馆法》，第39条。
④ 参见《公共图书馆法》，第40条。
⑤ 参见《公共图书馆法》，第41条。
⑥ 参见《公共图书馆法》，第42条。
⑦ 参见《公共图书馆法》，第43条。
⑧ 参见《公共图书馆法》，第44条。
⑨ 参见《公共图书馆法》，第40条。

提供服务给予扶持。①

（3）国家鼓励公民参与公共图书馆志愿服务。县级以上人民政府文化主管部门应当对公共图书馆志愿服务给予必要的指导和支持。②

（4）国家文化主管部门和省、自治区、直辖市人民政府文化主管部门应当制定公共图书馆服务规范，对公共图书馆的服务质量和水平进行考核。考核应当吸收社会公众参与。考核结果应当向社会公布，并作为对公共图书馆给予补贴或者奖励等的依据。③

（5）国家支持公共图书馆加强与学校图书馆、科研机构图书馆以及其他类型图书馆的交流与合作，开展联合服务。国家支持学校图书馆、科研机构图书馆以及其他类型图书馆向社会公众开放。④

（五）法律责任

1. 公共图书馆及其工作人员的法律责任

（1）公共图书馆从事或者允许其他组织、个人在馆内从事危害国家安全、损害社会公共利益活动的，由文化主管部门责令改正，没收违法所得；情节严重的，可以责令停业整顿、关闭。对直接负责的主管人员和其他直接责任人员依法追究法律责任。⑤

（2）公共图书馆及其工作人员有下列行为之一的，由文化主管部门责令改正，没收违法所得：

① 违规处置文献信息；

② 出售或者以其他方式非法向他人提供读者的个人信息、借阅信息以及其他可能涉及读者隐私的信息；

③ 向社会公众提供文献信息违反有关法律、行政法规的规定，或者向未成年人提供内容不适宜的文献信息；

④ 将设施设备场地用于与公共图书馆服务无关的商业经营活动；

⑤ 其他不履行《公共图书馆法》规定的公共图书馆服务要求的行为；

⑥ 公共图书馆及其工作人员对应当免费提供的服务收费或者变相收费的，由价格主管部门依照相关规定给予处罚。

公共图书馆及其工作人员有⑤⑥两款规定行为的，对直接负责的主管人员和其他直接责任人员依法追究法律责任。⑥

2. 出版单位法律责任

---

① 参见《公共图书馆法》，第45条。
② 参见《公共图书馆法》，第46条。
③ 参见《公共图书馆法》，第47条。
④ 参见《公共图书馆法》，第48条。
⑤ 参见《公共图书馆法》，第49条。
⑥ 参见《公共图书馆法》，第50条。

出版单位未按照国家有关规定交存正式出版物的，由出版主管部门依照有关出版管理的法律、行政法规规定给予处罚。①

3. 文化主管部门等及其工作人员法律责任

文化主管部门或者其他有关部门及其工作人员在公共图书馆管理工作中滥用职权、玩忽职守、徇私舞弊的，对直接负责的主管人员和其他直接责任人员依法给予处分。②

4. 其他法律责任

（1）损坏公共图书馆的文献信息、设施设备或者未按照规定时限归还所借文献信息，造成财产损失或者其他损害的，依法承担民事责任。③

（2）违反规定，构成违反治安管理行为的，依法给予治安管理处罚；构成犯罪的，依法追究刑事责任。④

（六）附则

《公共图书馆法》，第55条规定了该法的施行日期为2018年1月1日。

需要注意的是，鉴于我国中东西部、城乡发展的不均衡，作为一部法律，《公共图书馆法》只能从整体上对我国的公共图书馆进行规定，操作层面的内容，比如经费投入的数量、少年儿童图书馆是否单独设立等，尚需出台配套的实施细则。

第四节 《电影产业促进法》

《电影产业促进法》是我国文化产业领域内的第一部法律，它对我国电影产业的发展具有重要意义，同时对于其他文化产业领域的立法推进也有示范意义。

一、《电影产业促进法》的制定

《电影产业促进法》的制定经历了一个较长的过程，1984年第一稿诞生，但它至多是一部适应计划经济体制的法律，对于我们现在讨论的《电影产业促进法》参考意义不大。2003年，《电影产业促进法》正式开始由国家广电总局组织起草，立法进程得以加速。2008年，《电影产业促进法》草案定稿，报送国务院法制办。2011年12月15日，由国务院法制办公布，向社会各界征求意见。2015年9月1日，国务院常务会议审议并通

---

① 参见《公共图书馆法》，第51条。
② 参见《公共图书馆法》，第52条。
③ 《公共图书馆法》，第53条。
④ 《公共图书馆法》，第54条。

过了《电影产业促进法(草案)》,并决定将草案提请全国人大常委会审议。2016年11月7日,第12届全国人民代表大会常务委员会第24次会议通过了《电影产业促进法》。2017年3月1日,《电影产业促进法》正式实施。

电影业界普遍认为,《电影产业促进法》的出台表明政府在法律层面上肯定了中国电影产业改革的方向和路径,它的出台进一步健全和完善了中国电影法律法规和政策体系,为中国电影产业提供了一个更加法治化的市场环境。

二、《电影产业促进法》的主要内容

《电影产业促进法》共6章60条,包含如下内容。

（一）总则

1. 电影产业应坚持的基本原则

（1）坚持为人民服务,为社会主义服务,坚持社会效益优先,实现社会效益与经济效益相统一;（2）坚持以人民为中心的创作导向,坚持百花齐放、百家争鸣的方针,尊重和保障电影创作自由,倡导电影创作贴近实际、贴近生活、贴近群众,鼓励创作思想性、艺术性、观赏性相统一的优秀电影。①

2.《电影产业促进法》的适用范围

《电影产业促进法》的适用范围,即在中华人民共和国境内从事电影创作、摄制、发行、放映等活动(以下统称电影活动)。《电影产业促进法》对电影的内涵也进行了界定,是指运用视听技术和艺术手段摄制、以胶片或者数字载体记录、由表达一定内容的有声或者无声的连续画面组成、符合国家规定的技术标准、用于电影院等固定放映场所或者流动放映设备公开放映的作品。对于通过互联网、电信网、广播电视网等信息网络传播电影的活动进行了特别要求,还要遵守互联网、电信网、广播电视网等信息网络管理的法律、行政法规的规定。②

3. 电影产业的保障和鼓励措施

保障和鼓励措施主要有:（1）国务院将电影产业发展纳入国民经济和社会发展规划。县级以上地方人民政府根据当地实际情况将电影产业发展纳入本级国民经济和社会发展规划。同时,国家制定电影及其相关产业政策,引导形成统一开放、公平竞争的电影市场,促进电影市场繁荣发展。（2）鼓励电影科技的研发、应用,制定并完善电影技术标准,构建以企业为主体、市场为导向、产学研相结合的电影技术创新体系。（3）与电影有关的知识产权受法律保护,任何组织和个人不得侵犯。县级以上人民政府负责知识产权执法的部门应当采取措施,保护与电影有关的知识产权,依法查处侵

---

① 参见《电影产业促进法》,第3～4条。
② 参见《电影产业促进法》,第2条。

犯与电影有关的知识产权的行为。(4)鼓励公民、法人和其他组织依法开发电影形象产品等衍生产品。(5)支持建立电影评价体系,鼓励开展电影评论。对优秀电影以及为促进电影产业发展作出突出贡献的组织、个人,按照国家有关规定给予表彰和奖励。(6)鼓励开展平等、互利的电影国际合作与交流,支持参加境外电影节(展)。①

对于第一点保障措施,业界以及理论界评价较高,有学者认为,当前中国正处于经济结构转型的关键期,推动文化产业成为国民支柱性产业是经济转型的重要目标。电影产业作为最具活力、潜力的文化产业类型,系统升级的重要性不言而喻,在其战略实施和推进过程中,当下粗放型的生长方式必须向精耕细作的可持续发展转变,将电影产业纳入国民经济和社会发展规划有利于实现这一点。②

4. 电影行业的主管部门

国家电影主管部门负责全国的电影工作;县级以上地方人民政府电影主管部门负责本行政区域内的电影工作。县级以上人民政府其他有关部门在各自职责范围内,负责有关的电影工作。③

5. 电影行业组织的权利和义务

电影行业组织可依法制定行业自律规范,开展业务交流,加强职业道德教育,维护其成员的合法权益。④这是《电影产业促进法》的一条重要调整,《电影管理条例》中虽提到了电影行业组织,但对其权利未有充分表述,只规定其要在国家广播电影电视行政部门指导下实行自律管理。《电影产业促进法》的规定,无疑可以促进电影行业组织的发展。电影发达国家,特别是美国电影行业组织十分发达,甚至将电影分级的工作都交由其负责。作为专业性组织,对电影行业有更为清醒的认知和理解,赋予其一定权力对电影业发展是十分重要的。

6. 演员、导演应尽的义务

演员、导演等电影从业人员应当坚持德艺双馨,遵守法律法规,尊重社会公德,恪守职业道德,加强自律,树立良好社会形象。⑤电影产业需要具有高超艺术才能的电影创作人员,与此同时从业者的良好品德也是电影高品质的保证。作为公众人物的电影从业者,应该严格要求自己,做好表率。该条款可以看作是对吸毒嫖娼行为的明星和有伤害民族感情等各类不当言行的国内外明星、导演的应对措施。今后,电影人和电影作品如果踩踏红线、跨越雷区,将会受到严厉的处罚,甚至断送职业生涯。

---

① 参见《电影产业促进法》,第5~7,10~11条。
② 饶曙光对《电影产业促进法》的看法,参见李博:《从电影大国迈向电影强国,必须有法可依》,《中国艺术报》,2016年11月16日,第4版。
③ 参见《电影产业促进法》,第8条。
④ 参见《电影产业促进法》,第9条。
⑤ 参见《电影产业促进法》,第9条。

（二）电影创作、摄制

1. 创作、摄制电影的条件

（1）国内拍摄的电影,电影剧本梗概需要备案或审查

拟摄制电影的法人、其他组织应当将电影剧本梗概向国家电影主管部门或者省、自治区、直辖市人民政府电影主管部门备案；其中,涉及重大题材或者国家安全、外交、民族、宗教、军事等方面题材的,应当按照国家有关规定将电影剧本报送审查。符合规定的,由国家电影主管部门将拟摄制电影的基本情况予以公告,并由国家电影主管部门或者省、自治区、直辖市人民政府电影主管部门出具备案证明文件或者颁发批准文件。①

相对于《电影管理条例》以及之前的电影法规而言,此规定有较大变动。此前,拍摄电影需要成立电影制片企业或者获得摄制电影片许可证（单片）,否则不允许进入电影摄制领域。而《电影产业促进法》取消了电影制片单位和摄制电影片许可证（单片）审批等。以后,只要有足够的资金和人员准备,民营企业等都可以拥有电影拍摄的权利,一定程度上降低了拍摄电影的门槛。

（2）中外合作拍摄电影,需要经过国家电影主管部门批准

《电影产业促进法》第14条规定,法人、其他组织经国家电影主管部门批准,可以与境外组织合作摄制电影,但有所限制,即不得与从事损害我国国家尊严、荣誉和利益,危害社会稳定,伤害民族感情等活动的境外组织合作,也不得聘用有上述行为的个人参加电影摄制。②这可以看作是总则第9条规定的演员、导演应尽义务的延伸。该条款还规定合作摄制电影符合创作、出资、收益分配等方面比例要求的,该电影视同境内法人、其他组织摄制的电影。

（3）境外组织不能独立从事电影摄制活动

境外组织不得在境内独立从事电影摄制活动,而境外个人也不允许在境内从事电影摄制活动。③

2. 保障和鼓励措施

（1）鼓励电影剧本创作和题材、体裁、形式、手段等创新,鼓励电影学术研讨和业务交流。县级以上人民政府电影主管部门根据电影创作的需要,为电影创作人员深入基层、深入群众、体验生活等提供必要的便利和帮助。④

（2）县级以上人民政府电影主管部门应当协调公安、文物保护、风景名胜区管理等部门,为法人、其他组织依照该法从事电影摄制活动提供必要的便利和帮助。⑤但同

---

① 参见《电影产业促进法》,第13条。
② 参见《电影产业促进法》,第14条。
③ 参见《电影产业促进法》,第14条。
④ 参见《电影产业促进法》,第12条。
⑤ 参见《电影产业促进法》,第15条。

时,从事电影摄制活动的法人或其他组织,应当遵守管理和安全生产等方面的法律、法规,并在摄制过程中注意采取保护、防护措施。

《电影产业促进法》的主要目的在于促进电影产业的发展,因此其中的很多条款都涉及保障和鼓励的内容,总则中就有多条保障措施,创作、摄制部分也有多项保障措施,其中很多都是之前电影管理的法规中没有涉及的,是新的提法。

3. 禁载的内容

《电影产业促进法》第16条规定了电影应该禁止包含的内容,共8大项,它们与其他产业中所应避免"禁载十条"①的内容是基本一致的,但增加了"侵害未成年人合法权益或者损害未成年人身心健康"这一条款。②

4. 电影审查

(1)审查机构及审查期限

① 审查机构

《电影产业促进法》明确规定电影审查的主体是国家电影主管部门或者省、自治区、直辖市人民政府电影主管部门。所有影片都应经过审查。③

在此之前,《电影管理条例》第24条规定,电影审查的主体是国家广播电影电视行政部门的电影审查机构。两者相比,《电影产业促进法》实现了电影审查权限的下放,地方审查机构可以在审查中发挥更大的作用。有论者认为,将电影审查权限下放,有利于促进地域竞争,进一步激发市场活力。④

② 审查期限及审查结果

主管部门应当自受理申请之日起30内作出审查决定。对符合规定的,准予公映,颁发电影公映许可证,并予以公布;对不符合规定的,不准予公映,并书面通知申请人并说明理由。⑤

(2)审查标准、程序及其他规定

① 审查标准及程序

《电影产业促进法》第17条明确提出,国家电影主管部门应当根据该法制定完善电

---

① 通常将艺术作品中不得包含的以下10种内容,称为"禁载十条":①反对宪法确立的基本原则的;②危害国家统一、主权和领土完整的;③泄露国家秘密、危害国家安全或者损害国家荣誉和利益的;④煽动民族仇恨、民族歧视,破坏民族团结,或者侵害民族风俗、习惯的;⑤宣扬邪教、迷信的;⑥扰乱社会秩序,破坏社会稳定的;⑦宣扬淫秽、赌博、暴力或者教唆犯罪的;⑧侮辱或者诽谤他人,侵害他人合法利益的;⑨危害社会公德或者民族优秀文化传统的;⑩有法律、行政法规和国家规定禁止的其他内容的。

② 参见《电影产业促进法》,第16条。

③ 参见《电影产业促进法》,第17条。

④ 郑厚哲对《电影产业促进法》的看法,参见于帆:《中国影业发展或将迎来新契机》,《中国文化报》,2016年11月14日,第6版。

⑤ 参见《电影产业促进法》,第17条。

影审查的具体标准和程序,并向社会公布。制定完善电影审查的具体标准应当向社会公开征求意见,并组织专家进行论证。对于审查标准而言,《电影管理条例》等法规未曾涉及。业界以及社会对审查标准不清晰,导致对电影审查产生很多负面评价,此次规定要求制定标准是电影审查的一个进步。

对于审查程序,《电影产业促进法》第18条规定,进行电影审查应当组织不少于5名专家进行评审,由专家提出评审意见。法人、其他组织对专家评审意见有异议的,国家电影主管部门或者省、自治区、直辖市人民政府电影主管部门可以另行组织专家再次评审。专家的评审意见应当作为作出审查决定的重要依据。复审(再次评审)在《电影管理条例》中已有所规定,此次是重申。对于审查程序而言,最大的改变是强调审查人员的构成,即不少于5位专家,并且他们的评审意见应当作为作出审查决定的重要依据。一直以来,业界有声音要求取消电影审查,很重要的原因在于部分电影人认为电影审查人员不专业,属于外行管理内行。此次的规定有利于减轻此类质疑,促进电影审查的专业化和科学化。

对于已取得电影公映许可证的电影需要变更内容的,《电影产业促进法》也有规定,其第19条规定,此类情况应当依照规定重新报送审查。

② 审查结果的应用和效力

《电影产业促进法》第20条规定,摄制电影的法人、其他组织应当将取得的电影公映许可证标识置于电影的片头处。这是对《电影管理条例》相关规定的继承。而"电影放映可能引起未成年人等观众身体或者心理不适的,应当予以提示"属于新规定,其目的与第16条第6款不得含有"侵害未成年人合法权益或者损害未成年人身心健康"的规定一样,意在保护未成年人。很多国家实行电影分级制度,其目的一方面是为了不同的观众群体可以欣赏到各自适合观看的影片,另一方面也是要保护青少年。我国目前未实行分级制度,但青少年保护问题同样重要,因此,《电影产业促进法》采取了一个折中的方式。

对于电影审查的效力,第20条、21条有具体规定,主要包括:

未取得电影公映许可证的电影,不得发行、放映,不得通过互联网、电信网、广播电视网等信息网络进行传播,不得制作为音像制品;但是,国家另有规定的,从其规定。

摄制完成的电影取得电影公映许可证,方可参加电影节(展)。拟参加境外电影节(展)的,送展法人、其他组织应当在该境外电影节(展)举办前,将相关材料报国家电影主管部门或者省、自治区、直辖市人民政府电影主管部门备案。

《电影管理条例》中有关于电影审查效力的相关规定,《电影产业促进法》加以修订,强调了未经审查并获得电影公映许可证的电影,不得通过任何方式进行传播,并不准参加各类电影节(展)。国内未获审查通过,而在国际电影节获奖的情况或在其他国家放映的情况将有所减少。

(3)承接境外电影的洗印、加工、后期制作等业务的规定

《电影产业促进法》规定,公民、法人和其他组织可以承接境外电影的洗印、加工、后期制作等业务,并报省、自治区、直辖市人民政府电影主管部门备案。① 与《电影管理条例》相比,该规定有重大改进,具体体现在后期制作业务上。《电影管理条例》仅对国内制作的影片到境外进行后期加工有所规定,对境外影片在国内的后期制作未做规定。《电影产业促进法》的相关规定反映出近年来我国后期制作技术的快速发展,因此进行必要规定。另一方面,也是最重要的改变,《电影管理条例》中虽规定电影洗印单位可承接境外电影的洗印、加工,但要求洗印加工的电影底片、样片和电影片拷贝要办理进口手续,并全部运输出境,而《电影产业促进法》中则取消了这些规定。这意味着,境外制作的电影,只要符合有关规定即可在国内加工处理,取得公映许可证后,可在国内放映。

(4)对电影档案的规定

《电影产业促进法》对电影档案进行了规定,要求国家设立的电影档案机构依法接收、收集、整理、保管并向社会开放电影档案,并配置必要的设备,采用先进技术,提高电影档案管理现代化水平。摄制电影的法人、其他组织要做好电影档案保管工作,并向国家设立的电影档案机构移交、捐赠、寄存电影档案。② 这是对《电影艺术档案管理规定》相关规定的确认。

(三)发行、放映

1. 电影发行、放映的条件

我国对电影发行、固定放映场所电影放映实行许可制度。具备相应条件,并经电影主管部门批准的,可从事电影发行、固定放映场所电影放映活动。具体要求如下:

(1)电影发行活动要经过许可

企业具有与所从事的电影发行活动相适应的人员、资金条件的,经国家电影主管部门或者所在地省、自治区、直辖市人民政府电影主管部门批准,可以从事电影发行活动。③

(2)固定放映场所电影放映活动要经过许可

企业、个体工商户具有与所从事的电影放映活动相适应的人员、场所、技术和设备等条件的,经所在地县级人民政府电影主管部门批准,可以从事电影院等固定放映场所电影放映活动。④ 与《电影管理条例》相比,《电影产业促进法》对电影放映的准入条件有所降低,前者要求设立电影放映单位,应当向所在地县或者设区的市人民政府电影行政部门提出申请,并未区分固定放映场所或流动放映。而《电影产业促进法》对此有明确的区别,且规定了不同的准入条件。

---

① 参见《电影产业促进法》,第22条。
② 参见《电影产业促进法》,第23条。
③ 参见《电影产业促进法》,第24条。
④ 参见《电影产业促进法》,第24条。

（3）电影流动放映活动只须备案

《电影产业促进法》第26条规定，企业、个人从事电影流动放映活动，应当将企业名称或者经营者姓名、地址、联系方式、放映设备等向经营区域所在地县级人民政府电影主管部门备案。这一条款实际上降低了电影流动放映活动的准入门槛。

2. 电影发行、放映申请的审核

（1）审核时间

负责电影发行、放映活动审批的电影主管部门，应当自受理申请之日起30日内作出决定。对于审核时间，《电影管理条例》规定不超过自受理申请之日起60日。相比而言，《电影产业促进法》的审核时间缩短很多。

（2）审查结果

对符合条件的，予以批准，颁发电影发行经营许可证或者电影放映经营许可证，并予以公布；对不符合条件的，不予批准，书面通知申请人并说明理由。①

3. 保障和鼓励措施

（1）建立农村公益放映网络

政府出资建立完善农村电影公益放映服务网络，引导社会资金投资农村电影放映，改善农村地区观看电影条件，保障农村地区群众观看电影需求。县级以上人民政府应当将农村电影公益放映纳入农村公共文化服务体系建设，按照国家有关规定对农村电影公益放映活动给予补贴。②农村公益电影在《电影管理条例》中未曾涉及，但2007年、2008年国务院及财政部对此都有专门文件出台，而《电影产业促进法》则将其真正纳入法治轨道，有利于农村电影放映网络的建设。

（2）支持中小学生免费观影

教育、电影主管部门共同推荐有利于未成年人健康成长的电影，并采取措施支持接受义务教育的学生免费观看，由所在学校组织安排。③这也是《电影产业促进法》的一个新的规定。

（3）鼓励电影院以及从事电影流动放映活动的企业、个人采取票价优惠、建设不同条件的放映厅、设立社区放映点等多种措施，为未成年人、老年人、残疾人、城镇低收入居民以及进城务工人员等观看电影提供便利；电影院以及从事电影流动放映活动的企业、个人所在地人民政府可以对其发放奖励性补贴。④

上述几项举措，对于培养电影观众群体，促进中国电影产业的长远发展有重要的意义。

（4）保障国内电影放映比例

---

① 参见《电影产业促进法》，第25条。
② 参见《电影产业促进法》，第27条。
③ 参见《电影产业促进法》，第28条。
④ 参见《电影产业促进法》，第28条。

电影院应当合理安排由境内法人、其他组织所摄制电影的放映场次和时段,并且放映的时长不得低于年放映电影时长总和的2/3。①对于国产电影放映比例,《电影管理条例》中已有规定,《电影产业促进法》又对其进行确认。

（5）其他保障

盗录现象在很多影院中经常出现,不仅直接影响了电影放映机构的收益,而且侵犯了著作权人的权利。《电影产业促进法》对这一现象有所关注,并赋予电影工作人员一定的权力。其第31条明确规定,未经权利人许可,任何人不得对正在放映的电影进行录音录像。发现进行录音录像的,电影院工作人员有权予以制止,并要求其删除;对拒不听从的,有权要求其离场。

安全问题也是影响影院发展的重要问题,对此,《电影产业促进法》第33条明确规定,任何人不得携带爆炸性、易燃性、放射性、毒害性、腐蚀性物品进入电影院等放映场所,不得非法携带枪支、弹药、管制器具进入电影院等放映场所;发现非法携带上述物品的,有关工作人员应当拒绝其进入,并向有关部门报告。

（6）电影院等发行、放映机构的义务

为了保障观众及电影产业的健康发展,《电影产业促进法》对影院等电影发行机构、放映场所等也有一些具体的规定：

① 从事农村电影公益放映活动的,不得以虚报、冒领等手段骗取农村电影公益放映补贴资金。②

② 电影院以及从事电影流动放映活动的企业、个人应当保障电影放映质量。③

③ 电影院的设施、设备以及用于流动放映的设备应当符合电影放映技术的国家标准。电影院应当按照国家有关规定安装计算机售票系统。④

④ 电影院在向观众明示的电影开始放映时间之后至电影放映结束前,不得放映广告。⑤

近年来,电影"插播"广告成为一种惯例,它可以为电影放映机构带来更多的收益,但却广遭消费者诟病,原因在于消费者认为观看电影已支付了相应的票款,不应再"插播"广告。《电影产业促进法》起草过程中显然注意到了消费者的诉求,为此专门作出了上述规定。

⑤ 电影院应当遵守治安、消防、公共场所卫生等法律、行政法规,维护放映场所的公共秩序和环境卫生,保障观众的安全与健康。⑥

---

① 参见《电影产业促进法》,第29条。
② 参见《电影产业促进法》,第27条。
③ 参见《电影产业促进法》,第29条。
④ 参见《电影产业促进法》,第30条。
⑤ 参见《电影产业促进法》,第32条。
⑥ 参见《电影产业促进法》,第33条。

⑥ 电影发行企业、电影院等应当如实统计电影销售收入，提供真实准确的统计数据，不得采取制造虚假交易、虚报瞒报销售收入等不正当手段，欺骗、误导观众，扰乱电影市场秩序。① 票房造假已经成为当前电影业发展的一个毒瘤，不仅有损制片方的利益，而且也透支了中国电影产业的发展前景，因此《电影产业促进法》专门关注了这一点，一方面要求不得票房造假，另一方面在"法律责任"部分也规定了处罚措施。

⑦ 在境内举办涉外电影节(展)，须经国家电影主管部门或者省、自治区、直辖市人民政府电影主管部门批准。②

（四）电影产业支持、保障

除在总则、电影创作、拍摄、发行、放映部分规定了一些保障措施外，《电影产业促进法》第4部分第36~45条对电影产业的支持和保障方面又进行了专门的规定。在电影摄制、资金、税收、保险、人才培养、境外推广等方面制定了相应的措施。

1. 支持优秀电影创作、摄制

主要支持以下电影：（1）传播中华优秀文化、弘扬社会主义核心价值观的重大题材电影；（2）促进未成年人健康成长的电影；（3）展现艺术创新成果、促进艺术进步的电影；（4）推动科学教育事业发展和科学技术普及的电影；（5）其他符合国家支持政策的电影。

2. 引导相关文化产业专项资金、基金加大对电影产业的投入力度；综合考虑、统筹安排财政资金对电影产业的支持。

3. 实施必要的税收优惠政策。

4. 县级以上地方人民政府应当依据人民群众需求和电影市场发展需要，将电影院建设和改造纳入国民经济和社会发展规划、土地利用总体规划和城乡规划等，按照国家有关规定，有效保障电影院用地需求，积极盘活现有电影院用地资源，支持电影院建设和改造。

5. 鼓励金融机构为从事电影活动以及改善电影基础设施提供融资服务，依法开展与电影有关的知识产权质押融资业务，并通过信贷等方式支持电影产业发展。鼓励保险机构依法开发适应电影产业发展需要的保险产品。鼓励融资担保机构依法向电影产业提供融资担保，通过再担保、联合担保以及担保与保险相结合等方式分散风险。对国家电影主管部门依照该法规定公告的电影的摄制，按照国家有关规定合理确定贷款期限和利率。

6. 鼓励法人、其他组织通过到境外合作摄制电影等方式进行跨境投资，依法保障其对外贸易、跨境融资和投资等合理用汇需求。

7. 实施电影人才扶持计划。支持有条件的高等学校、中等职业学校和其他教育机

---

① 参见《电影产业促进法》，第34条。
② 参见《电影产业促进法》，第35条。

构、培训机构等开设与电影相关的专业和课程,采取多种方式培养适应电影产业发展需要的人才。鼓励从事电影活动的法人和其他组织参与学校相关人才培养。

8. 采取措施,扶持农村地区、边疆地区、贫困地区和民族地区开展电影活动。鼓励、支持少数民族题材电影创作,加强电影的少数民族语言文字译制工作,统筹保障民族地区群众观看电影需求。

9. 对优秀电影的外语翻译制作予以支持,并综合利用外交、文化、教育等对外交流资源开展电影的境外推广活动。鼓励公民、法人和其他组织从事电影的境外推广。

10. 鼓励社会力量以捐赠、资助等方式支持电影产业发展,并依法给予优惠。

《电影管理条例》等法规中也规定了支持和保障的措施,但一方面不够系统,另一方面也未建立起配套措施,因此作用不够明显。而《电影产业促进法》中除继承了以前相关法规的做法外,还特别规定了诸如对人才扶持,综合力量推广,鼓励社会捐赠并给予优惠等措施,这些措施如果能够得到切实执行,将会在更大程度上促进中国电影产业的发展。

(五)法律责任

法律责任是各类违法行为以及构成违法行为的主体的惩罚惩戒措施,《电影产业促进法》第47~54条对此有明确规定。

1. 擅自从事电影摄制、发行、放映活动的法律责任

违反规定,擅自从事电影摄制、发行、放映活动的,由县级以上人民政府电影主管部门予以取缔,没收电影片和违法所得以及从事违法活动的专用工具、设备;违法所得5万元以上的,并处违法所得5倍以上10倍以下的罚款;没有违法所得或者违法所得不足5万元的,可以并处25万元以下的罚款。

2. 违反许可证、批准或者证明文件申请或使用规定的法律责任

有下列情形之一的,由原发证机关吊销有关许可证、撤销有关批准或者证明文件;县级以上人民政府电影主管部门没收违法所得;违法所得5万元以上的,并处违法所得5倍以上10倍以下的罚款;没有违法所得或者违法所得不足5万元的,可以并处25万元以下的罚款:

(1)伪造、变造、出租、出借、买卖《电影产业促进法》规定的许可证、批准或者证明文件,或者以其他形式非法转让该法规定的许可证、批准或者证明文件的;

(2)以欺骗、贿赂等不正当手段取得《电影产业促进法》规定的许可证、批准或者证明文件的。

3. 违反电影公映许可证管理规定的法律责任

有下列情形之一的,由原发证机关吊销许可证;县级以上人民政府电影主管部门没收电影片和违法所得;违法所得5万元以上的,并处违法所得10倍以上20倍以下的罚款;没有违法所得或者违法所得不足5万元的,可以并处50万元以下的罚款:

(1)发行、放映未取得电影公映许可证的电影的;

（2）取得电影公映许可证后变更电影内容，未依照规定重新取得电影公映许可证擅自发行、放映、送展的；

（3）提供未取得电影公映许可证的电影参加电影节（展）的。

4. 承接含有损害我国国家尊严、荣誉和利益，危害社会稳定，伤害民族感情等内容的境外电影的洗印、加工、后期制作等业务的法律责任

承接含有损害我国国家尊严、荣誉和利益，危害社会稳定，伤害民族感情等内容的境外电影的洗印、加工、后期制作等业务的，由县级以上人民政府电影主管部门责令停止违法活动，没收电影片和违法所得；违法所得5万元以上的，并处违法所得3倍以上5倍以下的罚款；没有违法所得或者违法所得不足5万元的，可以并处15万元以下的罚款。情节严重的，由电影主管部门通报工商行政管理部门，由工商行政管理部门吊销营业执照。

5. 电影发行企业、电影院等有制造虚假交易、虚报瞒报销售收入等行为，扰乱电影市场秩序的法律责任

电影发行企业、电影院等有制造虚假交易、虚报瞒报销售收入等行为，扰乱电影市场秩序的，由县级以上人民政府电影主管部门责令改正，没收违法所得，处5万元以上50万元以下的罚款；违法所得50万元以上的，处违法所得1倍以上5倍以下的罚款。情节严重的，责令停业整顿；情节特别严重的，由原发证机关吊销许可证。

业界对此有较高评价，有学者认为规定不仅有利于惩治不规范行为，还将产生巨大的震慑力，将违法行为扼杀在萌芽状态。①

6. 电影院在向观众明示的电影开始放映时间之后至电影放映结束前放映广告的法律责任

电影院在向观众明示的电影开始放映时间之后至电影放映结束前放映广告的，由县级人民政府电影主管部门给予警告，责令改正；情节严重的，处1万元以上5万元以下的罚款。

7. 法人、其他组织、个人未经许可擅自在境内举办涉外电影节（展）的法律责任

法人或者其他组织未经许可擅自在境内举办涉外电影节（展）的，由国家电影主管部门或者省、自治区、直辖市人民政府电影主管部门责令停止违法活动，没收参展的电影片和违法所得；违法所得5万元以上的，并处违法所得5倍以上10倍以下的罚款；没有违法所得或者违法所得不足5万元的，可以并处25万元以下的罚款；情节严重的，自受到处罚之日起五年内不得举办涉外电影节（展）。

个人擅自在境内举办涉外电影节（展），或者擅自提供未取得电影公映许可证的电影参加电影节（展）的，由国家电影主管部门或者省、自治区、直辖市人民政府电影主管

---

① 参见《有法可依〈中华人民共和国电影产业促进法〉亮点解读》，法制网，http://www.legaldaily.com.cn/Culture/content/2016-11/11/content_6873047.htm。

部门责令停止违法活动,没收参展的电影片和违法所得;违法所得5万元以上的,并处违法所得5倍以上10倍以下的罚款;没有违法所得或者违法所得不足5万元的,可以并处25万元以下的罚款;情节严重的,自受到处罚之日起5年内不得从事相关电影活动。这一规定对于电影人参加国际电影节有了明确的规范,导演、演员违法参加国际电影节的状况预计将大幅减少甚至完全消失。

8. 因违反该法规定被吊销许可证的法律责任

法人、其他组织或者个体工商户因违反该法规定被吊销许可证的,自吊销许可证之日起5年内不得从事该项业务活动;其法定代表人或者主要负责人自吊销许可证之日起五年内不得担任从事电影活动的法人、其他组织的法定代表人或者主要负责人。

9. 县级以上人民政府电影主管部门或者其他有关部门的工作人员违规的法律责任

县级以上人民政府电影主管部门或者其他有关部门的工作人员有下列情形之一,尚不构成犯罪的,依法给予处分:

(1)利用职务上的便利收受他人财物或者其他好处的;

(2)违反该法规定进行审批活动的;

(3)不履行监督职责的;

(4)发现违法行为不予查处的;

(5)贪污、挪用、截留、克扣农村电影公益放映补贴资金或者相关专项资金、基金的;

(6)其他违反该法规定滥用职权、玩忽职守、徇私舞弊的情形。

10. 违反规定,造成人身、财产损害的法律责任

违反规定,造成人身、财产损害的,依法承担民事责任;构成犯罪的,依法追究刑事责任。因违反规定2年内受到2次以上行政处罚,又有依照该法规定应当处罚的违法行为的,从重处罚。

11. 其他违法行为的法律责任

有下列情形之一的,依照有关法律、行政法规及国家有关规定予以处罚:

(1)违反国家有关规定,擅自将未取得电影公映许可证的电影制作为音像制品的;

(2)违反国家有关规定,擅自通过互联网、电信网、广播电视网等信息网络传播未取得电影公映许可证的电影的;

(3)以虚报、冒领等手段骗取农村电影公益放映补贴资金的;

(4)侵犯与电影有关的知识产权的;

(5)未依法接收、收集、整理、保管、移交电影档案的;

(6)电影院有侵犯与电影有关的知识产权的行为,情节严重的,由原发证机关吊销许可证。

此外,《电影产业促进法》还规定,当事人对县级以上人民政府电影主管部门以及

其他有关部门依照该法作出的行政行为不服的,可以依法申请行政复议或者提起行政诉讼。其中,对国家电影主管部门作出的不准予电影公映的决定不服的,应当先依法申请行政复议,对行政复议决定不服的可以提起行政诉讼。

《电影产业促进法》在保护知识产权、规范电影人行为、约束电影院经营行为、税收综合配套等方面进行了具体规定,对电影产业的发展有积极的作用。也有业界人士认为《电影产业促进法》在一定程度上限定了创作自由,对于业界关心的分级制也未作回应,有进一步提升的空间。但无论如何,《电影产业促进法》以法律的形式,确立了国家和政府电影管理的基本原则,凸显了国家和政府对电影产业的重视,已是重大的进步。

第五节 《文物保护法》

《文物保护法》在我国文物保护方面具有重要的作用,对文物保护单位、考古发掘、馆藏文物、私人收藏文物、文物出境、奖励与惩罚等方面都有详细规定,本节将对它们进行简要介绍。

一、《文物保护法》的制定与修订

《文物保护法》颁布之前,我国在文物保护领域一直执行1961年3月公布实施的《文物保护管理暂行条例》。该条例虽然比较系统,但在内容上更侧重于不可移动文物的保护方面,关于考古发掘和流散文物的条文较少,也没有对历史文化名城和馆藏文物作出规定。为了适应新时期的文物保护需要,1979年开始,经过3年的立法准备工作,第五届全国人大常委会于1982年11月颁布实施了《文物保护法》,共8章、33条,《文物保护管理暂行条例》同时废止。

《文物保护法》从文物保护单位、考古发掘、馆藏文物、私人收藏文物、文物出境、奖励与惩罚几个方面对文物保护作出规定,明确了文物所有权的归属,改进了文物保护单位的制度,完善了历史文化名城制度,加强了考古发掘的审批工作和流散文物的管理,规定了奖励和惩罚的条件等。1991年6月,我国对《文物保护法》进行了第一次修订,主要是针对第30条"有下列行为的,给予行政处罚"增加了5项行为,对第31条"有下列行为的,依法追究刑事责任"增加了对全民所有制博物馆、图书馆等单位和国家工作人员的两项规定,以及对有关规定表述方式的修改。

2002年10月,《文物保护法》进行了一次全面修改,仍然分为8章,但各章的设置更为科学。新法的第2章由"文物保护单位"改为"不可移动文物",扩大了保护范围;第5章把"私人收藏文物"改为"民间收藏文物",增加了法人和其他组织收藏文物的规定;

第6章把"文物出境"改为"文物出境进境",以适应国际交流的需要;第7章改"奖励与惩罚"为"法律责任",加大了对违法行为的打击力度。具体内容则扩充到80条,有如下主要变化:第一,统一了关于文物保护和利用之间关系的认识,规定"文物工作贯彻保护为主、抢救第一、合理利用、加强管理"的方针;第二,增加了历史文化街区保护制度,完善了不可移动文物保护制度和馆藏文物保护制度;第三,增加了非国有博物馆可以收藏文物的规定及相关要求和规范,促进了文物的合理利用范围;第四,加强了文物经营活动的规范管理,完善了考古发掘制度,补充了文物出境进境的内容和有关法律责任规定,以及加大对盗掘、走私文物等违法犯罪活动的打击力度。[①]

全面修改的《文物保护法》更加适应了社会快速发展条件下的文物保护工作的要求,之后根据新的情况进行了不断修订,在2007年、2013年、2015年、2017年进行了4次小的修订,更趋于完善。从1961年《文物保护管理暂行条例》到现在的《文物保护法》,我国文物保护的基本法律经历了一个从无到有、从相对简单到日趋系统全面的过程。这对提高全民族的文物保护意识、推动文物保护工作起到了重要作用。《文物保护法》对文物保护工作的指导方针、保护原则和方法、可能涉及的重要问题等都作出了明确规定,是我国文物保护事业的重要法律保障。

二、《文物保护法》的主要内容

现行的《文物保护法》共8章80条,主要规定了以下方面的内容。

(一)文物保护的范围和方针

在《文物保护法》第2条中,明确规定了文物保护的范围,某种意义上也是对我国文物概念的一个规定。"在中华人民共和国境内,下列文物受国家保护:1.具有历史、艺术、科学价值的古文化遗址、古墓葬、古建筑、石窟寺和石刻、壁画;2.与重大历史事件、革命运动或者著名人物有关的以及具有重要纪念意义、教育意义或者史料价值的近代现代重要史迹、实物、代表性建筑;3.历史上各时代珍贵的艺术品、工艺美术品;4.历史上各时代重要的文献资料以及具有历史、艺术、科学价值的手稿和图书资料等;5.反映历史上各时代、各民族社会制度、社会生产、社会生活的代表性实物。"同时还规定"具有科学价值的古脊椎动物化石和古人类化石同文物一样受国家保护"。这是因为这些化石同样具有重要的科学、文化价值,是稀缺的文化资源,需要通过立法形式加以保护。

《文物保护法》罗列了文物保护的范围,至于文物的具体认定和实施办法,第2条规定:"文物认定的标准和办法由国家文物行政部门制定,并报国务院批准。"2009年8月,文化部通过了《文物认定管理暂行办法》,并于12月配套发布了《关于贯彻实施〈文物

---

① 参见黄树卿:《中国文化遗产法的形成与发展》,刊于王云霞主编:《文化遗产法:概念、体系与视角》,中国人民大学出版社,2012年版,第83页。

认定管理暂行办法〉的指导意见》。该暂行办法指出，认定文物由县级以上地方文物行政部门负责。认定文物发生争议的，由省级文物行政部门作出裁定。关于文物认定的机构，该指导意见规定：文物认定的决定由县级以上地方文物行政部门作出。县级以上地方文物行政部门可以直接进行文物认定，也可以设置专门机构或委托有条件的文物、博物馆事业单位开展认定工作，但是不得委托社会中介机构。申请人依法要求认定可移动文物的，应向其户籍所在地的县级以上地方行政部门提出。县级以上地方文物行政部门受理文物认定申请后，原则上应在20个工作日内作出决定并予以答复。需要委托专业机构或者专家评估论证，以及需要以听证会形式听取公众意见的，所需时间不计算在20个工作日内。

我国文物保护工作的的方针是"保护为主、抢救第一、合理利用、加强管理"。关于这个工作方针的意义已在前文文化遗产保护政策中有详尽分析，此处不再赘述。

（二）文物所有权

我国文物所有权依其主体不同分为3种形式，即国家所有权、集体所有权和私人所有权，文物所有权必须依法取得。国家所有的文物包括可移动文物和不可移动文物，其具体取得的情况在第5条中规定："中华人民共和国境内地下、内水和领海中遗存的一切文物，属于国家所有。古文化遗址、古墓葬、石窟寺属于国家所有。国家指定保护的纪念建筑物、古建筑、石刻、壁画、近代现代代表性建筑等不可移动文物，除国家另有规定的以外，属于国家所有。国有不可移动文物的所有权不因其所依附的土地所有权或者使用权的改变而改变。"对文物国家所有权的确立，是通过法律规定直接确认的法律事实，而不是依他人既存的权利而取得的，这种取得物权的方式属于物权的原始取得。同时，根据《文物保护法》第25条规定，非国有不可移动文物还可以通过买卖、赠与等方式转让给国家，因此国家又能够通过转移取得获得不可移动文物的所有权。由此，不可移动文物中的大部分重要文物的所有权几乎都被国家所掌握。这种把重要的不可移动文物纳入国有的做法，主要是出于对这些文物做出更好保护的目的。因为国家比其他主体更适合代表全民利益，也能够动用集中的、大量的人力物力对不可移动文物进行保护、修缮和管理，从而更好地维护这些文物的价值，保证其全民公有的属性和全民共享这种公共利益。

对可移动文物的国有情况，《文物保护法》规定："下列可移动文物，属于国家所有：①中国境内出土的文物，国家另有规定的除外；②国有文物收藏单位以及其他国家机关、部队和国有企业、事业组织等收藏、保管的文物；③国家征集、购买的文物；④公民、法人和其他组织捐赠给国家的文物；⑤法律规定属于国家所有的其他文物。属于国家所有的可移动文物的所有权不因其保管、收藏单位的终止或者变更而改变。"可以看出，国有不可移动文物通常是由国有文物收藏单位如博物馆、图书馆、档案馆以及国有企业、事业组织等保管和收藏的，但其所有权属于国家，不会因保管收藏单位的改变而改变。这和国有不可移动文物的所有权不因其所依附的土地所有权或者使用权的改变而改变一样,明确了所有权的归属,避免了因法律本身内容不明确而可能产生的权利纠纷,确保国有文物安全不会因频繁的土地流转和收藏单位变化而受到影响。

由于历史原因,不可移动文物及可移动文物都存在集体所有、私人所有的情况,为保证这些文物受到保护,《文物保护法》第6条规定:"属于集体所有和私人所有的纪念建筑物、古建筑和祖传文物以及依法取得的其他文物,其所有权受法律保护。文物的所有者必须遵守国家有关文物保护的法律、法规的规定。"第7条规定:"一切机关、组织和个人都有依法保护文物的义务。"明确了对集体和私人文物所有权的保护,同时也规定了文物所有者的义务,因为文物不同于一般的物,其历史、科学、文化价值是民族国家乃至全人类的宝贵财富,其精神文化价值远大于实物属性的价值,需要通过法律规定加以保护。

(三)不可移动文物的法律保护

不可移动文物包括文物保护单位和一般保护对象两大类,文物保护单位又可分为全国重点文物保护单位、市级和县级文物保护单位。另外,不可移动文物还包括历史文化名城、历史文化街区和村镇等。无论哪个层次的不可移动文物,都受到法律的严格保护。这些保护措施包括:

1. 确定文物保护单位的保护范围、标志、建档与保管制度

《文物保护法》第15条规定:"各级文物保护单位,分别由省、自治区、直辖市人民政府和市、县级人民政府划定必要的保护范围,作出标志说明,建立记录档案,并区别情况分别设置专门机构或者专人负责管理。全国重点文物保护单位的保护范围和记录档案,由省、自治区、直辖市人民政府文物行政部门报国家文物行政部门备案。县级以上地方人民政府文物行政部门应当根据不同文物的保护需要,制定文物保护单位和未核定为文物保护单位的不可移动文物的具体保护措施,并公告施行。"

2. 做好保护规划,控制建设工程

《文物保护法》第16条到第20条规定了做好规划、控制建设工程的相关内容。包括文物保护单位的保护范围内不得进行其他建设工程或者爆破、钻探、挖掘等作业,在文物保护单位的周围划出一定的建设控制地带,在文物保护单位的保护范围和建设控制地带内,不得建设污染文物保护单位及其环境的设施,不得进行可能影响文物保护单位安全及其环境的活动,对文物保护单位应当尽可能实行原址保护等。对于无法回避的工程作业、建设选址、异地保护或拆除的,则必须经过相关行政主管部门的批准。

3. 做好不可移动文物的修缮和保养

《文物保护法》第21条规定:"国有不可移动文物由使用人负责修缮、保养;非国有不可移动文物由所有人负责修缮、保养。非国有不可移动文物有损毁危险,所有人不具备修缮能力的,当地人民政府应当给予帮助;所有人具备修缮能力而拒不依法履行修缮义务的,县级以上人民政府可以给予抢救修缮,所需费用由所有人负担。"对非国有不可移动文物的修缮规定,主要考虑到虽然其所有权归集体或私人所有,但因其价值

具有公共性，仍然要通过公法加以约束，规定其所有者的保护义务。但这些修缮工作必须要经过文物行政部门的批准，由具有资质的单位实施，并遵循不改变文物原状的原则。对于已经全部毁坏的不可移动文物应当实施遗址保护，不得在原址重建。但是，因特殊情况需要在原址重建的，则要经过相应各级行政主管部门批准。

4. 对不可移动文物的使用和处分做出规定和限制

国有不可移动文物主要通过建立博物馆、保管所或者辟为参观游览场所来发挥其科学文化价值，对于实现这些用途的国有文物保护单位，不能作为企业资产经营。如要用作他途的，则要报给相应的人民政府或国务院批准。对于非国有不可移动文物转让、抵押或者改变用途的，应当根据其级别报相应的文物行政部门备案。《文物保护法》规定："国有不可移动文物不得转让、抵押。""非国有不可移动文物不得转让、抵押给外国人。"这主要是为了避免不可移动文物的流失和损毁。

（四）关于考古发掘的管理规定

《文物保护法》第27条规定："一切考古发掘工作，必须履行报批手续；从事考古发掘的单位，应当经国家文物行政部门批准。"强调了考古发掘中申请和审批程序的重要性。第28条规定，从事考古发掘的单位，为了科学研究进行考古发掘，应当提出发掘计划，报国家文物行政部门批准；对全国重点文物保护单位的考古发掘计划，应当经国家文物行政部门审核后报国务院批准。国家文物行政部门在批准或者审核前，应当征求社会科学研究机构及其他科研机构和有关专家的意见。第30条规定，确因建设工期紧迫或者有自然破坏危险，对古文化遗址、古墓葬急需进行抢救发掘的，由省、自治区、直辖市人民政府文物行政部门组织发掘，并同时补办审批手续。

《文物保护法》第34条规定：对于考古发掘物的保管，规定考古发掘的文物，应当登记造册，妥善保管，按照国家有关规定移交给由省、自治区、直辖市人民政府文物行政部门或者国家文物行政部门指定的国有博物馆、图书馆或者其他国有收藏文物的单位收藏。经省、自治区、直辖市人民政府文物行政部门批准，从事考古发掘的单位可以保留少量出土文物作为科研标本。第32条规定，无论什么情况下出土的文物，依照前款规定发现的文物属于国家所有，任何单位或者个人不得哄抢、私分、藏匿。第33条尤其强调了非经国家文物行政部门报国务院特别许可，任何外国人或者外国团体不得在中华人民共和国境内进行考古调查、勘探、发掘，避免文物流失。

（五）馆藏文物的法律保护

馆藏文物主要指博物馆、图书馆和其他文物收藏单位收藏的文物，包括国有文物收藏单位和非国有文物收藏单位所收藏的文物。文物按照其历史、艺术、科学价值的重要程度不同可以分为"珍贵文物"和"一般文物"两大类，其中"珍贵文物"又分为一、二、三级。对馆藏文物必须区分文物等级，设置藏品档案，建立严格的管理制度，并报主管的文物行政部门备案。文物收藏单位获得文物的途径有购买，接受捐赠，依法交换以及法律、行政法规规定的其他方式。另外，国有文物收藏单位还可以通过文物行政部门指定保管或者调拨方式取得文物,如依法没收的文物,为展览、研究需要进行馆际间的文物调拨等。《文物保护法》规定:"文物收藏单位应当充分发挥馆藏文物的作用,通过举办展览、科学研究等活动,加强对中华民族优秀的历史文化和革命传统的宣传教育。"

对馆藏文物的管理与保护,《文物保护法》主要规定了馆藏文物的登账和建档,馆藏文物的调拨、借用、交换,馆藏文物的安全制度等内容。尤其强调了禁止国有文物收藏单位将馆藏文物赠与、出租或者出售给其他单位、个人,文物行政部门和国有文物收藏单位的工作人员不得借用国有文物,不得非法侵占国有文物。这样规定主要是为了严格文物收藏的管理制度,防止国有馆藏文物的损毁或流失。

民间收藏文物主要是指文物收藏单位以外的公民、法人和其他组织收藏的文物。民间收藏文物可以通过以下方式取得:①依法继承或者接受赠与;②从文物商店购买;③从经营文物拍卖的拍卖企业购买;④公民个人合法所有的文物相互交换或者依法转让;⑤国家规定的其他合法方式。并规定:"文物收藏单位以外的公民、法人和其他组织收藏的前款文物可以依法流通。"

民间收藏文物基本上是一种私有文物,但鉴于可移动文物不仅是私权的客体,它同时也是公法的调整对象。为保障公众的文化遗产权,需要通过公法对这类文物的取得和处分进行必要的限制。《文物保护法》第51条规定:"公民、法人和其他组织不得买卖下列文物:①国有文物,但是国家允许的除外;②非国有馆藏珍贵文物;③国有不可移动文物中的壁画、雕塑、建筑构件等,但是依法拆除的国有不可移动文物中的壁画、雕塑、建筑构件等不属于本法第二十条第四款规定的应由文物收藏单位收藏的除外;④来源不符合本法第五十条规定的文物。"国家鼓励文物收藏单位以外的公民、法人和其他组织将其收藏的文物捐赠给国有文物收藏单位或者出借给文物收藏单位展览和研究。同时规定:"国家禁止出境的文物,不得转让、出租、质押给外国人。"

由于文物商店和拍卖企业是文物流转的重要途径,《文物保护法》对这两类机构的设立审批和经营活动作出了限制,保证在依法管理的情况下进行经营,并规定"文物行政部门的工作人员不得举办或者参与举办文物商店或者经营文物拍卖的拍卖企业"。此外,文物行政部门在审核拟拍卖的文物时,可以指定国有文物收藏单位优先购买其中的珍贵文物。购买价格由文物收藏单位的代表与文物的委托人协商确定。

(六)文物的出境入境

对文物的出境入境,《文物保护法》规定了文物的申报、审核、登记制度,对国有文物、非国有文物中的珍贵文物和国家规定禁止出境的其他文物,不得出境,但是依照该法规定出境展览或者因特殊需要经国务院批准出境的除外。对一级文物中的孤品和易损品,禁止出境展览。

(七)法律责任

对于违反《文物保护法》相关规定,侵犯文物的行为,应视具体情况使行为人承担相应的法律责任,主要包括民事责任、行政法律责任和刑事责任。

　　侵占、灭失、损毁文物,属于侵害他人民事权益的行为,应当承担民事侵权责任。承担侵权责任的方式有停止侵害、消除危险、恢复原状、返还财产、赔偿损失等。

　　违反文物管理制度的收藏单位或个人,以及负有行政管理职能责任的工作人员违法失职的,应依法承担行政责任。这包括文物收藏单位违反规章制度管理文物的行为,非法经营、买卖文物,尚不构成犯罪的行为,负有移交文物义务拒不移交,或公职人员玩忽职守、以权谋私,尚不构成犯罪的行为等。对于这些违法行为通常根据情节给以行政处罚或行政处分,包括责令改正、没收违法所得、没收非法经营的文物、处以罚款、吊销资质证书等。对于国家公职人员可以给以行政处分,情节严重的依法开除公职等。

　　违反《文物保护法》规定构成犯罪的,要承担刑事责任。主要犯罪行为包括盗掘古文化遗址、古墓葬的;故意或者过失损毁国家保护的珍贵文物的;擅自将国有馆藏文物出售或者私自送给非国有单位或者个人的;将国家禁止出境的珍贵文物私自出售或者送给外国人的;以牟利为目的倒卖国家禁止经营的文物的;走私文物的;盗窃、哄抢、私分或者非法侵占国有文物的;以及其他应当追究刑事责任的其他妨害文物管理行为。违法犯罪行为根据刑法有关妨碍文物管理罪的规定,按照情节轻重分别给以有期徒刑或拘役直至无期徒刑,并处或者单处罚金,或者没收财产等刑罚。

第六节 《非物质文化遗产法》

　　《非物质文化遗产法》是我国颁布的第一部关于非物质文化遗产的法律,它是我国落实《保护非物质文化遗产公约》的相关要求,继承和弘扬传统文化,根据我国国情开展保护非物质文化遗产工作的重要举措,其立法实施具有重大意义。

一、《非物质文化遗产法》的制定

　　《非物质文化遗产法》2011年2月25日经第11届全国人民代表大会常务委员会第19次会议通过,自2011年6月1日起施行。

　　非物质文化遗产概念经历了一个较长的认知和形成过程,尤其是对其内涵、外延、特征等问题的认识一直存在较大争论,在国际社会上也经历了概念的提出、衍生、拓展和成型的过程。从最初的非物质遗产(Non-Physical Heritage)、无形遗产(Intangible Heritage),到人类口头和非物质遗产(Oral and Intangible Heritage of Humanity),再到非物质文化遗产(Intangible Culture Heritage),变化的不仅仅是概念,更包含了背后国际社会对这一概念的探索和博弈。因此,从法律角度对非物质文化遗产进行规定和保护，其存在的困难也是多方面的。从20世纪70年代起，国际社会一直用民间文学艺术（Folklore）这一术语指代非物质文化遗产的内容，并形成了相关的法律文件，如1982年联合国教科文组织和世界知识产权组织通过的《保护民间文学艺术表达、防止不正当利用和其他侵害行为的国内法示范条款》，1989年联合国教科文组织大会第25届会议通过的《保护传统文化和民间文学艺术建议案》，2006年世界知识产权组织发布的《保护传统文化表达（民间文学艺术表达）草案》等。但"民间文学艺术"的涵盖是有限的。在日韩等国的建议和推动下，联合国教科文组织吸收了它们保护本国无形文化财的经验，经过多轮磋商和反复起草修改，终于在2003年10月通过了《保护非物质文化遗产公约》。公约的制定体现了人类对文化遗产认识的升华，对传统文化的尊重，也体现了在新的历史条件下国际社会新的价值观。这对强化文化在人类社会发展中的地位，维护世界文化多样性和人类社会可持续发展都具有重要作用。在这个漫长的历程中，关于民间文学艺术的探讨和保护实践，仍然是非物质文化遗产概念和保护原则形成的重要基础。

在我国，《非物质文化遗产法》的起草制定也同样借鉴参考了国际经验，从民间传统文化保护开始进入非物质文化遗产的保护工作领域。早在1998年全国人大教科文卫委员会就开展了相关调研工作，向文化部建议制定民族民间传统文化保护法。2000年5月，云南省公布《云南省民族民间传统文化保护条例》，这是我国第一个专门保护民族民间传统文化的地方法规，为制定行政法规和部门规章积累了经验。2002年8月，文化部向全国人大教科文卫委员会报送了《民族民间传统文化保护法（建议稿）》，这是我国在非物质文化遗产领域出台的最早的法律文稿。之后该建议稿不断修改，在我国加入《保护非物质文化遗产公约》后，将建议稿的名称调整为《非物质文化遗产保护法（草案）》。综合各方意见，几易其稿，最终以《非物质文化遗产法》获得通过。

二、《非物质文化遗产法》的主要内容

《非物质文化遗产法》分为总则、非物质文化遗产的调查、非物质文化遗产代表性项目名录、非物质文化遗产的传承与传播、法律责任、附则等，共5章45条，对非物质文化遗产的概念、特征、保护原则、保护方法、法律责任等进行了规定，把2003年《保护非物质文化遗产公约》中属于原则性和指针性的保护理念落实到我国的具体社会现实中，使得保护传承行为有法可依，破坏非物质文化遗产的违法犯罪行为有法可究，有力地保障了全民对非物质文化遗产保护的行为和意识。

（一）总则

在总则中，首先明确了非物质文化遗产的概念，指出"本法所称非物质文化遗产，是指各族人民世代相传并视为其文化遗产组成部分的各种传统文化表现形式，以及与传统文化表现形式相关的实物和场所。包括：传统口头文学以及作为其载体的语言；

传统美术、书法、音乐、舞蹈、戏剧、曲艺和杂技；传统技艺、医药和历法；传统礼仪、节庆等民俗；传统体育和游艺；其他非物质文化遗产"。这个概念基本延续了2003年公约中的内容，并根据我国传统文化的特点和保存发展现状进行了归纳整合，用列举法提出了5类基本表现形式，并在第6项中以"其他非物质文化遗产"概括了那些不太容易归类的非物质文化遗产形式，避免了遗漏和于法无据的问题，这使得非物质文化遗产的保护工作更具操作性。

其次对非物质文化遗产的总体保护方式和保护原则进行了规定。"国家对非物质文化遗产采取认定、记录、建档等措施予以保存，对体现中华民族优秀传统文化，具有历史、文学、艺术、科学价值的非物质文化遗产采取传承、传播等措施予以保护。"可以看出，非物质文化遗产分为保存、保护两种广义的保护路径，一般的非物质文化遗产采取认定、记录、建档等保存措施，优秀的具有重要价值的非物质文化遗产采取传承、传播等措施予以保护。这体现了2003年公约的国际法基础，即"参照现有的国际人权文书，尤其是1948年的《世界人权宣言》以及1966年的《经济、社会、文化权利国际公约》和《公民权利和政治权利国际公约》"。显然，传统文化中与现有人权观念相违背的、落后甚至腐朽的陋俗陈规，只能作为历史记忆进行保存和研究，不宜传承传播，这也是《非物质文化遗产法》并没有以"非物质文化遗产保护法"为名的重要原因。对非物质文化遗产的保护原则，规定"保护非物质文化遗产，应当注重其真实性、整体性和传承性，有利于增强中华民族的文化认同，有利于维护国家统一和民族团结，有利于促进社会和谐和可持续发展"。并着重强调应当尊重非物质文化遗产的形式和内涵，禁止以歪曲、贬损等方式使用非物质文化遗产。

再次，对政府的职能和责任进行了规定。非物质文化遗产保护的主体包括国家及其政府、法人及其他组织、群体、社区和个人，这从非物质文化遗产的概念中就可以看出。但主要作为社会公共资源和民族国家共同财富的非物质文化遗产，其主要保护责任还要由掌握公权力的政府来承担。因此第7条规定："国家文化主管部门负责全国非物质文化遗产的保护、保存工作；县级以上地方人民政府文化主管部门负责本行政区域内非物质文化遗产的保护、保存工作。县级以上人民政府其他有关部门在各自职责范围内，负责有关非物质文化遗产的保护、保存工作。"这些职责包括把非物质文化遗产保护工作纳入国民经济和社会发展规划、非物质文化遗产工作经费纳入财政预算、扶持不发达地区、加强对非物质文化遗产保护工作的宣传等，尤其强调鼓励和支持公民、法人和其他组织参与非物质文化遗产保护工作，对做出显著贡献的组织和个人，予以表彰、奖励，体现了政府主导，社会合力保护非物质文化遗产的工作方针。

（二）非物质文化遗产的调查

非物质文化遗产的调查由县级以上人民政府进行组织，由文化主管部门负责规划和实施，并且公民、法人和其他组织可以依法进行非物质文化遗产调查。对调查的方法进行了规定，一是要尊重和保护调查对象，征得调查对象的同意，尊重其风俗习惯，不得损害其合法权益。二是要建立非物质文化遗产的档案、数据库，健全调查信息共享机制，除依法应当保密的外，非物质文化遗产档案及相关数据信息应当公开，便于公众查阅。三是要注意收集代表性实物，汇总资料并妥善保存，防止损毁、流失。《非物质文化遗产法》明确规定了境外组织或个人的调查活动要依法获得审批，且境外组织在中华人民共和国境内进行的非物质文化遗产调查应当与境内非物质文化遗产学术研究机构合作进行。调查结束后，应当向批准调查的文化主管部门提交调查报告和调查中取得的实物图片、资料复制件。这主要是为了防止珍贵的非物质文化遗产资源流失，避免我国非物质文化遗产的不当使用，保障我国的文化主权。需要指出的是，这里的"境外"是指海关境域之外，包括港澳台地区。

（三）非物质文化遗产代表性项目名录

《非物质文化遗产法》确立了非物质文化遗产代表性项目名录制度，主要针对国家级代表性项目名录的建立条件、程序进行了规范。非物质文化遗产代表性项目名录制度是我国非物质文化遗产保护制度的核心，保护规划、代表性传承人等制度和措施都以此为基础。这个制度源于联合国教科文组织评选的"人类非物质文化遗产代表作名录"，目前我国已建立起非物质文化遗产国家级、省级、地市级、县级项目名录体系。

《非物质文化遗产法》规定，列入代表性项目名录的非物质文化遗产，应体现中华民族优秀传统文化，具有重大历史、文学、艺术、科学价值。国家级代表性项目名录可以由省、自治区、直辖市人民政府推荐，也可以由公民、法人和其他组织进行建议，但都要具备以上两个条件。地方政府在推荐时，要提供能够说明这些条件的材料。

国家级非物质文化遗产代表性项目名录的形成，要经过评审、公示、批准与公布等法定程序。首先由国家文化主管部门组织专家评审小组和专家评审委员会，对推荐或者建议列入国家级非物质文化遗产代表性项目名录的非物质文化遗产项目，按照公开、公平、公正的原则进行初评和审议。之后由国家文化主管部门进行不少于20日的公示，征求公众意见。最后根据专家评审委员会的审议意见和公示结果，拟订国家级非物质文化遗产代表性项目名录，报国务院批准、公布。

在对代表性项目的保护和管理上，《非物质文化遗产法》规定国家和省级文化主管部门应专门制定保护规划，对本级非物质文化遗产代表性项目名录进行保护。第26条还特别提出，对非物质文化遗产代表性项目集中、特色鲜明、形式和内涵保持完整的特定区域，可以实行区域性整体保护。区域性的整体保护规划，可以由当地文化主管部门制定，如涉及村镇或街区规划的，也可以由当地城乡规划主管部门依据相关法规制定。截至2020年12月，我国已设立了23个国家级文化生态保护试验区，在地方也设立了民族民间传统文化之乡。

第27条还规定国家文化主管部门和省、自治区、直辖市人民政府文化主管部门应当对非物质文化遗产代表性项目保护规划的实施情况进行监督检查。这样，从非物质文化遗产代表性项目的申报、评审、批准、公布，到制定规划，再到监督检查，形成了较为全面的非物质文化遗产代表性项目制度。

（四）非物质文化遗产的传承与传播

《非物质文化遗产法》对非物质文化遗产传承、传播制度进行了规定，强调了国家鼓励和支持开展非物质文化遗产代表性项目的传承、传播。这体现了非物质文化遗产活态性的个性特征，非物质文化遗产保护制度的关键就是建立以传承人为核心的、科学有效的传承机制。为实现这一目标，确立了代表性传承人制度。第29条规定了代表性传承人的认定范围和认定条件，即在各级人民政府批准公布的非物质文化遗产代表性项目中，认定那些熟练掌握其传承的非物质文化遗产，在特定领域内具有代表性，并在一定区域内具有较大影响，积极开展传承活动的传承人为代表性传承人。同时还规定了代表性传承人应当履行的义务，包括开展传承活动，培养后继人才；妥善保存相关的实物、资料；配合文化主管部门和其他有关部门进行非物质文化遗产调查；参与非物质文化遗产公益性宣传等。县级以上人民政府文化主管部门不仅要采取措施支持代表性传承人的传承、传播活动，还要对其进行监督和管理。如代表性传承人无正当理由不履行前款规定义务的，文化主管部门可以取消其代表性传承人资格，重新认定该项目的代表性传承人；对于丧失传承能力的，文化主管部门可以重新认定该项目的代表性传承人。

政府作为非物质文化遗产的重要保护主体，在传承、传播方面更要承担主要义务。该法第32至35条就规定了政府在传承、传播工作中的具体要求，包括采取措施宣传、展示非物质文化遗产代表性项目，鼓励开展科研和记录、整理、出版工作，学校和新闻媒体开展有关的教育、宣传、普及活动，图书馆、文化馆、博物馆、科技馆等公共文化机构和非物质文化遗产学术研究机构、保护机构以及利用财政性资金举办的文艺表演团体、演出场所经营单位等，应当根据各自业务范围，开展非物质文化遗产的整理、研究、学术交流和非物质文化遗产代表性项目的宣传、展示。第36条还规定，国家鼓励和支持公民、法人和其他组织依法设立非物质文化遗产展示场所和传承场所，展示和传承非物质文化遗产代表性项目。这说明非物质文化遗产的传承、传播是一个"政府主导、社会参与"的多层次体系。

第37条规定了国家鼓励和支持对非物质文化遗产代表性项目的合理利用和开发，并规定政府对这些合理开发利用行为的扶持和优惠。这体现了对非物质文化遗产活态性特征的认识，说明它不是僵化的、一成不变的，只有随着时代发展不断变化完善，满足人民群众的文化需求，才能融入现代社会和现代生活，保持其生命力。这也是非物质文化遗产保护的目标和原则。

（五）法律责任

法律责任部分主要规定了违反该法所应当承担的法律责任，包括民事责任、行政责任和刑事责任。对于破坏属于非物质文化遗产组成部分的实物和场所的，依法承担民事责任，依据《物权法》《侵权责任法》规定，责任类型主要是停止侵害、消除危险、恢复原状、返还财产、赔偿损失等。对于文化主管部门和其他有关部门的工作人员在非物质文化遗产保护、保存工作中玩忽职守、滥用职权、徇私舞弊的，或者进行非物质文化遗产调查时侵犯调查对象风俗习惯，造成严重后果的，要承担行政责任，依法给予处分。按照《公务员法》，处分依次为警告、记过、记大过、降级、撤职、开除。对于境外组织违反《非物质文化遗产法》第15条规定的，也要承担行政责任，由文化主管部门责令改正，给予警告，没收违法所得及调查中取得的实物、资料；情节严重的，并处罚款。对于违反该法规定，构成犯罪的，依法追究刑事责任。

（六）附则

附则主要规定了与其他法律的衔接问题和该法的施行时间。第43条规定，建立地方非物质文化遗产代表性项目名录的办法，由省、自治区、直辖市参照该法有关规定制定。使用非物质文化遗产涉及知识产权的，适用有关法律、行政法规的规定。对传统医药、传统工艺美术等的保护，其他法律、行政法规另有规定的，依照其规定。

由于非物质文化遗产有保护主体和权利主体的区分，而权利主体具有群体性、不确定性特点，非物质文化遗产领域的法制化建设还要进一步完善。如对非物质文化遗产中涉及知识产权的问题进行专门规定，通过民事保护避免对非物质文化遗产的不当利用等。作为一部行政法，《非物质文化遗产法》主要对保护主体的行为进行了规定，还需要配套实施细则进行详细解释和具体补充，以便于司法实践中的操作。但无论如何，《非物质文化遗产法》的颁布实施，是我国非物质文化遗产保护工作进程中的里程碑，具有深远意义。在没有出台非物质文化遗产民事法律之前，要把《非物质文化遗产法》的规定落到实处，推动我国非物质文化遗产保护事业全面、积极的发展。

第七章 我国参加的主要国际文化艺术公约

作为国际社会的积极参与者,我国加入了诸多国际公约。这些国际公约一方面为中国参与国际交往提供了保障,另一方面也为国内的立法实践提供了有益的参考。熟悉和了解主要国际性文化艺术公约,对于更广泛地参与国际性文化活动,开展国际间的文化交流与贸易,都是至关重要的。

第一节 《伯尔尼公约》

《伯尔尼公约》全称《保护文学艺术作品的伯尔尼公约》,是世界上第一个也是影响最大的保护文学、艺术和科学作品的国际公约,是我国较早参加的国际文化艺术公约。

一、公约的签订

《伯尔尼公约》于1886年9月缔结,因缔结地点在瑞士首都伯尔尼而得名。公约于1887年12月5日正式生效,这是《伯尔尼公约》的最初文本。此后,经过多次修订,现行的文本是1979年的文本。

《伯尔尼公约》是世界上最大的保护版权的国际公约,也是参加国家最多的国际公约。截止到2020年12月,共有177个国家批准或承认这个公约。我国于1992年10月5日加入了《伯尔尼公约》。因加入时未对其作任何保留声明,因此我国负有承担公约全部义务的责任。在此之前,虽然我国已于1990年通过了《著作权法》。但事实上,我国的《著作权法》在内的著作权法体系受到了《伯尔尼公约》的深刻影响。1997年、1999年我国恢复对香港、澳门行使主权后,香港特别行政区、澳门特别行政区也适用该公约。

伴随着世界经济的发展,国家之间的交往日益密切,国际文化交流日益频繁。为更好保证著作权人的利益,著作权的跨国境保护显得尤为迫切,一些国家签订了一些保护版权的双边条约。但无论是保护的范围,还是保护的力度都难以令人满意,于是订立版权保护的多边国际条约成为必要。《伯尔尼公约》就诞生于这种背景。公约在综合考虑各国版权制度的基础上制定而成。它的缔结对于各国之间的文化艺术交流有重要意义,不仅有利于增进国与国之间的文化交流的广度和深度,也有利于降低交流中的各类纠纷,因此受到很多国家的认可,其确立的重要原则和规则,也被很多国家所接受,成为制定国内法的重要参照。

二、基本原则

1. 国民待遇原则

根据《伯尔尼公约》第5条规定：任何缔约国国民的作品,或者非缔约国国民首先在缔约国出版的作品,在其他缔约国所受到的保护,应当与该缔约国法律现在给予和今后可能给予本国国民作品的保护相同。

该原则要求各国在著作权保护方面给予缔约国国民的待遇不低于本国国民的待遇。该原则还适用于作品首先在成员国发表的非成员国国民,以及在成员国有惯常居所的人。

"国民待遇"意味着：

（1）缔约国国民的作品可享有缔约国各成员国为其本国国民提供的版权保护；

（2）享有公约提出的最低保护要求；

（3）在成员国享有"诉权",即无论侵权行为发生在哪个成员国,缔约国国民均有权在该国起诉,维护自己的版权。

2. 自动保护原则

《伯尔尼公约》第5条第2款规定：享受和行使这类权利不需履行任何手续,也不管作品起源国是否存在有关保护的规定。这意味着公约成员国的国民和在成员国有居所的人在作品完成时就自动享有著作权,无需交存样本、无需登记注册、也无需在作品上加注标记。在成员国无居所的非成员国国民的作品首先在成员国出版的,也自动享有著作权。

3. 独立保护原则

根据《伯尔尼公约》第5条第2款的规定,成员国在符合公约的最低要求的情况下,依据本国法的规定来保护其他成员国的作品,独立于作品来源国。享有国民待遇的作者在任何成员国,其作者权利的保护、行政或司法救济方式等,均按提供保护的国家的法律。

4. 最低保护限度原则

此项原则是指各成员国为缔约国国民提供的著作权保护不能低于公约所规定的专门保护。这些内容可在成员国直接生效适用,不能附加任何条件。

此外,还有地域性原则和国籍原则等。地域性原则指只要作品在成员国领土范围内首次出版,就受该公约保护。所谓国籍原则即凡是公约成员国的国民,不论其作品在哪个成员国首次发表,都受公约保护。

三、主要内容

（一）作品保护的范围

《伯尔尼公约》保护的作品范围是成员国国民的或在成员国国内首次发表的科学和文学艺术领域内的所有成果，包括文学艺术作品、演绎作品、实用艺术作品以及工业品外观设计等。

2. 经济权利

公约保护作者翻译权、复制权、公演权、广播权、朗诵权、改编权、录制权、制片权等8项经济权利。

3. 精神权利

公约规定精神权利即使在作品的财产权转让时依然归作者所有；并且强调精神权利适用于版权保护的独立性原则；认可并保护作品所具有的不依赖其财产权利而独立存在的精神权利，就是即使作者把某作品的版权全部转让他人，后者也无权删除作者的署名，或篡改他的作品。

4. 权利的保护期。公约要求对一般作品的经济权利保护期为作者终生加死后50年；电影作品不少于公映或摄制完成后50年；摄影作品及实用艺术作品，不少于作品完成后25年。需要注意的是权利保护期不带强制性质，允许各国法律规定不同的著作权保护期，但该期限不应超过作品来源国规定的期限。

5. 追溯力。原则上有追溯保护的效力，即公约不仅适用于某个成员国参加公约之后其他缔约国的作品，而且适用于参加公约之前即已存在且仍受保护的作品。保护作品的范围大为扩展。

6. 强制许可。为照顾发展中国家的利益，公约实行强制许可，允许发展中国家享受一定的"特权"，规定："对作品保留翻译权和复制权的，发展中国家的主管机关对其本国国民可以发放强制的、非排他的和不可转让的许可证，并且禁止复制品出口。"[①]该项措施有利于吸引发展中国家的加入。

第二节 《世界版权公约》

《伯尔尼公约》在保护文学艺术作品的知识产权方面发挥了积极作用，但一些国家认为公约的保护水平过高，规定过于具体。为此，在美国的带动下，部分美洲国家缔结

---

① 参见杜蕙林：《〈伯尔尼公约〉与〈世界版权公约〉》，载《中国海关》，1996年第9期，第44页。

了《美洲国家版权公约》(又称《泛美版权公约》),就著作权的保护水平而言,它明显低于《伯尔尼公约》,随着国际间交往的日益频繁,两者之间的冲突也逐渐增多。[①] 为了调和两者之间的冲突,促进文化艺术的国际交流,在联合国教科文组织建议下,1952年在日内瓦签订了《世界版权公约》,1955年生效。它为著作权保护水平较低的国家提供了更加可行的国际保护的选择。中国于1992年正式加入《世界版权公约》。该公约保护的作品版权主要包括文学、艺术和学术三个方面。它的实体条文不像《伯尔尼公约》规定得那么具体。但是,《世界版权公约》不允许成员国作任何保留。

一、基本原则及主要内容

《世界版权公约》的基本原则和主要内容可以归结为:

(一)国民待遇原则

公约第2条规定:任何缔约国国民出版的作品及在该国首先出版的作品,在其他各缔约国均享有其他缔约国给予其该国国民在该国首先出版之作品的同等保护,以及公约特许的保护;任何缔约国国民未出版的作品,在其他各缔约国中,享有该缔约国给予其国民未出版之作品的同等保护,以及公约特许的保护。任何缔约国可依该国法律将定居该国的任何人视为该国国民。公约对国民待遇的规定比《伯尔尼公约》要简单得多。

(二)非自动保护原则

不同于《伯尔尼公约》的自动保护,公约要求作品在首次出版时,每一份复制品上都应标有"版权标记",即标有"C"的符号,并注明版权所有者的姓名、首次出版年份等。这样在国内法中要求履行手续的成员国,就必须视其为"已经履行了应有的手续"。

(三)版权独立性原则

主要体现为:第一,公约成员国中,有些国家的版权法可能要求其国民的作品要履行一定手续才能受保护,这是该国自己的事情,公约并不过问,但有关作者在其他成员国要求版权保护时,其他国家不能因其本国要求履行手续而专门要求他们也履行手续。第二,作者居住地和首次出版地都在某一成员国的一部作品,在该国以某种方式利用不构成侵权,在另一国以同样方式利用却构成侵权,那么后一国如遇到这种利用版权的活动不能因其在作品来源国不视为侵权而拒绝受理有关的侵权诉讼。第三,不能因为作品的来源国的保护水平低,其他成员国就只给有关作者以低水平保护。[②]

[①] 参见徐学银:《〈伯尔尼公约〉与〈世界版权公约〉之比较》,载《徐州师范学院学报》,1995年第3期,第142页。

[②] 参见徐学银:《〈伯尔尼公约〉与〈世界版权公约〉之比较》,载《徐州师范学院学报》,1995年第3期,第143页。

（四）受保护作品范围

公约提出对文学、科学和艺术作品给予充分有效的保护。有效保护包括文字、音乐、戏剧和电影作品，以及绘画、雕刻和雕塑的作者及其他版权所有者的权利。

（五）经济权利

公约没有把保护精神权利作为对成员国的要求，仅规定作者享有复制权、公演权、广播权、翻译权及改编权等经济权利的要求。

（六）保护期

公约的保护期较短，规定：一般不得少于作者有生之年及其死后25年或作品首次出版或版权登记后25年；而摄影作品和实用艺术作品的保护期更短，要求不得少于10年。

（七）无追溯力规定

公约第7条规定："本公约不适用于公约在被要求给予保护的缔约国家生效之日已完全丧失保护或从未受过保护的作品或作品的权利。"

（八）禁止保留条款

公约第20条规定："对本公约不得有任何保留。"

二、与《伯尔尼公约》的异同

《世界版权公约》《伯尔尼公约》是目前世界上并存的两大国际版权保护公约，两者有一些共同之处，区别也很明显。

（一）相同点

1. 国民待遇原则相同

国民待遇原则是指：缔约国国民享有公约各成员国为本国国民提供的版权保护；享有公约专门提供的保护。这些精神在《伯尔尼公约》的第3条第1款、第4条及《世界版权公约》第2条第1款和第2款都有体现。具体表现为：第一，享有国民待遇的成员国国民，其作品无论是否出版，均应在成员国中享有公约所提供的最低保护。第二，非成员国国民，其作品同时在多国首次出版的，如果其中一国为成员国，则在所有成员国中享有公约所提供的最低保护。第三，非成员国国民在成员国中有长期住所，也享受成员国国民的待遇。

2. 版权独立性原则

《伯尔尼公约》和《世界版权公约》都确立了版权独立原则，即缔约国国民在任何缔约国享有的版权保护独立于其来源国，并且在符合公约中最低要求的前提下，该作者的权利受到保护的水平，司法救济等均完全适用提供保护的成员国法律。

3. 关于发展中国家的一些规定

在《伯尔尼公约》1971年巴黎文本的附件和《世界版权公约》1971年巴黎文本中，

都规定了对发展中国家的优惠：翻译强制许可和复制许可制度。对成员国中外国的印刷出版物及供系统教学用的视听制品，如出版一年后版权人未授权他人译成某一发展中成员国文字，该国国民可以向本国版权管理机关申请翻译强制许可证。为教学、学习研究的目的，版权管理机关可以颁发强制许可。对发展中成员国而言，如果外国的印刷出版物，出版后3年（数学、自然科学或技术领域的作品）、5年（一般作品）或7年（小说、诗歌、戏剧、音乐或以印刷形式出版的美术作品）仍未在本国发行，使用单位可以向版权管理机关申请复制该作品的强制许可证。

（二）不同点

1. 所保护的权利主体不同

《伯尔尼公约》第1条规定："适用本公约的国家为保护作者对其文学和艺术作品所享权利结成一个同盟"，保护的仅仅是作者。《世界版权公约》第1条规定："缔约各国承允对文学、科学、艺术作品——包括文字、音乐、戏剧和电影作品，以及绘画、雕刻和雕塑——的作者及其他版权所有者的权利，提供充分有效的保护"，不仅保护作者，还保护其他版权所有者的权利。其他版权所有者，如委托作品的委托人，电影制片人等，它们可以是自然人，也可以是法人。

2. 追溯力上的差别

《伯尔尼公约》第18条规定："本公约适用于在本公约开始生效时尚未因保护期满而在其起源国成为公共财产的所有作品。"，这意味着该成员国参加公约之前即已存在的，在其他成员国仍受保护的作品也受到保护，即公约是有追溯力的。而《世界版权公约》第7条规定："本公约不适用于公约在被要求给予保护的缔约国家生效之日已完全丧失保护或从未受过保护的作品或作品权利"，即这个公约是没有追溯力的。

3. 自动保护上的差别

《伯尔尼公约》实行的是版权自动保护原则。公约第5条第2款规定："享受和行使这类权利不需履行任何手续，也不管作品起源国是否存在有关保护的规定。"《世界版权公约》实行非自动保护原则，在给予版权保护的形式要求上，《世界版权公约》要求，通常履行法定手续是获得版权保护的条件。它不要求登记，但要求作品在首次出版时标上"版权标记"，遗漏版权标记的作品将无法获得版权保护。

4. 最低保护限度原则和保护期限的差别

《伯尔尼公约》既保护经济权利，也保护精神权利。而《世界版权公约》规定的最低保护中不包含精神权利，经济权利也仅保护复制权、公演权、广播权、翻译权及改编权等。

对于经济权利的保护期限，两者也有不同。《伯尔尼公约》有"作者生前加死后50年"的规定，而《世界版权公约》规定在一般情况下不应少于作者有生之年加死后25年。

5. 关于翻译权的限制

《伯尔尼公约》对翻译权规定的同时,并未对它作出明确的限制,而《世界版权公约》则给予了明确的限制,如果符合以下两个条件,作品在没有获得翻译权所有人许可甚至在其反对下也可以进行翻译:(1)如果作品首次出版后的7年内,尚未将其译成一种或几种民族文字出版;(2)作品虽然已经在7年内翻译出版,但其版本全部售完并且在该国已经无法买到。《世界版权公约》对翻译权的限制实际上降低了对于作者的权利保护程度。

事实上,各国在版权保护方面的要求已经非常接近。现在,许多国家既是《伯尔尼公约》的成员国,又是《世界版权公约》的成员国,特别是越来越多的国家批准《与贸易有关的知识产权协议》,两个公约在保护程度上的差异的实际意义已经不大了。

第三节 《与贸易有关的知识产权协定》

《与贸易有关的知识产权协定》(简称《知识产权协定》),是WTO一揽子协议的重要组成部分,被称为WTO的三大支柱之一。

《知识产权协定》由美国在乌拉圭回合谈判中提出,最早得到欧共体成员国、加拿大、新西兰、澳大利亚和日本的支持,初期发展中国家持反对意见,后来很多发展中国家转而支持美国的立场。1994年4月,《知识产权协定》正式签署,并于1995年1月1日正式生效。它是世界上第一个具有强制性的国际知识产权保护协议,首次将知识产权保护纳入了多边贸易体制,并使知识产权的国际保护制度发生了重要变化,我国于2007年正式加入。

一、主要内容

《知识产权协定》共有7个部分,73个条款。内容包括:第1部分,总条款与基本原则;第2部分,有关知识产权的效力、范围及标准;第3部分,知识产权执法;第4部分,知识产权的获得与维持及有关程序;第5部分,争端的防止与解决;第6部分,过渡协议;第7部分,机构安排、最后条款。

《知识产权协定》首先确立了各成员将给予其他成员的国民以协定规定的待遇,同时在知识产权保护下相互给予"国民待遇"。对著作权、商标权、地理标识、工业品外观、专利、集成电路布图设计及未公开信息的保护和标准均作出了规定。在知识产权实施方面,协定包括成员在知识产权的实施上应当承担的一般义务,实施知识产权保护的行政程序和司法程序,对侵犯知识产权的补救办法以及关于边境措施的特别要求。在争端方面,协定首先为防止争端发生规定了较透明的原则,对成员制定的法律、法规、司法决定、行政裁决等均要求予以公开,成员政府间或政府机构间关于知识产权的有效协定也应公布。对争端的解决,适用世贸组织规定的争端解决规则和程序。协定最后还针对成员不同的经济水平在适用协定的期限方面作了不同的规定,例如最不发达国家可以推迟10年适用协定等。

二、基本原则

（一）国民待遇原则

协定第3条规定:每一成员在知识产权保护方面对其他成员的国民所提供的待遇不得低于对其本国国民所提供的待遇。关于表演者、录音制品制作者和广播组织,这一义务仅仅适用于协议所规定的权利。同时,《知识产权协定》对这一原则的适用范围也做出了例外的规定,并不包括知识产权的所有领域和所有的知识产权种类,如以往知识产权条约或国际公约作出了例外规定的则不适用这一原则。

这一原则对发达国家更加有利,因为虽然表面上赋予了发展中国家享有和发达国家同样的地位和待遇,但由于在科技实力和知识产权保护水平上,与发达国家存在巨大差异,因此,实际上发展中国家很难享受到真正的"优惠或特殊的待遇"。

（二）最惠国待遇原则

协议第4条规定:一个成员向任何其他国家的国民所给予的任何利益、优待、特权或豁免都应立即和无条件地适用于所有其他缔约方的国民。这在保护知识产权的公约上尚属首次。任何成员只有履行了《知识产权协定》的有关义务,才能享受这一待遇。同时,也规定了例外情况,对此,第4条、第5条中都有明确规定,如第5条规定,不适用于在世界知识产权组织的主持下缔结的关于取得或维持知识产权的多边性协议所规定的程序。最惠国待遇原则在为发达国家提供便利的同时,也为许多发展中国家确立了一个全球范围内的多边贸易机制,一定程度上可以减少贸易保护主义。

（三）最低保护标准原则

《知识产权协定》对成员知识产权的最低保护标准作了规定,主要体现在协议的第二部分,涉及权利范围、最低保护水平、例外限制3个方面。在权利范围方面,这一协议明确指出了成员应保护的版权与相关权利、商标权、地理标识权、工业品外观设计权、发明专利权、集成电路布图设计权和未披露的信息权(即商业秘密)等7种知识产权。最低保护水平方面,《知识产权协定》也作出了规定,主要包括这些知识产权的获得条件及其权利的范围和有效期限、知识产权转让、继承和订立许可合同的各项权利等内容。对权利的例外限制方面,《知识产权协定》对各项权利规定最低保护水平的同时,一般都对每种权利允许各个成员规定作出一定的限制。如对专利权、商标权、著作权、工业品外观设计、地理标志、集成电路布图设计等。

（四）透明度原则

透明度原则是《知识产权协定》的重要原则，这在知识产权领域尚属首次。《知识产权协定》要求，一方面，各成员与知识产权有关的法律和法规、普遍使用的司法终决或行政裁决都应公布。另一方面，各成员还应将与知识产权有关的法律、法规以及同其他政府间组织签订的涉及知识产权的双边、多边或地区间的协定通知"与贸易有关的知识产权理事会"，以便理事会加以审查。但这一原则不要求各成员公布有关违背公共利益或有关企业合法权益的秘密信息。这一原则对发展中国家完善本国的知识产权立法、执法方面的配套措施，促进发展中国家知识产权立法与国际接轨、促进发展中国家的法制建设都有帮助。

《知识产权协定》在世贸组织中具有特殊的意义，如要求各成员积极采取行动保护知识产权，这与前两个协议只对成员的政策进行约束是不同的。

作为WTO的三大支柱之一，《知识产权协定》的产生使知识产权和国际贸易紧密结合起来。同时，由于《知识产权协定》的制定，WTO也成为知识产权保护的主要国际组织。《知识产权协定》加强了知识产权保护的国际化，对知识产权的保护有重要的影响，通过倡导知识产权保护的高标准，有利于提高成员知识产权保护的力度。但需要注意的是，《知识产权协定》更有利于发达国家，因为在较长的一段时间内，相对于发展中国家，发达国家能够维持技术和经济发展的优势。

第四节 《保护世界文化和自然遗产公约》

《保护世界文化和自然遗产公约》在保护世界自然和文化遗产方面发挥着重要作用，对我国的相关保护探索和实践亦有重要的启示。

一、公约的签订

现代化进程的加快，使得文化遗产和自然遗产受到越来越多的威胁。鉴于这种威胁的规模化和严重性，同时这些遗产对于全人类来说都是罕见且无法替代的财产，因此国际社会有必要通过提供集体性援助来保护那些具有突出价值的文化和自然遗产。为此，在国际古迹遗址理事会等国际组织的帮助下，1972年，联合国教科文组织大会在巴黎举行的第17届会议上通过该公约。我国于1985年加入。

二、主要内容

（一）公约的宗旨

公约的宗旨是建立一个根据现代科学方法制定的永久性的有效制度，以便为集体（全人类）保护具有突出的普遍价值的文化和自然遗产。

（二）文化遗产和自然遗产的内涵

公约对"文化遗产"的内涵进行了明确界定：包括古迹、建筑群和遗址。

古迹：从历史、艺术或科学角度看具有突出的普遍价值的建筑物、碑雕和碑画，具有考古性质的成分或构造物、铭文、窟洞以及景观的联合体；

建筑群：从历史、艺术或科学角度看在建筑式样、分布均匀或与环境景色结合方面具有突出的普遍价值的单立或连接的建筑群；

遗址：从历史、审美、人种学或人类学角度看具有突出的普遍价值的人类工程或自然与人的联合工程以及包括有考古地址的区域。

公约界定了"自然遗产"的内涵，包括3类：从审美或科学角度看具有突出的普遍价值的由物质和生物结构或这类结构群组成的自然景观；从科学或保护角度看具有突出的普遍价值的地质和地文结构以及明确划为受到威胁的动物和植物生境区；从科学、保存或自然美角度看具有突出的普遍价值的天然名胜或明确划分的自然区域。

（三）确立国家保护和国际保护两种保护形式

公约对文化遗产和自然遗产的国家保护进行了规定："保证第一条和第二条中提及的、本国领土内的文化遗产和自然遗产的确定、保护、保存、展出和传与后代，主要是有关国家的责任。该国将为此目的竭尽全力，最大限度地利用本国资源，适当时利用所能获得的国际援助和合作，特别是财政、艺术、科学及技术方面的援助和合作。"

公约对国际保护进行了规定："在充分尊重第一条和第二条中提及的文化遗产和自然遗产的所在国的主权，并不使国家立法规定的财产权受到损害的同时，承认这类遗产是世界遗产的一部分，因此，整个国际社会有责任进行合作，予以保护。"

（四）机构设置

设立保护世界遗产政府间委员会世界遗产委员会，制定《世界遗产目录》《濒危世界遗产名录》，给世界遗产保护提供援助。公约第22条、23条规定了援助的形式：（1）研究在保护、保存、展出和恢复文化和自然遗产方面所产生的艺术、科学和技术性问题；（2）提供专家、技术人员和熟练工人，以保证正确地进行已批准的工程；（3）在各级培训文化和自然遗产的鉴定、保护、展出和恢复方面的工作人员和专家；（4）提供有关国家不具备或无法获得的设备；（5）提供可长期偿还的低息或无息贷款；（6）在例外或特殊情况下提供无偿补助金；（7）向培训文化和自然遗产的鉴定、保护、保存、展出和恢复方面的各级工作人员和专家的国家或地区中心提供国际援助。

（五）设立保护世界文化和自然遗产基金

基金的来源主要包括：缔约国义务捐款和自愿捐款；其他方面可能提供的捐款、赠款或遗赠；基金款项所得利息；募捐的资金和为本基金组织的活动的所得收入；世界遗产委员会拟订的基金条例所认可的所有其他资金。

（六）确定缔约国的责任与权利

缔约国对本国领土内世界遗产的确定、保护、保存、展出和传承负主要责任。同时缔约国可要求对本国领土内组成具有突出的普遍价值的文化或自然遗产的财产给予国际援助。

《保护世界文化和自然遗产公约》对保护世界范围内的文化遗产和自然遗产起了不可替代的作用。

第五节 《保护非物质文化遗产公约》

自签订以来，《保护非物质文化遗产公约》在各国保护非物质文化遗产方面都发挥了重要作用，我国《非物质文化遗产法》的多个方面都受到了该公约的影响。

一、公约的签订

全球化和社会转型在促进社会进步的同时，也使非物质文化遗产面临损坏、消失和破坏的严重威胁，在缺乏保护资源的情况下，这种威胁尤为严重。同时考虑到提高年轻一代对非物质文化遗产及其保护的重要意义的认识的重要性，2003年在第32届联合国教科文组织大会上通过了《保护非物质文化遗产公约》。我国于2004年正式加入。

二、主要内容

（一）公约的宗旨
（1）保护非物质文化遗产；
（2）尊重有关社区、群体和个人的非物质文化遗产；
（3）在地方、国家和国际一级提高对非物质文化遗产及其相互欣赏的重要性的意识；
（4）开展国际合作及提供国际援助。

（二）核心概念的界定

公约对"非物质文化遗产"的界定如下：指被各社区、群体，有时是个人，视为其文化遗产组成部分的各种社会实践、观念表述、表现形式、知识、技能以及相关的工具、实物、手工艺品和文化场所。主要有以下五类：

（1）口头传说和表述，包括作为非物质文化遗产媒介的语言；

（2）表演艺术；

（3）社会实践、仪式、节庆活动；

（4）有关自然界和宇宙的知识和实践；

（5）传统手工艺。

（三）与其他国际文书的关系

公约说明参加该条约不影响《保护世界文化和自然遗产公约》、任何有关知识产权或使用生物和生态资源的国际文书的执行。

（四）机构设置

公约的主要机构包括缔约国大会、政府间保护非物质文化遗产委员会、秘书处。其中政府间保护非物质文化遗产委员会作用较为重要。

（五）国家保护与国际保护模式

公约规定，作为国家保护而言，缔约国需要做到采取必要措施确保其领土上的非物质文化遗产受到保护；由各社区、群体和有关非政府组织参与，确认和确定其领土上的各种非物质文化遗产。

就国际保护而言，主要依据《人类非物质文化遗产代表作名录》《急需保护的非物质文化遗产名录》等进行，具体操作方式是，在缔约国提名的基础上，委员会根据其制定的、大会批准的标准，兼顾发展中国家的特殊需要，定期遴选并宣传其认为最能体现本公约原则和目标的国家、分地区或地区保护非物质文化遗产的计划、项目和活动。

（六）国际合作与援助的方式

（1）对保护这种遗产的各个方面进行研究；

（2）提供专家和专业人员；

（3）培训各类所需人员；

（4）制定准则性措施或其他措施；

（5）基础设施的建立和营运；

（6）提供设备和技能；

（7）其他财政和技术援助形式，包括在必要时提供低息贷款和捐助。

（七）非物质文化遗产基金

基金来源包括：

（1）缔约国的纳款；

（2）联合国教科文组织大会为此所拨的资金；

（3）其他方面可能提供的捐款、赠款或遗赠；
（4）基金的资金所得的利息；
（5）为本基金募集的资金和开展活动之所得；
（6）委员会制定的基金条例所许可的所有其他资金。

公约还规定了报告、过渡条款以及最后条款等内容。

需要注意的是，虽然国际公约同样具有法律效力，但尊重各国不同情况起见，该条约并未明确非物质文化遗产的具体认定标准和保护工作的衡量标准，因此，如何执行条约显得尤为重要。

第六节 《保护录音制品制作者防止未经许可复制其录音制品公约》

在邻接权国际保护领域中，《保护表演者、唱片制作者和广播组织的国际公约》（又称《罗马公约》）是一个基本公约，但它对录音制品制作者权的规定相对于广播组织权的规定要简单一些，加之作为一个封闭性的公约，只有《伯尔尼公约》或《世界版权公约》的缔约国方可加入，因而从总体上说，《罗马公约》对录音制品制作者权利的保护力度较弱，随着复制技术的不断发展，缔结一个专门的公约来保护录音制品制作者的权利显得尤为迫切。作为专门保护录音制品制作者的权力的公约，《保护录音制品制作者防止未经许可复制其录音制品公约》的重要性便凸显出来了。

一、公约的签订

面对普遍和不断增加的对录音制品的未经许可的复制以及由此给作者、表演者和录音制品制作者利益带来的损害，为了保护录音制品制作者，以及其表演和作品录制在录音制品上的表演者和作者，1971年，《保护录音制品制作者防止未经许可复制其录音制品公约》（简称《录音制品公约》）在日内瓦缔结。它是在世界知识产权组织主持下形成的一个国际公约。我国于1992年加入。

二、主要内容

（一）核心概念的界定
（1）"录音制品"指任何仅听觉可感知的对表演的声音或其他声音的固定；
（2）"录音制品制作者"指首次将表演的声音或其他声音固定下来的自然人或法

人；

（3）"复制品"指一件含有直接或间接从录音制品获取的声音的物品，该物品载有固定在该录音制品上的声音的全部或主要部分；

（4）"公开发行"指将录音制品的复制品直接或间接提供给公众或任何一部分公众的行为。

（二）缔约国的义务

各缔约国应当保护其他缔约国国民的录音制品制作者，防止未经录音制品制作者同意而制作复制品和防止此类复制品的进口，只要任何此种制作或进口的目的是为了公开发行；以及防止公开发行此类复制品。

（三）保护权利的方式

实施公约所采用的方式，应由各缔约国国内法自行确定，其中应包括下列一种或几种方式：通过授予版权或其他专门权利的方式加以保护；通过有关不正当竞争的法律的方式加以保护，通过刑事制裁的方式加以保护。

（四）保护的期限

给予保护的期限应当由各缔约国国内法律规定。同时，公约提出了一个最低限度，即：如果国内法规定了保护期限，该期限不得少于20年，从录音制品载有的声音首次被固定之年或录音制品首次出版之年的年底起算。

（五）享有保护的条件

如果一缔约国依照其国内法律要求以履行手续作为保护录音制品制作者的条件，只要公开发行的经授权的录音制品的所有复制品或其包装物载有℗标记并伴有首次出版年份，而且标记的部位足以使人注意到保护的要求，则应当认为符合手续；如果复制品或其包装物上未（通过载有其姓名、商标或其他适当标识）注明制作者、他的合法继承人或专有许可证持有人，则标记还应当包括制作者和他的合法继承人或专有许可证持有人的姓名。

（六）保护的限制

公约规定，符合所有下列条件，允许颁发强制许可证：

（1）复制品仅用于教学和科学研究的目的；

（2）许可证仅适用于在颁发许可证的主管当局管辖的领土内进行的复制，不适用于复制品的出口；

（3）根据许可证制作复制品，应支付由上述主管当局考虑要制作的复制品的数量和其他因素而确定的合理报酬。

（七）与其他法律文书的关系

公约不限制或妨碍任何国内法律或国际协定的相关内容。同时规定，公约不具追溯权，即不得要求缔约国将公约的条款适用于公约在该国生效之前已经固定的任何录音制品。

（八）禁止保留条款

公约第10条明确规定：不允许对公约作出保留。

此外，公约还规定了世界知识产权组织国际局的职能、公约的生效、加入、退出等内容。

第七节 《经济、社会及文化权利国际公约》

一、公约的签订

1954年，联合国人权委员会完成《经济、社会及文化权利国际公约》草案，提交联大审议。1955年，联大开始对草案逐项审议。1966年12月，第21届联大最终通过公约，供各国签署、批准和加入。公约于1976年1月3日生效。2001年我国正式加入。

二、主要内容

公约由序言和五大部分31个条款组成。

（一）公约制定的起因

序言部分介绍了公约发起的原因：按照世界人权宣言，只有在创造了使人可以享有其经济、社会及文化权利，正如享有其公民和政治权利一样的条件的情况下，才能实现人类享有免于恐惧和匮乏的自由的理想。

（二）自决权

自决权是公约的基本原则。公约规定：所有人民都有自决权。他们凭这种权利自由决定他们的政治地位，并自由谋求他们的经济、社会和文化的发展；所有人民得为他们自己的目的自由处置他们的天然财富和资源，而不损害根据基于互利原则的国际经济合作和国际法而产生的任何义务。在任何情况下不得剥夺一个人民自己的生存手段。

（三）当事国的一般义务

（1）公约规定缔约国要尽最大能力实施非歧视：缔约各国承担保证，公约所宣布的权利应予普遍行使，而不得有例如种族、肤色、性别、语言、宗教、政治或其他见解、国籍或社会出身、财产、出生或其他身份等任何区分。

（2）公约缔约各国承担保证男子和妇女在本公约所载一切经济、社会及文化权利方面有平等的权利。

(四)各项实质性权利

第3部分列举了各项实质性权利,是公约的核心。工作权(第6条),享受公正和良好的工作条件的权利(第7条),组织和参加工会的权利,罢工权(第8条),享有社会保障的权利(第9条),家庭、特别是母亲和少年儿童得到尽可能广泛的保护和协助的权利(第10条),享有相当生活水准的权利(第11条),健康权(第12条),受教育权(第13、14条),参加文化生活的权利及文化创造被保护的权利(第15条)。

(五)国际执行和监督机制

公约规定,缔约国要向联合国秘书长、人权委员会提交执行和进展情况的报告等。

公约首次在世界范围内以具有法律约束力的条约形式确立了经济、社会、文化权利,并援引《世界人权宣言》,强调了经济、社会、文化权利与公民、政治权利的同等重要性和不可分割性。

第八节 《保护和促进文化表现形式多样性公约》

一、公约的签订

经济全球化进程的加快给世界文化多样性带来了巨大的挑战。在世贸组织乌拉圭回合谈判期间,美国和以法国为代表的欧洲国家曾就视听服务展开过激烈辩论。美国强烈要求视听服务自由化,而法国等欧洲国家和加拿大则坚持"文化例外"原则,最终视听服务被列入"最惠国待遇例外清单",视听服务受到了特殊保护。这一较量后来又延续到联合国教科文组织中,突出表现在保护文化产品和服务上。法国一方占据了上风,他们积极推动有约束力的国际公约的制定,确立"文化例外"原则以制衡WTO框架下的自由贸易规则,保护本国的文化产品和服务,抵御以好莱坞文化为代表的美国文化对本土文化的冲击。《保护和促进文化表现形式多样性公约》的通过就是这种胜利的表现。2005年10月20日,《保护和促进文化表现形式多样性公约》在第33届联合国教科文组织大会上通过。2007年我国正式加入。

二、主要内容

(一)公约的目标

(1)保护和促进文化表现形式的多样性;

(2)以互利的方式为各种文化的繁荣发展和自由互动创造条件;

(3)鼓励不同文化间的对话,以保证世界上的文化交流更广泛和均衡,促进不同文化间的相互尊重与和平文化建设；

（4）加强文化间性，本着在各民族间架设桥梁的精神开展文化互动；

（5）促进地方、国家和国际层面对文化表现形式多样性的尊重，并提高对其价值的认识；

（6）确认文化与发展之间的联系对所有国家，特别是对发展中国家的重要性，并支持为确保承认这种联系的真正价值而在国内和国际采取行动；

（7）承认文化活动、产品与服务具有传递文化特征、价值观和意义的特殊性；

（8）重申各国拥有在其领土上维持、采取和实施他们认为合适的保护和促进文化表现形式多样性的政策和措施的主权；

（9）本着伙伴精神，加强国际合作与团结，特别是要提高发展中国家保护和促进文化表现形式多样性的能力。

（二）指导原则

（1）尊重人权和基本自由原则；

（2）主权原则；

（3）所有文化同等尊严和尊重原则；

（4）国际团结与合作原则；

（5）经济和文化发展互补原则；

（6）可持续发展原则；

（7）平等享有原则；

（8）开放和平衡原则。

（三）缔约方的权利和义务

公约第4章（第5～19条）规定了缔约方的权利与义务，主要包括缔约方在本国的权利（第6条）；缔约方的义务（第7～15条，第19条），包括促进文化表现形式的措施（第7条）、保护文化表现形式的措施（第8条）、信息共享和透明度（第9条）、教育和公众认知（第10条）、公民社会的参与（第11条）、促进国际合作（第12条）、将文化纳入可持续发展（第13条）、为发展而合作（第14条）、协作安排（第15条）、信息交流、分析和传播（第19条）；对发展中国家的优惠待遇（第16条）；在文化表现形式受到严重威胁情况下的国际合作（第17条）；文化多样性国际基金（第18条）。

（四）与其他法律文书的关系

公约规定：与其他条约的关系：相互支持，互为补充和不隶属。

（五）公约的机构

公约的主要机构包括缔约方大会、政府间委员会。

（六）最后条款

公约还规定了包括争端解决，会员国批准、接受、核准或加入，联络点，退出等条款。

公约第一次明确提出了文化以及文化产品和服务具有经济和文化双重属性；强调

缔约方拥有在本国境内采取保护和促进文化表现形式多样性措施的主权;申明在保护文化多样性方面应加强国际合作,尤其是照顾发展中国家的文化产业发展;公约与其他国际条约相互支持、相互补充和互不隶属。①

此外,我国还参加了《视听表演北京条约》等国际公约,此处不再展开。

---

① 参见范帆、杨颖:《〈保护和促进文化表现形式多样性公约〉谈判通过始末》,载《中国出版》,2006年2期,第10页。

第三编
文化艺术法规

第八章　公共文化服务法规

公共文化服务一直是国家高度重视的文化领域。除推出《公共文化服务保障法》《公共图书馆法》之外，国务院和国家相关部委在此之前还制定了一批相关的法规，至今仍在实施。在群众艺术馆、文化馆方面，制定了《群众艺术馆、文化馆管理办法》；在公共图书馆方面，制定了《公共图书馆服务规范》；在美术馆方面，制定了《美术馆工作暂行条例》；在博物馆方面制定了《博物馆条例》。这些法规的出台为我国公共文化服务的建设、发展提供了依据和保障。

第一节　群众艺术馆、文化馆（站）法规

群众艺术馆是研究、指导和组织群众文化艺术活动，辅导培养业余文艺骨干的机构，也是群众进行文化艺术活动的平台和基地。文化馆（站）是县、市级的文化事业单位，是组织和辅导群众文化活动、开展社会教育、普及文化知识和提供相关场所的机构。相关法规的出台为它们的正常运营发挥了重要作用。

一、群众艺术馆、文化馆（站）法规概述

新中国成立前，我国曾在各地建立了众多名为"民众教育馆"的群众文化机构。但由于战乱，大部分遭到破坏。新中国成立后，我国对这些遗留下的文化机构进行了改造。到1952年，全国各地建起了文化馆。1955年，群众艺术馆开始试点。1956年，文化部下发《关于群众艺术馆的任务和工作的通知》后，群众艺术馆陆续在省、地、市如雨后春笋般迅速建立起来，它们在辅导培训群众艺术活动、搜集本地民间文化资源等方面发挥了重要作用。"文革"中，各级群众艺术馆受到严重破坏。粉碎"四人帮"以后，群众艺术馆开始慢慢恢复。

十一届三中全会以来，社会主义经济建设日益兴旺发达，人民生活逐步提高，人们对精神文化的需求也越来越高。作为精神文明建设的重要内容，群众文化艺术活动成为人们生活中不可缺少的织成部分。

面对新形势,为了开创群众艺术馆工作的新局面,1980年7月14日文化部发布的《关于加强群众文化工作的几点意见》中明确提出"加快文化馆、文化站和群众艺术馆的建设",将其"作为搞好群众文化工作的中心环节来抓。"1981年,文化部颁布《文化馆工作试行条例》中明确文化馆是"当地群众文化艺术活动的中心"。① 为加强群众艺术馆、文化馆的建设,更好地发挥其作用,1992年5月,文化部又颁布了《群众艺术馆、文化馆管理办法》,为群众艺术馆和文化馆的管理和更好运行制定了详尽而具体的规定。

二、机构设置

《群众艺术馆、文化馆管理办法》是目前指导我国群众艺术馆、文化馆建设与管理的规范性文件。该办法对我国群众艺术馆、文化馆的机构设置进行了规定,省(自治区、直辖市)、计划单列市、地(州、盟)、地级市设立群众艺术馆。县(旗、县级市)、市辖区设立文化馆。群众艺术馆与文化馆是业务指导关系。各地文化主管部门可根据实际情况设立文化馆分馆,作为文化馆的派出机构。②

三、主要工作及职能

群众艺术馆、文化馆主要的工作及职能包括:运用文艺手段进行大政方针及爱国主义、集体主义和社会主义教育;组织开展文艺演出、知识讲座和展览、游艺等群众性文化艺术娱乐活动;辅导和培训群众文化系统内的在职干部及业余文艺骨干,为国家和社会培育人才;组织、开展、辅导和研究群众文艺创作活动;积极开展以文补文和多种经营活动;搜集、整理、保护民族民间文化艺术遗产,建立、健全群众文化艺术档案(资料);省级及计划单列市群众艺术馆,可编辑、出版以民族民间优秀文艺作品为主的大众文艺报刊,如音乐、舞蹈、戏剧、美术、摄影等专门性报刊;为加强同各国之间群众文化艺术组织的友好往来,有条件的两馆可开展对外群众文化艺术交流活动。

在工作任务上,两者的侧重点不同,群众艺术馆组织的活动要具有示范性,引导群众文化活动走向高层次,承担起辅导、培训文化馆、站业务干部的责任。文化馆则主要面向基层,对乡、镇、街道、工矿企业、机关、学校等文化站(室)、俱乐部活动进行指导。在学术研究方面,群众艺术馆要担负起群众文化理论研究的责任,而文化馆则主要是对一些具有指导意义的课题进行调查研究。③

---

① 《文化馆工作试行条例》,第1条。
② 《群众艺术馆、文化馆管理办法》,第5条。
③ 《群众艺术馆、文化馆管理办法》,第4章。

四、两馆的管理

两馆设施建设,应纳入当地城市建设总体规划并加以实施。两馆设施属国家公共设施建设,产权属两馆所有,任何单位和个人不得挪用、挤占,违者依法追究其法律责任。①

两馆实行馆长负责制,分别设馆长1人、副馆长1至3人。全馆人员实行岗位责任制(经营人员实行承包责任制),在编专业人员实行专业职务聘任制。根据实际需要,两馆要建立健全各项规章制度及管理办法,各省、自治区、直辖市文化厅、局可根据《群众艺术馆、文化馆管理办法》制定适合本地区实际情况的实施细则。②

第二节 公共图书馆法规

图书馆是以现代科技手段为依托,科学地搜集、整理、加工、存贮、传播和开发研究利用各种文献信息的科学、文化、教育机构。作为国家教育、科学、文化事业的重要组成部分,图书馆在保存和传播人类文明成果,提高人们的文化修养,推动社会进步等方面发挥着重要的作用。所谓公共图书馆是向社会公众免费开放,收集、整理、保存文献信息(包括图书报刊、音像制品、缩微制品、数字资源等)并提供查询、借阅及相关服务,开展社会教育的公共文化设施。

一、图书馆法规概述

中国的图书馆事业早在清末便已开始,而最早关于公共图书馆的法律法规要数1910年出台的《学部奏拟定京师及各省图书馆通行章程折》。民国以后,北洋政府教育部也在1915年颁布了《图书馆规程》《通俗图书馆规程》等相关法规。南京国民政府上台后,也陆续颁布了《图书馆条例》(1927年)、《图书馆规程》(1930年)、《修正图书馆规程》(1939年)、《图书馆工作大纲》(1939年)、《图书馆工作实施办法》(1944年)、《图书馆规程》(1947年)等法律法规。

新中国成立后,党和政府将公共图书馆事业作为一项重要的文化教育事业,并对此给予了高度的关注和重视。1955年,文化部颁布了《关于加强与改进公共图书馆工作

---

① 参见《群众艺术馆、文化馆管理办法》,第6章。
② 参见《群众艺术馆、文化馆管理办法》,第5、8章。

的指示》，对公共图书馆的性质、任务、业务工作流程以及管理方法作了较为系统全面的规定。同年文化部还颁布了《关于补充省（直辖市）图书馆藏书的试行办法的通知》，1956年文化部颁布了《关于清理公共图书馆积存旧书成立交换书库问题的通知》，1957年文化部颁布了《关于补充省（直辖市）图书馆藏书的试行办法的补充通知》。这些法规的出台对于公共图书馆的管理都有重要的指导意义。

新的历史时期，从社会发展和经济建设要求出发，相关部门制定了公共图书馆事业的方针政策，对于公共图书馆事业的发展和繁荣有重要的作用。1978年11月，国家文物局颁布了《省、市、自治区图书馆工作条例（试行草案）》，详细规定了图书馆的工作任务，特别要求各级图书馆做好书刊的补充、整理、流通和保管，参考咨询工作，馆际协作和业务研究辅导工作等主要工作，还规定了业务组织机构与人员编制、工作人员职责和职称等相关内容。1982年，文化部颁布了《省（自治区、市）图书馆工作条例》，其中许多规定和原则在当前的图书馆管理工作中仍然适用。1994年，文化部颁布了《关于在县以上图书馆进行评估定级工作的通知》。1996年，建设部、文化部、教育部颁布了《图书馆建筑设计规范》，文化部颁布了《公共图书馆建筑防火安全技术标准》。2011年，文化部、财政部联合颁布了《关于推进全国美术馆公共图书馆文化馆（站）免费开放工作的意见》，对于该项工作，文化部与财政部在2013年又联合发布了《中央补助地方美术馆、公共图书馆、文化馆（站）免费开放专项资金管理暂行办法》。2012年，国家质量监督检验检疫总局、国家标准化管理委员会批准发布了《公共图书馆服务规范》。这些规范性文件，为图书馆的管理和建设指明了方向。

二、藏书与目录管理

（一）藏书管理

（1）国家级图书馆负有为国家全面、完整地收藏国内出版物并妥善保存的职能，有权保藏出版单位出版的图书、杂志、报纸和音像制品等上缴的作品。

（2）各级图书馆要注意藏书的完整性，对重要的报刊、丛书、多卷集和其他连续性出版物要力求配齐，建立保存本书库，并有计划地清理和剔除藏书中不必要的多余复本。馆藏书刊资料，要有步骤地向缩微化过渡。

（3）对新到书刊资料，要及时登记、分编，尽快投入流通。要严格注意图书加工质量、逐步实现分类、编目的规格化、标准化。

（二）目录管理

（1）国家级图书馆要编辑出版国家书目、馆藏目录、联合书目和回溯性目录。地方图书馆应分设读者和公务目录。读者目录除应设置分类、书名、著者等目录外，还应积极创造条件编制专题目录。

（2）要有计划地将旧藏编成书本式目录。

（3）目录应由专人组织和管理，定期检查，保持书、目相符。

三、读者服务工作

1. 图书馆的一切工作都是为了最大限度地满足读者对图书资料的合理需要

应根据不同的服务对象，确定图书的借阅范围。除根据中央和国家出版主管部门规定对某些书刊停止公开借阅外，不得另立标准，任意封存书刊。善本、孤本以及不宜外借的书刊资料，只限馆内阅览，必要时，经批准可向国内读者提供复制件。

2. 图书流通工作应尽量方便读者

应根据需要和条件，分设各种阅览室。逐步实行开架或半开架借阅制度。出借图书除采用个人、集体、馆际外借外，还应积极拓展电话预约和邮寄借书。借阅开放时间要适应读者需要，一般每周不得少于56小时，需要闭馆或变更开放时间，应报请主管部门批准，并预先通知读者。

3. 要积极开展资料缩微和复制工作，逐步开辟声像资料服务

4. 根据读者需要，积极做好书目参考和情报服务工作

编制或利用各种书目索引，系统地介绍和提供有关专题的书刊资料和开展定题服务、跟踪服务、组织代译代查等工作。

四、安全保卫工作

公共图书馆的安全保卫工作主要分防盗工作和防火工作两种。

图书馆收藏的书刊资料是国家财产，受法律保护，任何人不得侵占，其他单位不得随意调出。要加强藏书管理，切实做好安全防护工作。

图书馆的耐火等级和层数、面积要符合防火要求。书库的建筑面积应加以限制，书库、开架阅览宅的藏书区、防火区隔间应采取防火分隔措施；书库、档案库内不得使用电炉、电视机、电熨斗、电烙铁、电烘箱等设备，不乱拉电线，严禁超负荷用电；应安装室内外消防给水设备，并设置携带式灭火器。

第三节　美术馆法规

1986年，文化部颁布了《美术馆工作暂行条例》，对美术馆的工作任务和组织管理等进行了较为细致的规定，这也是目前国内美术馆管理的主要法规。

一、美术馆概述

美术馆是造型艺术的博物馆,是具有收藏美术精品、向群众进行审美教育、组织学术研究、开展国际文化交流等多职能的美术事业机构。美术馆是永久性的文化机构。美术馆及其藏品受法律保护。任何单位、团体、个人不得以任何名义侵占、毁坏或处置。[①]

二、主要工作及职能

美术馆的工作及职能主要包括收藏、保管、研究、陈列、展览、对外艺术交流和社会服务。

（一）收藏

美术馆业务建设的基础是藏品。美术馆代表国家征集古今中外美术作品以及与美术有关的实物、资料等。各馆可以根据自己的办馆宗旨决定收藏范围和收藏重点。美术馆通过收购、专题征集、接受捐赠和调拨等方式征集藏品。各馆之间经上级部门批准，可以调剂有无，交换藏品。各馆应制定收藏条例，应由本馆有关专家和相当水平的业务干部、研究人员（或聘请馆外专家参加）组成收藏委员会（或艺术委员会），按民主集中制的原则从事作品收藏。

（二）保管

美术馆必须设立专用库房，建立藏品档案和保管制度，要有可靠的安全保卫措施。并尽快创造现代化的科学保管条件，掌握先进的修复技术，确保藏品完整地流传后世。

（三）研究

研究工作是美术馆业务建设的主要内容，也是开展收藏、陈列等各项业务活动的前提。各馆均应设研究部门，在各业务部门配备专业研究人员，给予研究经费。开展馆内外的学术研究活动。

除设有专职创作机构的美术馆外，其他各美术馆的研究人员和有能力从事研究、创作的业务干部，应享有创作研究经费和创作研究假。应在研究部门内设定艺术档案室，系统收集、科学管理有关美术家、各美术流派的资料。除文字资料外，要特别注意各种形象资料的收集。各馆根据自身条件逐步设立美术图书馆（室），条件成熟时向美术家开放。

（四）陈列、展览

藏品陈列是美术馆面向社会的主要方式，有无长期陈列也是区别美术馆和展览馆

---

① 参见《美术馆工作暂行条例》，第2、5条。

的标志之一。各馆应在收藏和研究的基础上，逐步办好系统的长期陈列。美术馆对所有短期展览的展品要录摄资料，作为美术馆档案保藏。

（五）对外艺术交流

美术馆是对外艺术交流的重要场所。为了适应我国对外开放形势的发展，美术馆应该在外事政策允许的范围内，积极开展对外文流活动。

（六）社会服务

美术馆是向社会开放的审美教育课堂，对在校学生集体参观应给予优待，并主动通过适当方式给予审美引导，培养青少年观众对美术的兴趣、爱好。同时，要逐步建立与扩大为美术家服务的项目。

三、美术馆管理

美术馆管理主要包括人员管理和经费管理两个方面。

（一）人员管理

美术馆实行馆长负责制，建立各职能机构的岗位责任制，各职能部门在馆长领导下主动开展工作，建立各职能机构的岗位责任制，制定必要的规章制度、奖惩条例。对于认真贯彻条例，有开拓精神，成绩显著者应予奖励；对于违背条例，经教育不改者应予批评或其他处分；对于贪污、盗窃藏品，或玩忽职守，造成珍贵藏品或贵重设施损毁或其他重大损失的，要根据情节轻重给予行政纪律处分，或依法追究刑事责任。

（二）经费管理

美术馆是国家文化事业单位，其经费主要由国家拨款，同时可以接受社会捐助。在贯彻执行国家规定的性质、方针、任务的前提下，美术馆可以加强经营管理，开展与美术有关的有偿服务项目，其收入和分配按国家有关的规定办理。

第四节　博物馆法规

博物馆，是指以教育、研究和欣赏为目的，收藏、保护并向公众展示人类活动和自然环境的见证物，经登记管理机关依法登记的非营利组织。博物馆包括国有博物馆和非国有博物馆。利用或者主要利用国有资产设立的博物馆为国有博物馆；利用或者主要利用非国有资产设立的博物馆为非国有博物馆。[①] 此处，我们主要讨论国有博物馆。我国博物馆主要有历史博物馆、纪念博物馆、文化艺术博物馆、自然科学博物馆和综合

---

① 参见《博物馆条例》，第2条。

性博物馆5大类。

一、博物馆法规概述

1979年,国家文物局颁布了《省、市、自治区博物馆工作条例》,对省、自治区、市博物馆的性质、藏品、陈列、群众工作、科学研究、组织机构、队伍建设等内容都进行了规定,对当时的博物馆管理工作有重要的指导意义。1985年,文化部、公安部联合颁布了《博物馆安全保卫工作规定》,对博物馆的安全保卫工作进行了专门的规范。1986年,文化部颁布了专门规范藏品管理的《博物馆藏品管理办法》。其后,又陆续出台了博物馆财务管理的相关法规。2005年以来颁布的一批法规,使博物馆的管理进入了一个更加规范的时期。2005年,文化部颁布了《博物馆管理办法》,对博物馆的性质,博物馆设立、年检与终止,藏品管理,展示与服务等管理原则与方法进行了细致的规定。2012年,国家文物局颁布了《关于加强博物馆陈列展览工作的意见》,明确了博物馆陈列展览工作的原则。2015年1月,国务院颁布了《博物馆条例》,对博物馆的性质,设立、变更与终止,管理,社会服务等进行了系统的规定,是指导当今博物馆运营与管理的重要依据。

二、博物馆管理原则

国家文物主管部门负责全国博物馆监督管理工作。国务院其他有关部门在各自职责范围内负责有关的博物馆管理工作。县级以上地方人民政府文物主管部门负责本行政区域的博物馆监督管理工作。县级以上地方人民政府其他有关部门在各自职责范围内负责本行政区域内有关的博物馆管理工作。[①]

博物馆管理可以分为两个层次:一是对博物馆事业的发展进行宏观规划和管理;二是对单体博物馆的工作和事业发展进行管理。

博物馆管理的主要原则:

(1)坚持为社会主义服务、为人民服务的方向,努力贴近实际、贴近生活、贴近群众,提高博物馆的社会效益。

(2)博物馆必须适应自己的特点和规律,从文物管理和陈列展览等方面加强管理,开展社会教育,促进科学研究。

(3)博物馆管理工作要坚持多样性和整体性的原则。

(4)突出科学品质。在文物、标本方面做足功课,增加文化含量,创造导向正确、主题突出、有丰富语境、观点和故事的陈列展览,避免缺乏价值观的所谓"精品文物展"。

---

① 参见《博物馆条例》,第7条。

（5）强化教育功能。紧密配合素质教育，丰富面向或配合学校教育的陈列展览，以博物馆之长补学校教育之不足，使博物馆真正成为"第二课堂"。

三、藏品管理

藏品，是指具有重要历史、科学或艺术价值的，能够反映自然界和人类社会物质文明、精神文明发展进程的见证物，是国家宝贵的文化财富。藏品一般分为一级、二级、三级藏品。一级藏品是指具有特别重要价值的代表性文物。二级藏品是指具有重要价值的文物。三级藏品是指具有一定价值的文物。其中一级文物必须重点保护。

博物馆藏品的收藏、保护、研究、展示等，应当依法建立、健全相关规章制度，并报所在地市（县）级文物行政部门备案。博物馆应具有保障藏品安全的设备和设施。馆藏一级文物和其他易损易坏的珍贵文物，应设立专库或专柜并由专人负责保管。[①]

（一）藏品的接受、鉴定

征集文物、标本时，必须注意搜集原始资料，认真做好科学记录，及时办理入馆手续，逐件填写入馆凭证或清册，组织有关人员认真进行鉴定，确定真伪、年代、是否入藏并分类、定名、定级。鉴定记录应包括鉴定意见及重要分歧意见。凡符合入藏标准的，应连同有关原始资料一并入藏。各种凭证每年装订成册，集中保存。[②]

（二）登账

登账是藏品管理的重要步骤，涉及藏品定名、藏品计件、藏品来源等多个方面，《博物馆藏品管理办法》第8条对此进行了专门的规定：

（1）藏品总登记账是国家科学、文化财产账，设专人负责管理，永久保存。登记时要严格按照国家文物局规定的格式，逐件、逐项用不褪色墨水填写，字迹力求工整清晰。如有订正，用红墨水划双线，由经办人在订正处盖章。未登入藏品总登记账的大量重复品、参考品和作为展品使用的复制品、代用品、模型等，应另行建账，妥善保管。管理藏品总登记账的人员不得兼管藏品库房。当前，信息技术在此方面发挥了愈来愈大的作用。

（2）藏品定名

自然标本按照国际通用的有关动物、植物、矿物和岩石的命名法规定名；历史文物定名一般应有三个组成部分，即年代、款识或作者，特征、纹饰或颜色，器形或用途。

（3）藏品计件

单件藏品编一个号，按一件计算。成套藏品按不同情况分别处理：组成部分可以独立存在的，按个体编号计件；组成部分不能独立存在的，按整体编一个号（其组成部

[①] 参见《博物馆管理办法》，第19条。
[②] 参见《博物馆藏品管理办法》，第7条。

分可列分号），也按一件计算，在备注栏内注明其组成部分的实际数量，以便查对或统计。

（4）藏品计量单位

（5）藏品时代

按其所属的天文时代、地质时代、考古文化期、历史朝代或历史时期而定。中华人民共和国成立以前的文物，有具体纪年的写具体纪年，并加注公元纪年；具体纪年不明的写历史朝代或历史时期。中华人民共和国成立后的文物，一律写公元纪年。

（6）藏品现状

（7）藏品来源

写直接来自的单位、地区或个人，并注明"发掘""采集""收购""拨交""交换""拣选""捐赠""旧藏"等。自然标本应写明时代和产地；出土文物应写明出土时间、地点和发掘单位；近、现代历史文物应写明与使用者和保存者的关系。

（8）藏品总登记账、藏品分类账上的登记号，应用小字清晰地写在藏品的适当部位或标签上，并回注在入馆凭证和总登记账上。

（三）编目、建档

（1）博物馆必须建立藏品编目卡片。编目卡片是反映藏品情况的基本资料，是藏品保管和陈列、研究的基础工作。除填写总登记账的项目外，还必须填写鉴定意见、铭记、题跋、流传经历等。文字必须准确、简明，并附照片、拓片或绘图。[①]目前，计算机技术在编目、建档方面正日益发挥显著作用。

（2）博物馆必须建立藏品档案，编制藏品分类目录和一级藏品目录。《一级藏品档案》和《一级藏品目录》的格式由国家文物局规定。各博物馆的《一级藏品档案》和《一级藏品目录》报本省、自治区、直辖市文物行政管理部门和文化部文物局备案。[②]

（3）为加强博物馆的现代化建设，各地博物馆可根据本馆经济及人才条件，逐步使用电子计算机管理藏品。[③]目前，大多数博物馆已实现了基于计算机技术的数字化管理。

（四）藏品库房管理

库房是放置藏品的场所，对藏品能否安全保藏有重要意义，为此《博物馆藏品管理办法》第10～15条做出下列规定：

（1）藏品应有固定、专用的库房，专人管理。库房建筑和保管设备要求安全、坚固、适用、经济。建立定期的安全检查制度，发现不安全因素或发生文物损伤要及时处理并报告主管文物行政部门。发生火灾、藏品失窃等案件，应保护好现场，并立即上报当地公安部门、文物行政管理部门和国家文物局。发生一级藏品损伤等重大事故，应立

---

① 参见《博物馆藏品管理办法》，第9条第1款。
② 参见《博物馆藏品管理办法》，第9条第2款。
③ 参见《博物馆藏品管理办法》，第9条第3款。

即上报文物行政管理部门和国家文物局,并查明原因,根据情节轻重给有关人员以必要的行政处分,直至追究法律责任。

(2)库房应有防火、防盗、防潮、防虫、防尘、防光(紫外线)、防震、防空气污染等设备或措施。库内及其附近应保持整洁,禁止存放易燃易爆物品、腐蚀性物品及其他有碍文物安全的物品,并严禁烟火。库房区无人时,应拉断该区所有电源开关和总闸。

(3)藏品要按科学方法分类上架,妥善庋藏。一级藏品、保密性藏品、经济价值贵重的藏品,要设立专库或专柜,重点保管。

(4)藏品出入库房必须办理出库、归库手续。对藏品的数量和现状,必须认真核对,点交清楚。藏品出库后,由接收使用部门负责保管养护,保管部门对使用情况进行监督和检查。使用部门应尊重藏品保管部门的意见,对发现的不安全因素,应及时予以纠正。

(5)严守库房机密,建立《库房日记》。非库房管理人员未经主管副馆长、馆长或藏品保管部门负责人许可,不得进库房。经许可者由库房管理人员陪同入库。库房一般不接待参观。

(6)建立健全各类藏品的保护管理制度和安全操作规程。每年均应从博物馆的业务经费中划出适当比例,用以更新和添置必要的藏品保护、藏品庋藏设备,改善库房条件,减少、防止自然的和人为的因素对藏品的损害。

(五)藏品的提用、注销和统计

藏品是博物馆的重要资产,其提用、注销和统计需要严加管理,对此《博物馆藏品管理办法》第16~21条明确规定:

(1)提用

馆内需要提用藏品时,必须填写提用凭证,一级藏品、保密性藏品、经济价值贵重的藏品经主管副馆长或馆长批准,其他藏品经保管部门负责人批准,始得办理出库手续,用毕应及时归库,按原凭证进行核对,办清手续。陈列的藏品,要以确保安全为原则,采取切实措施加强管理。纤维质素的文物要特别加强保护。每年提取的次数不宜过多,每次陈列的时间不宜过长,并应减少或避免紫外光照射。未用于陈列的藏品,必须及时归库。

馆级负责人提用藏品,须经同级其他负责人同意,藏品保管部门负责人提用一级藏品,须经主管副馆长或馆长批准,提用其他藏品,须经本部门其他负责人同意,填写提用凭证后办理出库手续。

馆外单位提用藏品时,一般应在馆内进行。一级藏品经主管副馆长或馆长批准,其他藏品经保管部门负责人批准后,由有关保管人员承办并负责藏品的安全,用后立即归库。

藏品借出馆外应从严掌握,一级藏品须经主管文物行政管理部门批准,其他藏品经主管副馆长或馆长批准后,办理借出手续。借用单位必须采取措施,确保藏品安全,并按期归还。

（2）调拨、交换

藏品严禁出售或作为礼品。馆际之间藏品可相互支援、调剂余缺、互通有无。调拨、交换一级藏品，须报国家文物局批准，调拨、交换其他藏品，须报省、自治区、直辖市文物行政管理部门批准。调拨、交换出馆的藏品，必须办理注销手续；进馆的藏品，必须办理登账、编目、入库手续。①

（3）统计

藏品总数及增减数字，每年年终应及时上报省、自治区、直辖市文物行政管理部门和国家文物局。重要情况应附文字说明。②

已进馆的文物、标本中，经鉴定不够入藏标准的，或已入藏的文物、标本中经再次鉴定，确认不够入藏标准、无保存价值的，应另行建立专库存放，谨慎处理。必须处理的，由本单位的学术委员会或社会上的有关专家复核审议后分门别类造具处理品清单，报主管文物行政部门批准后，妥善处理。③

（六）保养、修复、复制

积极开展藏品保护科学技术研究活动，运用传统保护方法和现代科学技术、设备，防止自然因素（温度、湿度、光线、虫害、污染等）对藏品的损害。根据需要与可能，建立藏品消毒、修复、复制、标本制作和科学实验等设施，培养专门技术人员，逐步加强藏品保护科技力量。④

因藏品保护或科学研究的特殊需要，必须从藏品上取下部分样品进行分析化验时，由馆长或其授权的人员组织技术人员会同藏品保管部门共同制定具体方案。一级藏品一般不予取样，尽量使用时代、类型、质地相同的其他藏品替代，必须使用一级品原件进行分析化验的，其取样方案，须报国家文物局审批。其他藏品的取样方案由省、自治区、直辖市文物行政管理部门审批。⑤

凡采用新的藏品保护、修复技术，应先经过实验，通过主管文物行政管理部门组织有关技术人员和专家评审鉴定后推广运用。未经过实验和评审鉴定证明可确保藏品安全的新技术，博物馆不得随意采用。⑥

藏品修复时，不得任意改变其形状、色彩、纹饰、铭文等。修复前、后要做好照相、测绘记录，修复前应由有关专家和技术人员制定修复方案；修复中要做好配方、用料、工艺流程等记录；修复工作完成后，这些资料均应归入藏品档案，并在编目卡片上注明。一级藏品的修复方案由主管副馆长或馆长审核同意后报上一级主管文物行政管理部门

---

① 参见《博物馆藏品管理办法》，第19条。
② 参见《博物馆藏品管理办法》，第20条。
③ 参见《博物馆藏品管理办法》，第21条。
④ 参见《博物馆藏品管理办法》，第22条。
⑤ 参见《博物馆藏品管理办法》，第23条。
⑥ 参见《博物馆藏品管理办法》，第24条。

批准。其他藏品的修复方案,国家博物馆和省、自治区、直辖市博物馆由藏品保管部门负责人批准或由藏品保管部门负责人会同科技修复部门负责人审批。其他博物馆由主管副馆长或馆长批准。①

经常使用的一级藏品和容易损坏的藏品应予复制,作为陈列、研究的代用品。复制品应加标志,以免真伪混淆。复制品使用的材料、工艺程序、复制数量和复制时间等,均应作出详细记录归入藏品档案。为藏品保管和陈列研究需要,复制一级藏品,由主管副馆长或馆长批准。这类复制品,不得作为商品对外提供。复制其他藏品,国家博物馆和省、自治区、直辖市博物馆由藏品保管部门负责人批准;其他博物馆由主管副馆长或馆长批准。②

（七）藏品管理工作的奖励与惩罚

1. 奖励

对在藏品保管工作中,有下列贡献的单位和个人,给予表扬或奖励。

（1）认真执行《博物馆藏品管理办法》,成绩显著的;

（2）库房保管措施落实,忠于职守,全年未发生文物损伤事故的;

（3）为保护藏品与违法犯罪行为坚决斗争的;

（4）在藏品保护科学和修复、复制技术方面有重要创造发明的;

（5）为博物馆征集文物、丰富馆藏作出特殊贡献的;

（6）长期从事藏品保管工作,贡献较大的。③

2. 惩罚

有下列情形者,根据情节轻重给予批评教育或行政处分:

（1）违反《博物馆藏品管理办法》和《文物工作人员守则》的;

（2）发现藏品被盗、损坏或不安全因素,隐匿不报的;

（3）玩忽职守,违章操作,造成藏品损伤事故的;

（4）利用工作之便,以权谋私,中饱私囊但尚未构成刑事犯罪的。④

有下列情形者,依法追究刑事责任:

（1）因渎职造成藏品（特别是一级藏品）重大损失,情节严重的;

（2）监守自盗藏品的或内外勾结、偷盗藏品的,依照《刑法》有关条款从重制裁。⑤

---

① 参见《博物馆藏品管理办法》,第25条。
② 参见《博物馆藏品管理办法》,第26条。
③ 参见《博物馆藏品管理办法》,第27条。
④ 参见《博物馆藏品管理办法》,第28条。
⑤ 参见《博物馆藏品管理办法》,第29条。

四、陈列管理

博物馆陈列是在一定空间内,以文物、标本为基础,按照一定的主题和艺术形式组合而成的,进行教育、传播科学文化知识和提供审美欣赏的展品群体。

(一)陈列的类型及特点

按照不同的分类方法和标准,博物馆陈列可分为多种类型。

(1)根据陈列的自然属性,可以分为永久性陈列和临时性展览。

(2)以陈列内容为标准,可以分为自然类陈列、社会历史类陈列、艺术类陈列和科学技术类陈列四种类型。

(3)按照陈列的学术属性,可以分为主题性、系统性、展品定位性和互动性四种类型。

(4)根据陈列的形式,可以分为有形陈列和无形陈列。

(二)组织陈列的基本原则

各个博物馆应根据该馆的性质和社会需求,选取展品,确定主题,举办相应的陈列。博物馆陈列要坚持如下原则。

(1)与本馆性质和任务相适应,突出馆藏品特色、行业特性和区域特点,具有较高的学术和文化含量;

(2)合理运用现代技术、材料、工艺和表现手法,达到形式与内容的和谐统一;

(3)展品应以原件为主,复原陈列应当保持历史原貌,使用复制品、仿制品和辅助展品应予明示;

(4)展厅内具有符合标准的安全技术防范设备和防止展品遭受自然损害的展出设施;

(5)为公众提供文字说明和讲解服务;

(6)陈列展览的对外宣传活动及时、准确,形式新颖。[①]

五、安全管理

博物馆是文物、标本、资料的主要收藏处所,是国家必须严加防护的要害部门之一。为了确保文物标本安全,保证博物馆各项工作的正常开展,更好地发挥博物馆的宣传教育作用,博物馆要做好安全管理工作,主要从以下几方面入手。

(一)设立保卫组织

中央直属、省、自治区、直辖市的博物馆和藏品较多的地、市博物馆,应设立保卫处、

---

① 参见《博物馆管理办法》,第26条。

科；其他地方的博物馆，应设保卫股或专职保卫干部。

博物馆保卫干部和警卫人员（含技术安全设备管理人员和巡逻人员）总数应占全馆职工人数的10%左右；百人以下的或地点分散的博物馆可超过10%的比例。配备保卫干部和警卫人员，必须保证政治素质和业务素质，并根据博物馆安全保卫工作的需要，给予适当的生活补贴。①

博物馆保卫组织要做好以下工作：

（1）根据公安机关的要求，结合本单位实际情况，提出安全保卫工作的实施意见，报请馆领导统一部署。

（2）监督检查本单位对国家和地方政府颁布的有关安全保卫工作的政策法令的贯彻执行情况；监督检查对公安机关有关规定部署的执行情况；监督检查对危险隐患的整改落实情况。对违章作业，有权当场制止。

（3）经常检查整顿包括开放路线在内的各重要部位的治安管理情况，配合公安机关认真做好重要内外宾客的安全保卫工作。

（4）制定防盗、灭火的应急方案，半年组织一次演习。发生案件、事故，应立即报告公安机关和上级文物行政管理部门，并积极协助公安机关追查原因，组织侦破，对失职人员提出处理建议。单位负责人对失职人员包庇姑息的，保卫干部有权向上级文物行政管理部门和公安、检察机关如实反映情况。

（5）积极参与对新建、扩建、改建施工项目设计方案中安全防范部分的审查，并监督实施和竣工的验收。

（6）经常了解要害部位人员的情况，发现不适合在要害部位工作的，要建议领导妥善调整。②

（二）确保重点要害部位安全

为了贯彻"预防为主，确保重点"的方针，博物馆应研究确定本馆的重点要害部位，切实加强安全防范工作。重点要害部位包括：

（1）文物存放部位，如库房、展厅、修复室等。

（2）容易发生火灾部位，如化验室、配电室等。

（3）机要部位，如人事档案室、控制室、文献资料室等。③

（三）加强防盗管理

《博物馆安全保卫工作规定》第10～15条对防盗管理进行了专门规定，要建立和健全以安全岗位责任制为中心的各项安全管理制度，制定防盗措施。各级负责人要经常检查，监督落实。

（1）文物库房、展厅和其他存放文物场所的建筑必须坚固，门窗尤须保险可靠，并

---

① 参见《博物馆安全保卫工作规定》，第5条。
② 参见《博物馆安全保卫工作规定》，第6条。
③ 参见《博物馆安全保卫工作规定》，第7条。

安装报警器。凡不具备安全条件的场所,禁止存放文物。技术安全设备不够完善的展厅,不得陈列一级品文物。

（2）凡收购、登记、鉴定、编目、入库、使用、出库和调拨、交换文物,必须制度严格,手续完备。文物保管人员应相对稳定。管理文物总账人员不得兼管文物。每年6月、12月应对一、二级文物进行清理查核。

（3）凡文物库房搬迁、修整,文物巡回展出,馆内展览布陈、撤陈期间等均应加强组织领导,明确分工,专人负责,保障安全。

（4）新设展室或文物巡回展出,事先须经保卫组织（重要的展出须报请公安机关）进行安全检查,安全无保证的,不准展出。文物巡回展出和提取文物到馆外鉴定或调拨、交换,应派专人护送,提高使用交通工具的级别。特别重要的,应请求当地公安机关派干警押送。

（5）展厅工作人员和警卫人员值勤时,必须忠于职守,不得擅离岗位,发现可疑迹象,立即报告领导。认真做好开馆前和闭馆后的文物检查和清馆净场工作,填写安全检查记录或交接班登记。切实加强闭馆期间的警卫巡逻和干部值班制度。

（6）对犯罪分子可能利用的登高工具和有利地形、建筑,要及时处理,并重点加强警戒。

（四）加强消防管理

博物馆必须认真执行《消防条例》和《古建筑消防管理规则》。

（1）博物馆应建立由馆领导为主要负责人的防火安全组织,全面负责全馆的消防安全工作。按实际需要,配备专职或兼职消防干部,组织群众性的义务消防队。[①]

（2）在防火安全组织领导和公安机关消防部门的指导下,博物馆保卫组织要根据各馆具体情况,明确消防重点,制订防火制度和灭火方案,配备灭火器具和报警设施,进行安全防火检查,消除火险隐患,追查发生火灾的原因,并加强对消防干部和义务消防队的领导和训练。[②]

（3）增设、更新文物库房和展厅的陈列柜、架,要逐步改用金属柜、架。[③]

（五）加强技术防护

博物馆要对文物库房和陈列室安装必要的防盗报警设备,并要因地制宜,制定技术防范规划,《博物馆安全保卫工作规定》第21～24条对此进行了专门规定:

（1）选择技术安全设备,应经过公安部门鉴定或经其他单位使用证明性能良好,并根据博物馆的自然环境和具体条件,选择产品的种类和数量。一般应使用两种或多种报警设备,形成点、线、面、空间综合报警系统控制网,有条件的应安装电视摄影、录像装置。

---

① 参见《博物馆安全保卫工作规定》,第17条。
② 参见《博物馆安全保卫工作规定》,第18条。
③ 参见《博物馆安全保卫工作规定》,第19条。

（2）技术安全设备的种类、数量、性能和安装的部位，电缆的走向，信号的使用及值班人员的工作规律等，均属机密，不得泄露，并建立技术档案。

（3）控制室应尽可能选在控制设备的中心，必须隐蔽保密，不得兼做他用。控制室应注意防火、防尘、防潮、通风。设专线供电。应有备用电源和专用通信工具。

（4）技术安全设备较多的控制室，必须设专职人员负责安装、检查、维修和使用。值班员必须熟悉机器性能、信号使用和对紧急情况的处置。要坚持双人值班，建立严格的值班登记制度。人员要保持相对稳定，并注意培训专门的技术人才。

六、社会服务

服务社会是博物馆的基本职能，《博物馆条例》第28～36条对其也进行了明确规定。

（一）开放

（1）博物馆应当自取得登记证书之日起6个月内向公众开放。

（2）博物馆应当向公众公告具体开放时间。在国家法定节假日和学校寒暑假期间，博物馆应当开放。

（二）展览

博物馆举办陈列展览的，应当在陈列展览开始之日10个工作日前，将陈列展览主题、展品说明、讲解词等向陈列展览举办地的文物主管部门或者其他有关部门备案。各级人民政府文物主管部门和博物馆行业组织应当加强对博物馆陈列展览的指导和监督。

（三）人员配备

博物馆应当配备适当的专业人员，根据不同年龄段的未成年人接受能力进行讲解；学校寒暑假期间，具备条件的博物馆应当增设适合学生特点的陈列展览项目。

（四）免费开放

国家鼓励博物馆向公众免费开放。县级以上人民政府应当对向公众免费开放的博物馆给予必要的经费支持。博物馆未实行免费开放的，其门票、收费的项目和标准按照国家有关规定执行，并在收费地点的醒目位置予以公布。博物馆未实行免费开放的，应当对未成年人、成年学生、教师、老年人、残疾人和军人等实行免费或者其他优惠。博物馆实行优惠的项目和标准应当向公众公告。实际上，除个别博物馆因控制参观人数等原因收取费用外，全国大多数博物馆已实现免费开放。

（五）其他社会服务

（1）博物馆应当根据自身特点、条件，运用现代信息技术，开展形式多样、生动活泼的社会教育和服务活动，参与社区文化建设和对外文化交流与合作。国家鼓励博物馆挖掘藏品内涵，与文化创意、旅游等产业相结合，开发衍生产品，增强博物馆发展能力。

（2）博物馆应当对学校开展各类相关教育教学活动提供支持和帮助。

（3）博物馆应当发挥藏品优势,开展相关专业领域的理论及应用研究,提高业务水平,促进专业人才的成长。博物馆应当为高等学校、科研机构和专家学者等开展科学研究工作提供支持和帮助。

第九章 文化产业法规

21世纪以来，文化产业在国民经济中的地位越来越高，"十三五"规划纲要更是提出"推动文化产业成为国民经济支柱性产业"的目标要求。这一目标的实现需要文化产业从业者的戮力同心，同时离不开政府的大力支持，当然也离不开法律法规所提供的坚实保障。多年来，国家在文化产业相关领域推出的各种法规，对推进我国文化产业的发展起到了重要作用。

第一节 出版产业法规

出版产业是文化产业中历史最为悠久的一支，各个国家在管理过程中都积攒了很多经验。我国出版产业的立法工作则是基于我国出版业的特殊情况，并借鉴国际上成功经验的基础上形成的。随着时间的推移，特别是新技术的出现带给出版业很大挑战，相关的法规也在不断优化。

一、出版产业法规概述

技术的进步对出版产业既有很大的促进，同时又带来一些挑战。出版产业法规制定的过程十分注意发挥技术的积极因素，同时限制其消极因素的产生。

20世纪80年代以来，我国的出版产业发生了很大的变化，主要体现为：其一，出版物市场主体的多元化。这与2002年颁布的《出版管理条例》有密切联系。条例取消了非国有资本进入出版业的部分限制，民营出版社可以与地方出版社、中央出版社同台竞争。其二，出版物载体形式的多元化。音像出版、电子出版、网络出版与传统的纸质出版共存。行业的变化给其管理带来了新的要求，法律法规的调整也显得十分迫切。

21世纪以来，有关部门对部分出版法规和规范性文件进行了清理和修改，使出版业的管理进一步规范化。

目前，我国暂未出台《出版法》，规范出版产业的主要有行政法规、部门规章等。

（一）行政法规

1.《出版管理条例》（2001年颁布，2011年、2013年、2014年、2016年、2020年修订）

2.《音像制品管理条例》（2001年颁布，2011年、2013年、2016年、2020年修订）

3.《印刷业管理条例》（2001年颁布，2016年、2017年、2020年修订）

4.《地图管理条例》（2015年颁布）

（二）部门规章

1. 行业内一般性管理

（1）《新闻出版许可证管理办法》（2016年颁布，2017年修订）

（2）《新闻出版统计管理办法》（2016年颁布）

（3）《全国新闻出版广电（版权）依法行政示范点管理办法》（2015年颁布）

（4）《内部资料性出版物管理办法》（2015年颁布）

（5）《使用文字作品支付报酬办法》（2014年颁布）

（6）《新闻出版行业标准化管理办法》（2013年颁布）

（7）《订户订购进口出版物管理办法》（2011年颁布）

（8）《新闻出版总署立法程序规定》（2009年颁布）

（9）《工程建设标准英文版出版印刷规定》（2008年颁布）

（10）《关于认定淫秽与色情声讯的暂行规定》（2005年颁布）

（11）《高等学校出版社管理办法》（2002年颁布）

（12）《出版物条码管理办法》（2000年颁布）

（13）《新闻出版行政执法证管理办法》（1998年颁布）

（14）《标准出版管理办法》（1997年颁布）

（15）《对台出版交流管理暂行规定》（1994年颁布）

（16）《出版物汉字使用管理规定》（1992年颁布）

（17）《新闻出版保密规定》（1992年颁布）

（18）《出版社书稿档案管理办法》（1992年颁布）

（19）《法规汇编编辑出版管理规定》（1990年颁布，2019年修订）

（20）《关于认定淫秽及色情出版物的暂行规定》（1988年颁布）

（21）《关于出版"文化大革命"图书问题的若干规定》（1988年颁布）

（22）《中医古籍文献研究整理出版的管理办法（试行）》（1986年颁布）

2. 专业技术人员管理

（1）《出版专业技术人员继续教育暂行规定》（2010年颁布）

（2）《出版专业技术人员职业资格管理规定》（2008年颁布）

（3）《出版专业技术人员职业资格考试暂行规定》（2001年颁布）

（4）《出版专业技术人员职业资格考试实施办法》（2001年颁布）

3. 行业内企业资格管理

（1）《设立外商投资印刷企业暂行规定》（2002年颁布，2015年修订）

（2）《印刷业经营者资格条件暂行规定》（2001年颁布，2015年、2017年修订）

4. 出版物市场环节管理

《出版物市场管理规定》于2016年颁布。

5. 出版物管理

（1）《图书出版管理规定》（2008年颁布，2015年修订）

（2）《图书质量管理规定》（2004年颁布）

（3）《图书质量保障体系》（1997年颁布）

（4）《普通中小学教材出版发行管理规定》（1995年颁布）

（5）《音像制品进口管理办法》（2011年颁布）

（6）《音像制品出版管理规定》（2004年颁布，2015年、2017年修订）

（7）《音像制品制作管理规定》（2008年颁布，2015年、2017年修订）

（8）《普通中小学音像教材出版复录发行管理规定》（1996年颁布）

（9）《期刊出版管理规定》（2005年颁布，2017年修订）

（10）《报纸出版管理规定》（2005年颁布）

（11）《关于出版少年儿童期刊的若干规定》（1995年颁布）

（12）《数字印刷管理办法》（2011年颁布）

（13）《电子出版物出版管理规定》（2008年颁布，2015年修订）

（14）《网络出版服务管理规定》（2016年颁布）

二、出版物、出版活动及出版行业管理机构

（一）出版物的概念及种类

出版物，指已经出版的作品，是出版行为的成果和产品，包括报纸、期刊、图书、音像制品、电子出版物和互联网出版物等。

按照制作方法划分，出版物可以分为印刷出版物、音像出版物、电子出版物和互联网出版物。

印刷出版物指以纸介质为载体，以印刷方式复制，可以重印的出版物，如图书、报纸、期刊等。

音像出版物是指以磁、光、电等介质为载体，将图、文、声、像等信息经编辑加工后记录下来，通过视听设备播放使用的出版物，如唱片、激光唱盘和激光视盘等。

电子出版物是指以数字代码方式，将信息编辑加工后存储在固定物理形态的磁、光、电等介质上，通过计算机等电子阅读、显示、播放设备读取使用的出版物，如只读光盘、一次写入光盘、硬磁盘、集成电路卡等。

互联网出版物是指互联网信息服务提供者经过选择和编辑加工，登载在互联网上

或者通过互联网发送到用户端，供公众浏览、阅读、使用或者下载的产品。

（二）出版活动

出版活动，是指出版物的出版、印刷或复制、发行等。出版是指将编辑加工处理的作品，经过复制向公众发行的行为。印刷是指使用锌板、模型或底片，在纸张或常用的其他材料上翻印内容相同的复制品的行为。复制是指以印刷、录音、录像等方式将作品制成一份或多份的行为。发行是指为满足大众需求，通过出售、出租等方式提供复制作品的行为。

（三）出版行业管理机构及其职责

1. 出版行业管理机构

国家出版行政主管部门，全面负责全国的出版活动的监督管理工作。按照国务院规定的职责分工，国务院的其他有关部门负责出版活动相应监督管理工作。

县级以上地方各级人民政府负责出版管理的行政部门和文化行政部门，是业务主管部门。县级以上地方各级人民政府的公安、工商、财政、税务、劳动等部门则主要进行经济监督和检查等监督工作。

2. 出版行政主管部门应当履行的职责

出版行政主管部门应加强对管辖范围内出版单位出版活动的监督管理。根据《出版管理条例》的规定，具体履行如下职责：

（1）对出版物的出版、印刷、复制、发行、进口单位进行行业监管，实施准入和退出管理；

（2）对出版活动进行监管，对违反条例的行为进行查处；

（3）对出版物内容和质量进行监管；

（4）根据国家有关规定对出版从业人员进行管理。①

3. 出版行政主管部门的职权

根据《出版管理条例》的相关规定，出版行政主管部门拥有以下职权②：

（1）出版行政主管部门根据已经取得的违法嫌疑证据或者举报，对涉嫌违法从事出版物出版、印刷或者复制、进口、发行等活动的行为进行查处时，可以检查与涉嫌违法活动有关的物品和经营场所；对有证据证明是与违法活动有关的物品，可以查封或者扣押。

（2）出版行政主管部门根据有关规定和标准，对出版物的内容、编校、印刷或者复制、装帧设计等方面质量实施监督检查。

（3）国家出版行政主管部门制定出版单位综合评估办法，对出版单位分类实施综合评估。

---

① 参见国务院：《出版管理条例》，第50条。
② 参见《出版管理条例》第7、51～52条有相关规定。

三、出版单位的设立与管理

编辑出版在整个出版产业的流程中居于核心地位,是内容制作的关键。因此,《出版管理条例》对出版编辑环节进行了较为详细的规定,涉及出版单位的设立、变更与终止,出版单位的管理和出版物内容的管理等部分。

(一)出版单位的设立

出版单位,是指编辑出版各类出版物的单位。依据不同出版物的形态,出版单位有报社、期刊社、图书出版社、音像出版社和电子出版物出版社等。

根据我国《出版管理条例》第11条规定,设立出版单位,应当具备下列条件:

1. 有出版单位的名称、章程

出版单位章程,是根据出版单位的业务性质和工作需要而制定的行为准则的书面文件。主要内容包括:出版单位的名称和住所、经营范围、经营管理方法、主办单位及其主管机关的名称和法定代表人、出版单位的法定代表人等。

2. 有符合国家出版行政主管部门认定的主办单位及其主管机关

主办单位是指创设开办出版单位的单位。主管机关,是指主办单位的上级机关,包括一切中央和地方的国家机关,如立法机关、行政机关、司法机关和党团组织机关等。这就排除了非国有单位和个人申请设立出版单位的可能性。[①]

3. 有确定的业务范围

4. 有30万元以上的注册资本和固定的工作场所

5. 有适应业务范围需要的组织机构和符合国家规定的资格条件的编辑出版专业人员

出版发行单位的组织机构是对出版活动进行计划、组织、协调和控制的内部自理组织。专业人员包括编辑、技术、发行和管理四类人员。为了使编辑出版专业人员适应出版活动,我国实行出版专业技术人员职业资格制度。

6. 法律、行政法规规定的其他条件

这是一个兜底条款,为以后的法律、法规规定新的审批条件留下一定的空间。

除以上条款外,《出版管理条例》还规定审批设立出版单位应符合国家关于出版单位总量、结构、布局的规划。

(二)设立出版单位的程序

1. 提出申请

对于申请程序,《出版管理条例》第12~13条规定如下:

设立出版单位,由其主办单位向所在地省、自治区、直辖市人民政府出版行政主管

---

① 参见黄先蓉主编:《出版法规及其应用》,苏州大学出版社,2005年版,第111页。

部门提出申请；省、自治区、直辖市人民政府出版行政主管部门审核同意后，报国家出版行政主管部门审批。设立的出版单位为事业单位的，还应当办理机构编制审批手续。

设立出版单位的申请书应当载明下列事项：

（1）出版单位的名称、地址；

（2）出版单位的主办单位及其主管机关的名称、地址；

（3）出版单位的法定代表人或者主要负责人的姓名、住址、资格证明文件；

（4）出版单位的资金来源及数额。

设立报社、期刊社或者报纸编辑部、期刊编辑部的，申请书还应当载明报纸或者期刊的名称、刊期、开版或者开本、印刷场所。

申请书应当附具出版单位的章程和设立出版单位的主办单位及其主管机关的有关证明材料。

2. 审批和许可

任何单位和个人从事出版业务，必须经出版行政主管部门审核批准。国家出版行政主管部门应当自受理设立出版单位的申请之日起60日内，作出批准或者不批准的决定，并由省、自治区、直辖市人民政府出版行政主管部门书面通知主办单位；不批准的，应当说明理由。①

3. 登记并依法领取营业执照②

设立出版单位的主办单位应当自收到批准决定之日起60日内，向所在地省、自治区、直辖市人民政府出版行政主管部门登记，领取出版许可证。出版单位领取出版许可证后，属于事业单位法人的，持出版许可证向事业单位登记管理机关登记，依法领取事业单位法人证书；属于企业法人的，持出版许可证向工商行政管理部门登记，依法领取营业执照。

报社、期刊社、图书出版社、音像出版社和电子出版物出版社等应当具备法人条件，经核准登记后，取得法人资格，以其全部法人财产独立承担民事责任。视为出版单位的报纸编辑部、期刊编辑部不具有法人资格，其民事责任由其主办单位承担。

（三）出版单位的变更、中止与终止

1. 变更

出版单位变更名称、主办单位或者其主管机关、业务范围、资本结构，合并或者分立，设立分支机构，出版新的报纸、期刊，或者报纸、期刊变更名称的，应当办理审批手续。出版单位属于事业单位法人的，还应当持批准文件到事业单位登记管理机关办理相应的登记手续；属于企业法人的，还应当持批准文件到工商行政管理部门办理相应的登记手续。

---

① 参见国务院：《出版管理条例》，第14条。

② 对此，《出版管理条例》第15、16条有相关规定。

出版单位除上述所列变更事项外的其他事项的变更,应当经主办单位及其主管机关审查同意,向所在地省、自治区、直辖市人民政府出版行政主管部门申请变更登记,并报国家出版行政主管部门备案。出版单位属于事业单位法人的,还应当持批准文件到事业单位登记管理机关办理变更登记;属于企业法人的,还应当持批准文件到工商行政管理部门办理变更登记。①

2. 中止

出版单位中止出版活动的,应当向所在地省、自治区、直辖市人民政府出版行政主管部门备案并说明理由和期限;出版单位中止出版活动不得超过180日。②

3. 终止

终止分两种情况,一种为主动终止,一种为法定终止。

(1) 主动终止

出版单位终止出版活动的,由主办单位提出申请并经主管机关同意后,由主办单位向所在地省、自治区、直辖市人民政府出版行政主管部门办理注销登记,并报国家出版行政主管部门备案。出版单位属于事业单位法人的,还应当持批准文件到事业单位登记管理机关办理注销登记;属于企业法人的,还应当持批准文件到工商行政管理部门办理注销登记。③

(2) 法定终止

图书出版社、音像出版社和电子出版物出版社自登记之日起满180日未从事出版活动的,报社、期刊社自登记之日起满90日未出版报纸、期刊的,由原登记的出版行政主管部门注销登记,并报国家出版行政主管部门备案。因不可抗力或者其他正当理由发生此类情形的,出版单位可以向原登记的出版行政主管部门申请延期。④

(四) 出版单位的管理

1. 重大选题备案

图书出版社、音像出版社和电子出版物出版社的年度出版计划及涉及国家安全、社会安定等方面的重大选题,应当经所在地省、自治区、直辖市人民政府出版行政主管部门审核后报国家出版行政主管部门备案;涉及重大选题,未在出版前报备的出版物,不得出版。期刊社的重大选题,应当办理备案手续。⑤

对此,2019年10月国家新闻出版署颁布了修订后的《图书、期刊、音像制品、电子出版物重大选题备案办法》,第3条明确规定了12种重大选题:

(1) 有关党和国家重要文件、文献选题;

---

① 参见国务院:《出版管理条例》,第17条。
② 参见国务院:《出版管理条例》,第18条。
③ 参见国务院:《出版管理条例》,第18条。
④ 参见国务院:《出版管理条例》,第19条。
⑤ 参见国务院:《出版管理条例》,第20条。

（2）有关现任、曾任党和国家领导人讲话、著作、文章及其工作和生活情况的选题，有关现任党和国家主要领导人重要讲话学习读物类选题；

（3）涉及中国共产党历史、中华人民共和国历史上重大事件、重大决策过程、重要人物选题；

（4）涉及国防和军队建设及我军各个历史时期重大决策部署、重要战役战斗、重要工作、重要人物选题；

（5）集中介绍党政机构设置和领导干部情况选题；

（6）专门或集中反映、评价"文化大革命"等历史和重要事件、重要人物选题；

（7）专门反映国民党重要人物和其他上层统战对象的选题；

（8）涉及民族宗教问题选题；

（9）涉及中国国界地图选题；

（10）反映香港特别行政区、澳门特别行政区和台湾地区经济、政治、历史、文化、重要社会事务等选题；

（11）涉及苏联、东欧等社会主义时期重大事件和主要领导人选题；

（12）涉及外交方面重要工作选题。

2. 书号、刊号、版号管理

书号、刊号、版号的管理是出版行政主管部门对出版单位生产出版物数量、结构管理的一种手段。《出版管理条例》第21条规定："出版单位不得向任何单位或者个人出售或者以其他形式转让本单位的名称、书号、刊号或者版号、版面，并不得出租本单位的名称、刊号。"

3. 质量管理

出版行政主管部门对出版物的质量管理主要包括两方面：一是出版物的内在质量，二是出版物的外在质量。出版物的内在质量是指它的思想性、科学性、艺术性、可读性及它的实用性和符号表达的通用性等。外在质量则包括装帧形式、印刷及用纸水平、色彩等。《出版管理条例》第28条规定："出版物的规格、开本、版式、装帧、校对等必须符合国家标准和规范要求，保证出版物的质量。"

《图书质量管理规定》从内容、编校、设计、印制4个方面进行了规定，以保证图书质量。内容、编校、设计、印制4项均合格的图书，其质量属合格；内容、编校、设计、印制4项中有一项不合格的图书，其质量属不合格。[①]

《图书质量保障体系》规定：图书质量保障体系由编辑出版责任机制来实现。具体分为：(1)前期保障机制，做好选题的策划与论证工作；(2)中期保障机制，实行三审制和责任编辑制度，坚持"三校一读"制度、印刷质量标准和《委托书》制度、图书书名页使用标准以及中国标准书号和图书条码使用标准；(3)后期保障机制，主要是图书成批

---

① 参见新闻出版总署：《图书质量管理规定》，第3条。

装订前的样书检查制度和印后评审制度、图书征订广告审核制度、样本缴送制度、重版前审读制度、稿件及图书质量资料归档制度以及出版社与作者和读者联系制度。①

4. 样本管理

样本管理是出版物质量的保障机制之一，也是出版管理和国家样本保存的重要方式。

《出版管理条例》第22条规定："出版单位应当按照国家有关规定向国家图书馆、中国版本图书馆和国家出版行政主管部门免费送交样本。"这是出版单位的法定义务。

四、出版物内容的管理

（一）合法出版物受法律保护

依照《出版管理条例》的规定，公民在出版物上自由表达自己对国家事务、经济和文化事业、社会事务的见解和意愿，自由发表自己从事科学研究、文学艺术创作和其他文化活动的成果。合法出版物受法律保护，任何组织和个人不得非法干扰、阻止、破坏出版物的出版。②

（二）禁载内容

按照《出版管理条例》的规定，任何出版物都不得含有下列内容，这些内容通常被称为"禁载十条"，也是文化产业其他部门都要遵守的规定：

（1）反对宪法确定的基本原则的；

（2）危害国家统一、主权和领土完整的；

（3）泄露国家秘密、危害国家安全或者损害国家荣誉和利益的；

（4）煽动民族仇恨、民族歧视，破坏民族团结，或者侵害民族风俗的；

（5）宣扬邪教、迷信的；

（6）扰乱社会秩序，破坏社会稳定的；

（7）宣扬淫秽、赌博、暴力或者教唆犯罪的；

（8）侮辱或者诽谤他人，侵害他人合法权益的；

（9）危害社会公德或者民族优秀文化传统的；

（10）有法律、行政法规和国家规定禁止的其他内容的。③

（三）对面向未成年人的出版物的要求

以未成年人为对象的出版物不得含有诱发未成年人模仿违反社会公德的行为和违法犯罪的行为的内容，不得含有恐怖、残酷等妨害未成年人身心健康的内容。④

---

① 参见《图书质量保障体系》，第2章。
② 参见国务院：《出版管理条例》，第23条。
③ 参见国务院：《出版管理条例》，第25条。
④ 参见国务院：《出版管理条例》，第26条。

（四）内容失实或侵权的责任

出版物的内容不真实或者不公正，致使公民、法人或者其他组织的合法权益受到侵害的，其出版单位应当公开更正，消除影响，并依法承担其他民事责任。报纸、期刊发表的作品内容不真实或者不公正，致使公民、法人或者其他组织的合法权益受到侵害的，当事人有权要求有关出版单位更正或者答辩，有关出版单位应当在其近期出版的报纸、期刊上予以发表；拒绝发表的，当事人可以向人民法院提起诉讼。[1]

（五）出版物的格式规范

出版物必须按照国家的有关规定载明作者、出版者、印刷者或者复制者、发行者的名称、地址，书号、刊号或者版号，在版编目数据，出版日期、刊期以及其他有关事项。出版物的规格、开本、版式、装帧、校对等必须符合国家标准和规范要求，保证出版物的质量。出版物使用语言文字必须符合国家法律规定和有关标准、规范。[2]

（六）关于出版物内容的其他规定

1. 出版中小学教科书的规定

中学小学教科书由国务院教育行政主管部门审定；其出版、发行单位应当具有适应教科书出版、发行业务需要的资金、组织机构和人员等条件，并取得国家出版行政主管部门批准的教科书出版、发行资质。纳入政府采购范围的中学小学教科书，其发行单位按照《政府采购法》的有关规定确定。其他任何单位或者个人不得从事中学小学教科书的出版、发行业务。[3]

2. 地图的编制

为了加强地图编制出版管理，保证地图编制出版质量，维护国家的主权、安全和利益，国务院于2015年制定并颁布了《地图管理条例》，规定："地图工作应当遵循维护国家主权、保障地理信息安全、方便群众生活的原则。地图的编制、审核、出版和互联网地图服务应当遵守有关保密法律、法规的规定。"[4]

3. 关于法规汇编编辑

为了加强对法规汇编编辑出版工作的管理，提高法规汇编编辑出版质量，维护社会主义法制的统一和尊严，国务院于1990年制定了《法规汇编编辑出版管理规定》（2019年修订），对于编辑法规汇编提出如下要求：

（1）选材准确。收入法规汇编的法规必须准确无误，如果收入废止或者失效的法规，必须注明；现行法规汇编不得收入废止或者失效的法规。

（2）内容完整。收入法规汇编的法规名称、批准或者发布机关、批准或者发布日期、施行日期、章节条款等内容应当全部编入，不得随意删减或者改动。

---

[1] 参见国务院：《出版管理条例》，第27条。
[2] 参见国务院：《出版管理条例》，第28条。
[3] 参见国务院：《出版管理条例》，第30条。
[4] 参见国务院：《地图管理条例》，第3条。

（3）编排科学。法规汇编应当按照一定的分类或者顺序排列，有利于各项工作的开展。①

4. 关于标准出版

为了加强标准出版活动的管理，保护知识产权，国家技术监督局、新闻出版署于1997年联合制定了《标准出版管理办法》，规定："标准必须由国家出版行政部门批准的正式出版单位出版。国家标准由中国标准出版社出版；工程建设、药品、食品卫生、兽药和环境保护国家标准，由国务院主管工程建设、卫生、农业、环境保护等部门根据出版管理的有关规定确定相关的出版单位出版，也可委托中国标准出版社出版。行业标准由国务院有关行政主管部门根据出版管理的有关规定确定相关的出版单位出版，也可由中国标准出版社出版。地方标准由省、自治区、直辖市标准化行政主管部门根据出版管理的有关规定确定相关的出版单位出版。"②

五、出版物的印刷或复制和发行

（一）出版物的印刷或复制③

1. 出版物印刷或复制单位实行许可制度

从事出版物印刷或者复制业务的单位，应当向所在地省、自治区、直辖市人民政府出版行政主管部门提出申请，经审核许可，并依照国家有关规定到工商行政管理部门办理相关手续后，方可从事出版物的印刷或者复制。未经许可并办理相关手续的，不得印刷报纸、期刊、图书，不得复制音像制品、电子出版物。

2. 出版物印刷与复制的委托

出版单位不得委托未取得出版物印刷或者复制许可的单位印刷或者复制出版物。出版单位委托印刷或者复制单位印刷或者复制出版物的，必须提供符合国家规定的印刷或者复制出版物的有关证明，并依法与印刷或者复制单位签订合同。印刷或者复制单位不得接受非出版单位和个人的委托印刷报纸、期刊、图书或者复制音像制品、电子出版物，不得擅自印刷、发行报纸、期刊、图书或者复制、发行音像制品、电子出版物。

3. 出版物的涉外印刷与复制

印刷或者复制单位经所在地省、自治区、直辖市人民政府出版行政主管部门批准，可以承接境外出版物的印刷或者复制业务；但是，印刷或者复制的境外出版物必须全部运输出境，不得在境内发行。境外委托印刷或者复制的出版物的内容，应当经省、自治区、直辖市人民政府出版行政主管部门审核。委托人应当持有著作权人授权书，并向著作权行政管理部门登记。

---

① 参见国务院：《法规汇编编辑出版管理规定》，第6条。
② 参见国务院：《标准出版管理办法》，第3条。
③ 对此，《出版管理条例》第31～34条有相关规定。

4. 复制或印刷出版物的样本

印刷或者复制单位应当自完成出版物的印刷或者复制之日起2年内,留存一份承接的出版物样本备查。

(二) 出版物的发行

出版物的发行制度主要管理出版产业的分销环节。加入WTO以后,中国将按照相关规则,允许外资进入发行环节。

从事出版物发行业务的单位和个体工商户经出版行政主管部门批准、取得《出版物经营许可证》,并向工商行政管理部门依法领取营业执照后,方可从事出版物发行业务。

《出版管理条例》第35～36条对于以下3类出版物分销商如何获得发行资格有明确规定:

1. 出版物的批发业务

单位从事出版物批发业务的,须经省、自治区、直辖市人民政府出版行政主管部门审核许可,取得《出版物经营许可证》。

2. 出版物的零售业务

单位和个体工商户从事出版物零售业务的,须经县级人民政府出版行政主管部门审核许可,取得《出版物经营许可证》。

3. 出版物的网络出版

通过互联网等信息网络从事出版物发行业务的单位或者个体工商户,应当依照《出版管理条例》规定取得《出版物经营许可证》。提供网络交易平台服务的经营者应当对申请通过网络交易平台从事出版物发行业务的单位或者个体工商户的经营主体身份进行审查,验证其《出版物经营许可证》。

(三) 出版物印刷或复制和发行的禁止性规定

印刷或者复制单位、发行单位不得印刷或者复制、发行有下列情形之一的出版物:

1. 含有《出版管理条例》禁止内容的;
2. 非法进口的;
3. 伪造、假冒出版单位名称或者报纸、期刊名称的;
4. 未署出版单位名称的;
5. 中学小学教科书未经依法审定的;
6. 侵犯他人著作权的。①

---

① 参见国务院:《出版管理条例》,第40条。

六、出版物的进口

对于出版物的进口，《出版管理条例》第41～48条进行了专门的规定，规定如下。

（一）出版物进口经营单位

1. 出版物进口业务实施许可制度

出版物进口业务，由依照《出版管理条例》设立的出版物进口经营单位经营；未经批准，任何单位和个人不得从事出版物进口业务。

2. 出版物进口经营单位设立的条件

设立出版物进口经营单位，应当具备下列条件：

（1）有出版物进口经营单位的名称、章程；

（2）有符合国家出版行政主管部门认定的主办单位及其主管机关；

（3）有确定的业务范围；

（4）具有进口出版物内容审查能力；

（5）有与出版物进口业务相适应的资金；

（6）有固定的经营场所；

（7）法律、行政法规和国家规定的其他条件。

3. 出版物进口经营许可证与相关手续

设立出版物进口经营单位，应当向国家出版行政主管部门提出申请，经审查批准，取得国家出版行政主管部门核发的出版物进口经营许可证后，持证到工商行政管理部门依法领取营业执照。设立出版物进口经营单位，还应当依照对外贸易法律、行政法规的规定办理相应手续。

（二）进口出版物的内容审查和备案

1. 进口出版物的内容审查

出版物进口经营单位进口的出版物，不得含有《出版管理条例》禁止的内容。出版物进口经营单位负责对其进口的出版物进行内容审查。省级以上人民政府出版行政主管部门可以对出版物进口经营单位进口的出版物直接进行内容审查。出版物进口经营单位无法判断其进口的出版物是否含有《出版管理条例》禁止内容的，可以请求省级以上人民政府出版行政主管部门进行内容审查。省级以上人民政府出版行政主管部门应出版物进口经营单位的请求，对其进口的出版物进行内容审查的，可以按照国务院价格主管部门批准的标准收取费用。国家出版行政主管部门可以禁止特定出版物的进口。

2. 进口出版物目录的备案

出版物进口经营单位应当在进口出版物前将拟进口的出版物目录报省级以上人民政府出版行政主管部门备案；省级以上人民政府出版行政主管部门发现有禁止进口的或者暂缓进口的出版物的，应当及时通知出版物进口经营单位并通报海关。对通报禁止进口或者暂缓进口的出版物,出版物进口经营单位不得进口,海关不得放行。

（三）进口出版物的发行与展览

1. 进口出版物的进货渠道

发行进口出版物的,必须从依法设立的出版物进口经营单位进货。

2. 境内进行境外出版物的展览

出版物进口经营单位在境内举办境外出版物展览,必须报经国家出版行政主管部门批准。未经批准,任何单位和个人不得举办境外出版物展览。展览的境外出版物需要销售的,应当按照国家有关规定办理相关手续。①

七、监督与管理

（一）监督管理部门

出版行政主管部门是出版产业的监督管理部门。出版行政主管部门应当加强对本行政区域内出版单位出版活动的日常监督管理；出版单位的主办单位及其主管机关对所属出版单位出版活动负有直接管理责任,并应当配合出版行政主管部门督促所属出版单位执行各项管理规定。出版单位和出版物进口经营单位应当按照国家出版行政主管部门的规定,将从事出版活动和出版物进口活动的情况向出版行政主管部门提出书面报告。②

（二）监督管理部门职责

出版行政主管部门应履行下列职责：

（1）对出版物的出版、印刷、复制、发行、进口单位进行行业监管,实施准入和退出管理；

（2）对出版活动进行监管,对违反条例的行为进行查处；

（3）对出版物内容和质量进行监管；

（4）根据国家有关规定对出版从业人员进行管理。③

（三）综合评估

国家出版行政主管部门制定出版单位综合评估办法,对出版单位分类实施综合评估。出版物的出版、印刷或者复制、发行和进口经营单位不再具备行政许可的法定条件的,由出版行政主管部门责令限期改正；逾期仍未改正的,由原发证机关撤销行政许可。④

---

① 参见国务院：《出版管理条例》,第48条。
② 参见国务院：《出版管理条例》,第49条。
③ 参见国务院：《出版管理条例》,第50条。
④ 参见国务院：《出版管理条例》,第52条。

（四）职业资格管理

我国对在出版单位从事出版专业技术工作的人员实行职业资格制度；出版专业技术人员通过国家专业技术人员资格考试取得专业技术资格。[①]

八、出版事业的保障与奖励

关于出版事业的保障与奖励，《出版管理条例》第55～59条进行了详细的规定：

（一）关于优秀重点出版物的出版

国家支持、鼓励下列优秀的、重点的出版物的出版：

（1）对阐述、传播宪法确定的基本原则有重大作用的；

（2）对弘扬社会主义核心价值体系，在人民中进行爱国主义、集体主义、社会主义和民族团结教育以及弘扬社会公德、职业道德、家庭美德有重要意义的；

（3）对弘扬民族优秀文化，促进国际文化交流有重大作用的；

（4）对推进文化创新，及时反映国内外新的科学文化成果有重大贡献的；

（5）对服务农业、农村和农民，促进公共文化服务有重大作用的；

（6）其他具有重要思想价值、科学价值或者文化艺术价值的。

（二）关于出版发行的保障制度

1. 出版物发行的优惠政策

国家对教科书的出版发行，予以保障。国家扶持少数民族语言文字出版物和盲文出版物的出版发行。国家对在少数民族地区、边疆地区、经济不发达地区和在农村发行出版物，实行优惠政策。

2. 邮政发行与出版物的运输

报纸、期刊交由邮政企业发行的，邮政企业应当保证按照合同约定及时、准确发行。承运出版物的运输企业，应当对出版物的运输提供方便。

（三）关于出版发行的奖惩制度

对为发展、繁荣出版产业和出版事业作出重要贡献的单位和个人，按照国家有关规定给予奖励。对非法干扰、阻止和破坏出版物出版、印刷或者复制、进口、发行的行为，县级以上各级人民政府出版行政主管部门及其他有关部门，应当及时采取措施，予以制止。

九、法律责任

法律责任部分，在《出版管理条例》第60～69条中也有专门的规定。

[①] 参见国务院：《出版管理条例》，第53条。

（一）出版行政人员渎职行为

出版行政主管部门或者其他有关部门的工作人员，利用职务上的便利收受他人财物或者其他好处，批准不符合法定条件的申请人取得许可证、批准文件，或者不履行监督职责，或者发现违法行为不予查处，造成严重后果的，依法给予降级直至开除的处分；构成犯罪的，依照刑法关于受贿罪、滥用职权罪、玩忽职守罪或者其他罪的规定，依法追究刑事责任。

（二）擅自设立出版物的出版、印刷或者复制、进口、发行单位或者擅自从事出版物的出版、印刷或者复制、进口业务

未经批准，擅自设立出版物的出版、印刷或者复制、进口单位，或者擅自从事出版物的出版、印刷或者复制、进口、发行业务，假冒出版单位名称或者伪造、假冒报纸、期刊名称出版出版物的，由出版行政主管部门、工商行政管理部门依照法定职权予以取缔；依照刑法关于非法经营罪的规定，依法追究刑事责任；尚不够刑事处罚的，没收出版物、违法所得和从事违法活动的专用工具、设备，违法经营额1万元以上的，并处违法经营额5倍以上10倍以下的罚款，违法经营额不足1万元的，可以处5万元以下的罚款；侵犯他人合法权益的，依法承担民事责任。

（三）出版社印刷或复制含有法律法规禁止的内容

有下列行为之一，触犯刑律的，依照刑法有关规定，依法追究刑事责任；尚不够刑事处罚的，由出版行政主管部门责令限期停业整顿，没收出版物、违法所得，违法经营额1万元以上的，并处违法经营额5倍以上10倍以下的罚款；违法经营额不足1万元的，可以处5万元以下的罚款；情节严重的，由原发证机关吊销许可证：

（1）出版、进口含有《出版管理条例》禁止内容的出版物的；

（2）明知或者应知出版物含有《出版管理条例》禁止内容而印刷或者复制、发行的；

（3）明知或者应知他人出版含有《出版管理条例》禁止内容的出版物而向其出售或者以其他形式转让本出版单位的名称、书号、刊号、版号、版面，或者出租本单位的名称、刊号的。

（四）违反进口环节的相关规定

走私出版物的，依照刑法关于走私罪的规定，依法追究刑事责任；尚不够刑事处罚的，由海关依照海关法的规定给予行政处罚。

有下列行为之一的，由出版行政主管部门责令停止违法行为，没收出版物、违法所得，违法经营额1万元以上的，并处违法经营额5倍以上10倍以下的罚款；违法经营额不足1万元的，可以处5万元以下的罚款；情节严重的，责令限期停业整顿或者由原发证机关吊销许可证：

（1）进口、印刷或者复制、发行国家出版行政主管部门禁止进口的出版物的；

（2）印刷或者复制走私的境外出版物的；

（3）发行进口出版物未从《出版管理条例》规定的出版物进口经营单位进货的。

（五）违反印刷或复制企业印刷或管理规定

有下列行为之一的，由出版行政主管部门没收出版物、违法所得，违法经营额1万元以上的，并处违法经营额5倍以上10倍以下的罚款；违法经营额不足1万元的，可以处5万元以下的罚款；情节严重的，责令限期停业整顿或者由原发证机关吊销许可证：

（1）出版单位委托未取得出版物印刷或者复制许可的单位印刷或者复制出版物的；

（2）印刷或者复制单位未取得印刷或者复制许可而印刷或者复制出版物的；

（3）印刷或者复制单位接受非出版单位和个人的委托印刷或者复制出版物的；

（4）印刷或者复制单位未履行法定手续印刷或者复制境外出版物的，印刷或者复制的境外出版物没有全部运输出境的；

（5）印刷或者复制单位、发行单位或者个体工商户印刷或者复制、发行未署出版单位名称的出版物的；

（6）印刷或者复制单位、发行单位或者个体工商户印刷或者复制、发行伪造、假冒出版单位名称或者报纸、期刊名称的出版物的；

（7）出版、印刷、发行单位出版、印刷、发行未经依法审定的中学小学教科书，或者非依照《出版管理条例》规定确定的单位从事中学小学教科书的出版、发行业务的。

（六）出版单位违反书号、刊号、版号、版面规定

出版单位有下列行为之一的，由出版行政主管部门责令停止违法行为，给予警告，没收违法经营的出版物、违法所得，违法经营额1万元以上的，并处违法经营额5倍以上10倍以下的罚款；违法经营额不足1万元的，可以处5万元以下的罚款；情节严重的，责令限期停业整顿或者由原发证机关吊销许可证：

（1）出售或者以其他形式转让本出版单位的名称、书号、刊号、版号、版面，或者出租本单位的名称、刊号的；

（2）利用出版活动谋取其他不正当利益的。

（七）出版单位违反单位设立的审批、变更、备案等手续制度

有下列行为之一的，由出版行政主管部门责令改正，给予警告；情节严重的，责令限期停业整顿或者由原发证机关吊销许可证：

（1）出版单位变更名称、主办单位或者其主管机关、业务范围，合并或者分立，出版新的报纸、期刊，或者报纸、期刊改变名称，以及出版单位变更其他事项，未依照《出版管理条例》的规定到出版行政主管部门办理审批、变更登记手续的；

（2）出版单位未将其年度出版计划和涉及国家安全、社会安定等方面的重大选题备案的；

（3）出版单位未依照《出版管理条例》的规定送交出版物的样本的；

（4）印刷或者复制单位未依照《出版管理条例》的规定留存备查的材料的；

（5）出版进口经营单位未将其进口的出版物目录报送备案的；

（6）出版单位擅自中止出版活动超过180日的；

（7）出版物发行单位、出版物进口经营单位未依照《出版管理条例》的规定办理变更审批手续的；

（8）出版物质量不符合有关规定和标准的。

（八）违反境外出版物展览规定

未经批准，举办境外出版物展览的，由出版行政主管部门责令停止违法行为，没收出版物、违法所得；情节严重的，责令限期停业整顿或者由原发证机关吊销许可证。

第二节　艺术品市场法规

近几年，我国艺术品市场异常活跃，一方面艺术品拍卖单品价格屡创性高，总成交额也有大幅提升，另一方面，全国各地涌现了大量的画廊，在青州等地更是云集了大批经营名家名作的画廊。但繁华背后还有一些不尽如人意之处，这些都需要相关法律法规进行规范和调整，同时法律法规也要根据形势的变化进行及时的调整。

一、艺术品市场法规概述

目前，艺术品市场的立法稍显滞后，只有《艺术品经营管理办法》（2016年颁布）、《文物拍卖标的审核办法》（2016年颁布，2020年修订）、《文物拍卖管理办法》（2016年颁布，2020年修订）、《文物艺术品拍卖规程》（2010年颁布）、《美术品进出口管理暂行规定》（2009年颁布），《艺术品捐赠法》《艺术品鉴定法》等非常重要的法律法规还未出台，它们的缺位对中国艺术品市场的建设和发展产生了一定的消极影响。

一个规范的艺术品市场需要画廊、艺术经纪机构和拍卖机构的协同发展。它们可以被分为一级市场和二级市场。其中，画廊和艺术经纪机构是一级市场。它们起着艺术品基础数据整理、鉴定和推荐的作用。相较于艺术家自售作品，它们不仅可以帮助艺术家集中精力创作，也能保证税收的正常征收，实现把经营和销售交给市场，让艺术家专心创作的目的，使艺术品市场更加成熟。一级市场中，艺术经纪机构的作用非常明显，被看作艺术品市场规范化的标志。国家工商行政管理局1995年曾颁布《经纪人管理办法》（2004年修订），对艺术经纪人的管理有一定的指导意义，但目前已经废止。目前，我国一级艺术品市场的画廊和艺术经纪机构发展较弱，相反二级市场的拍卖机构出现了独大的现象，一级市场和二级市场呈明显的倒挂。这与相关法规的缺位有一定的关系。

关于艺术品拍卖的二级市场，我国出台了一些法律法规，但力度仍显不够。如我国于1996年颁布了《拍卖法》（2004年、2015年两次修订），对拍卖进行了专门的规范，但对艺术品拍卖的针对性不足。同时，《拍卖法》规定商务部是拍卖行为的行政主管部门，"文化主管部门只能对艺术品市场的其他环节进行管理，而对于艺术品拍卖的管理很难介入"①，导致艺术品市场的监管不力。2010年，商务部颁布了《文物艺术品拍卖规程》，2016年，文化部颁布了《文物拍卖标的审核办法》（2020年修订）《文物拍卖管理办法》（2020年修订），弥补了《拍卖法》的一些不足，但其效力要低于《拍卖法》。

2016年，"为了加强对艺术品经营活动的管理，规范经营行为，繁荣艺术品市场，保护创作者、经营者、消费者的合法权益"②，文化部颁布《艺术品经营管理办法》，对收购、销售、租赁、经纪、进出口经营、鉴定、评估、商业性展览等服务、以艺术品为标的物的投资经营活动及服务进行了规定。③利用网络从事所进行的艺术品经营活动也在《艺术品经营管理办法》的规范范围之内。但包括《艺术品经营管理办法》在内的艺术品市场法律法规对于艺术品市场的规范力度尚显不足，艺术品市场的繁荣需要更多更完善的法律法规。

二、艺术品经营环节法规

2016年，文化部颁布了《艺术品经营管理办法》，它在规范艺术品市场方面发挥着重要的作用。

艺术品是指绘画作品、书法篆刻作品、雕塑雕刻作品、艺术摄影作品、装置艺术作品、工艺美术作品等及其上述作品的有限复制品。

艺术品经营活动包括收购、销售、租赁、经纪、进出口经营、鉴定、评估、商业性展览等服务，以及以艺术品为标的物的投资经营活动及服务以及利用信息网络从事艺术品经营活动。

（一）艺术品经营活动的主管机关

文化和旅游部是艺术品经营活动的主管机关，在全国的艺术品经营管理活动中居于核心地位。按《艺术品经营管理办法》规定，文化和旅游部负责制定艺术品经营管理政策，监督管理全国艺术品经营活动，建立艺术品市场信用监管体系。省、自治区、直辖市人民政府文化行政部门负责艺术品进出口经营活动审批，建立专家委员会，为相关部门开展的内容审查、市场监管相关工作提供专业意见。县级以上人民政府文化行政部门负责本行政区域内艺术品经营活动的日常监督管理工作，县级以上人民政府文化行政部门或者依法授权的文化市场综合执法机构对从事艺术品经营活动违反国家有关

---

① 参见《中国艺术品市场法规之路》，载《艺术市场》，2010年第8期，第14页。
② 参见《艺术品经营管理办法》，第1条。
③ 参见《艺术品经营管理办法》，第2条。

规定的行为实施处罚。①

（二）设立艺术品经营单位

从事艺术品经营活动的经营单位的申请与审批

在我国，从事艺术品经营管理活动需要一定资质，《艺术品经营管理办法》规定，设立从事艺术品经营活动的经营单位，应当到住所地县级以上人民政府工商行政管理部门申领营业执照。领取营业执照之日起15日内，到住所地县级以上人民政府文化行政部门备案。其他经营单位增设艺术品经营业务的，到住所地县级以上人民政府文化行政部门办理备案手续。②

对于设立从事艺术品经营活动的经营单位应符合的条件，《艺术品经营管理办法》未明确规定。

（三）艺术品经营活动的管理

《艺术品经营管理办法》第7～15条对于禁止经营的内容、艺术品经营单位、经营行为以及应该遵守的规定进行了详细说明。

1. 艺术品经营管理制度

（1）禁载内容

对于艺术品经营单位的禁载内容，《艺术品经营管理办法》共规定了11条，与规范文化产业经营的"禁载十条"基本一致，但增加了"蓄意篡改历史、严重歪曲历史的"的规定。③此项规定，可以看作是对近年来国内外艺术品中出现的无视过去、违背历史等现象抬头的积极应对之策。

（2）艺术品经营单位禁止经营的艺术品

① 走私、盗窃等来源不合法的艺术品；

② 伪造、变造或者冒充他人名义的艺术品；

③ 除有合法手续、准许经营的以外，法律、法规禁止交易的动物、植物、矿物、金属、化石等为材质的艺术品；

④ 国家规定禁止交易的其他艺术品。

（3）艺术品经营单位禁止从事的经营行为

① 向消费者隐瞒艺术品来源，或者在艺术品说明中隐瞒重要事项，误导消费者的；

② 伪造、变造艺术品来源证明、艺术品鉴定评估文件以及其他交易凭证的；

③ 以非法集资为目的或者以非法传销为手段进行经营的；

④ 未经批准，将艺术品权益拆分为均等份额公开发行，以集中竞价、做市商等集中交易方式进行交易的；

---

① 参见《艺术品经营管理办法》，第3条。
② 参见《艺术品经营管理办法》，第5条。
③ 参见《艺术品经营管理办法》，第6条。

⑤ 法律、法规和国家规定禁止的其他经营行为。

（4）艺术品经营单位应当遵守的规定

我国的艺术品经营活动有悠久的历史，在长期的发展过程中，形成了一定的规范，这是该行业能长期延续的重要原因。为保障经营者和消费者的利益，使行业良性发展，需要有一定的规范，为此，《艺术品经营管理办法》制定了一些规范，要求艺术品经营单位严格遵守：

① 对所经营的艺术品应当标明作者、年代、尺寸、材料、保存状况和销售价格等信息；

② 保留交易有关的原始凭证、销售合同、台账、账簿等销售记录，法律、法规要求有明确期限的，按照法律、法规规定执行；法律、法规没有明确规定的，保存期不得少于5年。

（5）艺术品经营单位对买受人的义务

艺术品经营单位和买受人是艺术品经营活动的两大主体。行业的健康发展，需要同时保障两方的利益，在其中，买受人处于弱势地位，因此对其利益进行充分保障显得尤为重要。为此，《艺术品经营管理办法》规定：艺术品经营单位应买受人要求，应当对买受人购买的艺术品进行尽职调查，提供以下证明材料之一：

① 艺术品创作者本人认可或者出具的原创证明文件；

② 第三方鉴定评估机构出具的证明文件；

③ 其他能够证明或者追溯艺术品来源的证明文件。

（6）艺术品经营单位从事艺术品鉴定、评估等服务应遵守的规定

① 与委托人签订书面协议，约定鉴定、评估的事项，鉴定、评估的结论适用范围以及被委托人应当承担的责任；

② 明示艺术品鉴定、评估程序或者需要告知、提示委托人的事项；

③ 书面出具鉴定、评估结论，鉴定、评估结论应当包括对委托艺术品的全面客观说明，鉴定、评估的程序，做出鉴定、评估结论的证据，鉴定、评估结论的责任说明，并对鉴定、评估结论的真实性负责；

④ 保留书面鉴定、评估结论副本及鉴定、评估人签字等档案不得少于5年。

2. 从事艺术品进出口经营活动的管理制度

我国对艺术品进出口经营活动实施审批制度，所有艺术品经营单位从事艺术品进出口业务必须进行申报，审批通过后方可从事相关业务的经营活动。涉外商业性艺术品展览活动也需要较高的条件，经专门审批后，方可进行。

（1）艺术品进出口经营活动的申报审批制度

从境外进口或者向境外出口艺术品的，应当在艺术品进出口前，向艺术品进出口口岸所在地省、自治区、直辖市人民政府文化行政部门提出申请并报送以下材料：

① 营业执照、对外贸易经营者备案登记表；

② 进出口艺术品的来源、目的地；

③ 艺术品图录；

④ 审批部门要求的其他材料。

文化行政部门应当自受理申请之日起5日内作出批准或者不批准的决定。批准的，发给批准文件，申请单位持批准文件到海关办理手续；不批准的，书面通知申请人并说明理由。①

同一批已经文化行政部门内容审核的艺术品复出口或者复进口，进出口单位可持原批准文件到进口或者出口口岸海关办理相关手续，文化行政部门不再重复审批。②

任何单位或者个人不得销售或者利用其他商业形式传播未经文化行政部门批准进口的艺术品。

（2）涉外商业性艺术品展览活动的规定

以销售、商业宣传为目的在境内公共展览场所举办有境外艺术品创作者或者境外艺术品参加的展示活动，应当由举办单位于展览日45日前，向展览举办地省、自治区、直辖市人民政府文化行政部门提出申请，并报送以下材料：

① 主办或者承办单位的营业执照、对外贸易经营者备案登记表；

② 参展的境外艺术品创作者或者境外参展单位的名录；

③ 艺术品图录；

④ 审批部门要求的其他材料。

当然，《艺术品经营管理办法》对文化行政部门的审批也有专门规定。文化行政部门应当自受理申请之日起15日内作出批准或者不批准的决定。批准的，发给批准文件，申请单位持批准文件到海关办理手续；不批准的，书面通知申请人并说明理由。

（四）法律责任

法律责任涉及多种情况，《艺术品经营管理办法》第19～23条进行了规定：

1. 擅自开展艺术品经营活动的法律责任

未申领营业执照及备案的，由县级以上人民政府文化行政部门或者依法授权的文化市场综合执法机构责令改正，并可根据情节轻重处1万元以下罚款。

2. 经营含违禁内容的艺术品或违禁艺术品的法律责任

经营含违禁内容的艺术品或违禁艺术品的，由县级以上人民政府文化行政部门或者依法授权的文化市场综合执法机构没收非法艺术品及违法所得，违法经营额不足1万元的，并处1万元以上2万元以下罚款；违法经营额1万元以上的，并处违法经营额2倍以上3倍以下罚款。

3. 违禁经营的法律责任

---

① 参见《艺术品经营管理办法》，第14条。
② 参见《艺术品经营管理办法》，第17条。

由县级以上人民政府文化行政部门或者依法授权的文化市场综合执法机构责令改正，没收违法所得，违法经营额不足1万元的，并处1万元以上2万元以下罚款；违法经营额1万元以上的，并处违法经营额2倍以上3倍以下罚款。

4. 未遵守经营管理规定的法律责任

未遵守经营管理规定的，由县级以上人民政府文化行政部门或者依法授权的文化市场综合执法机构责令改正，并可根据情节轻重处3万元以下罚款。

5. 擅自开展艺术品进出口经营活动及销售、传播未经批准艺术品的法律责任

擅自开展艺术品进出口经营活动，及销售、传播未经批准艺术品的，由县级以上人民政府文化行政部门或者依法授权的文化市场综合执法机构责令改正，违法经营额不足1万元的，并处1万元以上2万元以下罚款；违法经营额1万元以上的，并处违法经营额2倍以上3倍以下罚款。

三、艺术品拍卖环节法规

近年来艺术品拍卖市场火爆，在其带动下，我国的艺术品拍卖成交额已经连续多年蝉联世界第一。艺术品拍卖亦称艺术品竞买，是指以公开竞价的形式，将艺术品的财产权利转让给最高应价者的买卖方式。

国务院负责管理拍卖业的部门（商务部）对全国拍卖业实施监督管理。省、自治区、直辖市的人民政府和设区的市的人民政府负责管理拍卖业的部门对本行政区域内的拍卖业实施监督管理。

《拍卖法》对普通商品的拍卖具有很强的指导意义。但是，艺术品拍卖，特别是文物拍卖与普通物品拍卖存在区别。因此，单纯依靠《拍卖法》，无法有效地管理艺术品拍卖活动。为此，商务部于2010年颁布了《文物艺术品拍卖规程》。2016年，国家文物局先后颁布了《文物拍卖标的审核办法》(2020年修订)《文物拍卖管理办法》(2020年修订)，对文物拍卖有了更为严格的规定。

结合《拍卖法》《拍卖管理办法》《文物艺术品拍卖规程》和《文物拍卖管理办法》，本节将介绍艺术品拍卖企业的设立、拍卖活动中要遵守的法律规范：

（一）艺术品拍卖企业的设立、变更和终止

1. 艺术品拍卖企业的设立条件

（1）艺术品拍卖企业的设立

企业取得从事拍卖业务的许可必须经所在地的省、自治区、直辖市人民政府负责管理拍卖业的部门审核批准。拍卖企业可以在设区的市设立。企业申请取得从事拍卖业务的许可，应当具备下列条件：

① 有100万元人民币以上的注册资本；

② 有自己的名称、组织机构和章程；

③ 有与从事拍卖业务相适应的拍卖师和其他工作人员；

④ 有符合《拍卖法》和其他有关法律规定的拍卖业务规则；

⑤ 符合国务院有关拍卖业发展的规定；

⑥ 法律、行政法规规定的其他条件。①

对于经营文物拍卖，《拍卖法》亦有专门规定，要求"拍卖企业经营文物拍卖的，应当有一千万元人民币以上的注册资本，有具有文物拍卖专业知识的人员"。②

企业申请取得从事拍卖业务的许可，应当提交下列材料：

① 申请书；

② 公司章程、拍卖业务规则；

③ 企业法人营业执照副本（复印件）；

④ 拟聘任的拍卖师执业资格证书；

⑤ 固定办公场所产权证明或租用合同。③

（2）艺术品拍卖企业分公司申请取得从事拍卖业务的许可

艺术品拍卖企业分公司申请取得从事拍卖业务的许可，应当符合下列条件：

① 符合拍卖业发展规划；

② 有固定的办公场所；

③ 经营拍卖业务3年以上，最近2年连续盈利，其上年拍卖成交额超过5 000万元人民币；或者上年拍卖成交额超过2亿元人民币。④

艺术品拍卖企业分公司申请取得从事拍卖业务的许可，申请者需要提交的材料有：申请报告；企业法人营业执照副本（复印件）；最近2年经会计师事务所审计的年度财务会计报表；拟聘任的拍卖师执业资格证书；企业已购买或租用固定办公场所的书面承诺。⑤

2. 拍卖企业的变更和终止

拍卖企业向工商行政管理机关申请变更注册登记项目前，应当先报省级商务主管部门核准，并由其换发拍卖经营批准证书。⑥

拍卖企业的终止方式有两种，一是商务主管部门收回拍卖经营批准证书，二是注销拍卖企业。艺术品拍卖企业及分公司申请取得从事拍卖业务的许可后连续6个月无正当理由未举办拍卖会或没有营业纳税证明的，由商务主管部门收回拍卖经营批准证书。艺术品拍卖企业根据章程规定事由、股东会决议或其他事由解散的；或者因违反法律、

---

① 参见《拍卖法》，第11～12条。
② 参见《拍卖法》，第13条。
③ 参见商务部：《拍卖管理办法》，第8条。
④ 参见商务部：《拍卖管理办法》，第10条。
⑤ 参见商务部：《拍卖管理办法》，第11条。
⑥ 参见商务部：《拍卖管理办法》，第13条。

行政法规及《拍卖管理办法》规定被责令关闭的；或者因不能清偿到期债务，被依法宣告破产的，由有关部门依法注销。①

（二）拍卖标的和拍卖当事人各方的权利和义务

1. 拍卖标的

拍卖标的是指委托人委托拍卖人以拍卖方式出售的其所有或依法可以处分的物品或者财产权利。拍卖标的的范围很广，既包括有形的物品，也包括无形的财产权利，如土地使用权等。但法律、行政法规禁止买卖的物品或财产权利，不得作为拍卖标的。②依照法律或国务院规定需审批才能转让的物品或财产权利，在拍卖前应依法办理审批手续。委托拍卖的文物，在拍卖前，应当经拍卖人住所地的文物行政管理部门依法鉴定、许可。③对于文物标的，《文物拍卖标的审核办法》有更为细致的规定：

《文物拍卖标的审核办法》第13条规定：下列文物不得作为文物拍卖标的：

（1）依照法律应当上交国家的出土（水）文物，以出土（水）文物名义进行宣传的标的；

（2）被盗窃、盗掘、走私的文物或者明确属于历史上被非法掠夺的中国文物；

（3）公安、海关、工商等执法部门和人民法院、人民检察院依法没收、追缴的文物，以及银行、冶炼厂、造纸厂及废旧物资回收单位拣选的文物；

（4）国有文物收藏单位及其他国家机关、部队和国有企业、事业单位等收藏、保管的文物，以及非国有博物馆馆藏文物；

（5）国有文物商店收存的珍贵文物；

（6）国有不可移动文物及其构件；

（7）涉嫌损害国家利益或者有可能产生不良社会影响的标的；

（8）其他法律法规规定不得流通的文物。

2. 拍卖当事人各方权利和义务

在拍卖活动中，拍卖人、委托人、竞买人和买受人是拍卖当事人。拍卖会的成功举办也离不开拍卖师的出色主持，因此此处也介绍一下拍卖师的权利和义务。

（1）拍卖人

依照《拍卖法》和《公司法》设立的从事拍卖活动的企业法人即为拍卖人。拍卖人的权利和义务有：

① 拍卖人有权要求委托人说明拍卖标的的来源和瑕疵。拍卖人应当向竞买人说明拍卖标的的瑕疵。

② 拍卖人对委托人交付拍卖的物品负有保管义务。拍卖人接受委托后，未经委托人同意，不得委托其他拍卖人拍卖。

---

① 参见商务部：《拍卖管理办法》，第14、15条。
② 参见《拍卖法》，第7条。
③ 参见《拍卖法》，第8条。

③ 委托人、买受人要求对其身份保密的,拍卖人应当为其保密。

④ 拍卖人及其工作人员不得以竞买人的身份参与自己组织的拍卖活动,并不得委托他人代为竞买。拍卖人不得在自己组织的拍卖活动中拍卖自己的物品或者财产权利。

⑤ 拍卖成交后,拍卖人应当按照约定向委托人交付拍卖标的的价款,并按照约定将拍卖标的移交给买受人。①

（2）拍卖师

拍卖师是拍卖活动的主持者。国家对拍卖专业技术人员实行执业资格制度,经全国统一考试合格,取得人社部、商务部联合用印的,由中国拍卖行业协会颁发的《拍卖师执业资格证书》,并经注册登记的人员方可主持拍卖活动。拍卖师只能在一个拍卖企业注册执业且不得以其拍卖师个人身份在其他拍卖企业兼职;拍卖师不得将执业资格证书借予他人或其他单位使用。拍卖师可以变更执业注册单位。拍卖师变更执业注册单位的,应当向中国拍卖行业协会办理注册变更手续。中国拍卖行业协会应将拍卖师注册登记及变更情况每月定期报商务部备案。②

拍卖师应当具备下列条件:具有高等院校专科以上学历和拍卖专业知识;在拍卖企业工作2年以上;品行良好。被开除公职或者吊销拍卖师资格证书未满五年的,或者因故意犯罪受过刑事处罚的,不得担任拍卖师。③

（3）委托人

委托人是指委托拍卖人拍卖物品或者财产权利的公民、法人或者其他组织。委托人可以自行办理委托拍卖手续,也可以由其代理人代为办理委托拍卖手续。《拍卖法》第27～31条对委托人的权利和义务有如下规定:

① 委托人应当向拍卖人说明拍卖标的的来源和瑕疵。

② 委托人有权确定拍卖标的的保留价并要求拍卖人保密。拍卖国有资产,依照法律或者按照国务院规定需要评估的,应当经依法设立的评估机构评估,并根据评估结果确定拍卖标的的保留价。

③ 委托人在拍卖开始前可以撤回拍卖标的。委托人撤回拍卖标的的,应当向拍卖人支付约定的费用;未作约定的,应当向拍卖人支付为拍卖支出的合理费用。

④ 委托人不得参与竞买,也不得委托他人代为竞买。

⑤ 按照约定由委托人移交拍卖标的的,拍卖成交后,委托人应当将拍卖标的移交给买受人。

（4）竞买人

竞买人是指参加竞购拍卖标的的公民、法人或者其他组织。法律、行政法规对拍

---

① 对此,《拍卖法》第18～24条进行了规定。
② 参见商务部:《拍卖管理办法》,第16～18条。
③ 参见《拍卖法》,第15条。

卖标的的买卖条件有规定的，竞买人应当具备规定的条件。对竞买人的权利和义务，《拍卖法》第34～37条有明确规定：

① 竞买人可以自行参加竞买，也可以委托其代理人参加竞买。

② 竞买人有权了解拍卖标的的瑕疵，有权查验拍卖标的和查阅有关拍卖资料。

③ 竞买人一经应价，不得撤回，当其他竞买人有更高应价时，其应价即丧失约束力。

④ 竞买人之间、竞买人与拍卖人之间不得恶意串通，损害他人利益。

（5）买受人

买受人是指以最高应价购得拍卖标的的竞买人。买受人的权利和义务有：

① 按照约定支付拍卖标的的价款，未按照约定支付价款的，应当承担违约责任，或者由拍卖人征得委托人的同意，将拍卖标的再行拍卖。拍卖标的再行拍卖的，原买受人应当支付第一次拍卖中本人及委托人应当支付的佣金。再行拍卖的价款低于原拍卖价款的，原买受人应当补足差额。

② 买受人未能按照约定取得拍卖标的的，有权要求拍卖人或者委托人承担违约责任。买受人未按照约定受领拍卖标的的，应当支付由此产生的保管费用。

（三）拍卖活动管理制度

1.《拍卖法》涉及的主要法律规则

（1）价高者得规则

《拍卖法》第3条规定："拍卖是指以公开竞价的形式，将特定物品或者财产权利转让给最高应价者的买卖方式。"这也是拍卖与招标的不同之处。

（2）保留价规则或底价规则

所谓保留价，又称底价，是指在拍卖过程中委托人同意卖出的拍卖物的最低价格，保留价规则是指保留价发挥作用的制度。底价不需要拍卖人公开，如果一场拍卖活动中没有底价拍卖人必须声明；如果有底价，则拍卖人不必声明。

（3）瑕疵请求规则

根据《拍卖法》规定，委托人和拍卖人有瑕疵的告知义务。委托人应将自己知道的或应该知道的有关拍卖物的瑕疵告知拍卖人，告知应在移交拍卖物之前或之时，或在委托拍卖合同签订时。

委托人有义务告诉拍卖人其物品有瑕疵；反之，拍卖人有义务要求委托人告知其拍卖物品是否有瑕疵。对于事先声明已经告知的瑕疵，竞买人买受之后，委托人和竞买人不承担瑕疵担保责任，对于显而易见的瑕疵，即使没有告知，也可以免责。

当买受人请求对方承担瑕疵担保义务的时候，委托人或拍卖人有下列理由拒绝承担责任：

① 瑕疵是由买受人的疏忽、过失造成的①；

② "声明不保证"应受到严格限制，不能滥用；对拍卖品已作确定性陈述的，声明不保证不能免责。

（4）禁止参与竞买规则

禁止参与竞买规则包括以下两个方面内容：

① 禁止拍卖人参与竞买

拍卖人不得参与自己主持的拍卖会的竞买。拍卖人是委托人的代理人，代理的是卖方行为，如果参与竞买的话，就出现了买卖关系中的双重人格，拍卖人是拍卖的组织者，知晓拍品的一切情况，其中包括拍品的拍卖底价，相比较其他竞买人处于有利地位。

② 禁止委托人参与竞买

禁止委托人参与自己委托拍卖标的的竞买，这一点与西方不同，有些国家并不禁止其参与竞买。在拍卖法律关系中，委托人是事实上的卖方，委托人同时参与竞买，同样形成了双重人格，这是一个矛盾。委托人参与竞买，其本身目的是抬高拍品价格，此行为是一种虚假的民事行为，带有欺诈性质，依照《民法通则》，是非法的。②

（四）拍卖的实施

1. 拍卖程序

（1）拍卖委托

对于拍卖委托，《拍卖法》第41~44条有如下规定：

① 委托人委托拍卖物品或者财产权利，应当提供身份证明和拍卖人要求提供的拍卖标的的所有权证明或者依法可以处分拍卖标的的证明及其他资料。

② 拍卖人应当对委托人提供的有关文件、资料进行核实。拍卖人接受委托的，应当与委托人签订书面委托拍卖合同。

③ 拍卖人认为需要对拍卖标的进行鉴定的，可以进行鉴定。鉴定结论与委托拍卖合同载明的拍卖标的的状况不相符的，拍卖人有权要求变更或者解除合同。

④ 委托拍卖合同应当载明以下事项：

a. 委托人、拍卖人的姓名或者名称、住所；

b. 拍卖标的的名称、规格、数量、质量；

c. 委托人提出的保留价；

d. 拍卖的时间、地点；

e. 拍卖标的交付或者转移的时间、方式；

f. 佣金及其支付的方式、期限；

g. 价款的支付方式、期限；

---

① 张兰兰：《我国艺术品瑕疵担保免责制度研究》，《法制与社会》，2015年第15期，第39页。

② 参见陈杰、闵锐武：《文化产业政策与法规》，中国海洋大学出版社，2006年版，第274页。

h. 违约责任；

i. 双方约定的其他事项。

（2）拍卖公告与展示

① 拍卖人应当于拍卖日7日前发布拍卖公告。

② 拍卖公告应当载明下列事项：

a. 拍卖的时间、地点；

b. 拍卖标的；

c. 拍卖标的展示时间、地点；

d. 参与竞买应当办理的手续；

e. 需要公告的其他事项。

③ 拍卖公告应当通过报纸或者其他新闻媒介发布。

④ 拍卖人应当在拍卖前展示拍卖标的，并提供查看拍卖标的的条件及有关资料。拍卖标的的展示时间不得少于2日。①

（3）拍卖的实施

① 宣布拍卖规则和注意事项。

② 有无保留价的说明。拍卖标的无保留价的，拍卖师应当在拍卖前予以说明。拍卖标的有保留价的，竞买人的最高应价未达到保留价时，该应价不发生效力，拍卖师应当停止拍卖标的的拍卖。

③ 拍卖成交。竞买人的最高应价经拍卖师落槌或者以其他公开表示买定的方式确认后，拍卖成交。

④ 拍卖成交后，买受人和拍卖人应当签署成交确认书。

⑤ 拍卖人进行拍卖时，应当制作拍卖笔录。拍卖笔录应当由拍卖师、记录人签名；拍卖成交的，还应当由买受人签名。

⑥ 拍卖人应当妥善保管有关业务经营活动的完整账簿、拍卖笔录和其他有关资料。账簿、拍卖笔录和其他有关资料的保管期限，自委托拍卖合同终止之日起计算，不得少于5年。

⑦ 拍卖标的需要依法办理证照变更、产权过户手续的，委托人、买受人应当持拍卖人出具的成交证明和有关材料，向有关行政管理机关办理手续。②

2. 国家优先购买权

国家优先购买权是国际上通行的一种保护文物的方式。《文物保护法》第58条规定："文物行政部门在审核拟拍卖的文物时，可以指定国有文物收藏单位优先购买其中的珍贵文物。购买价格由文物收藏单位的代表与文物的委托人协商确定。"③《文物拍

---

① 对拍卖公告与展示，《拍卖法》第45～48条进行了相应规定。

② 对拍卖的实施，《拍卖法》第49～55条进行了相应规定。

③ 参见《文物保护法》，第58条。

卖管理办法》第16条进一步规定为:"国家对拍卖企业拍卖的珍贵文物拥有优先购买权。国家文物局可以指定国有文物收藏单位行使优先购买权。优先购买权以协商定价或定向拍卖的方式行使。以协商定价方式实行国家优先购买的文物拍卖标的,购买价格由国有文物收藏单位的代表与文物的委托人协商确定,不得进入公开拍卖流程。"[①]

"国家优先购买权"实施过程大致如下:"在拍卖前,国家通过拍卖公司发出公示,表明国家将对本场拍卖中的某些拍品行使'优先购买权',这实际是与竞拍者形成一种约定,参加拍卖即视为认可此约定。必须强调的是,国家并不参与竞拍,但认可拍卖所形成的价格。当拍卖结束后,在一定时内(通常为7天)内,国家作出决定是否购买。"[②]

3. 佣金

关于佣金的多少,《拍卖法》规定,委托人、买受人可以与拍卖人约定佣金的比例。委托人、买受人与拍卖人对佣金比例未作约定,拍卖成交的,拍卖人可以向委托人、买受人各收取不超过拍卖成交价5%的佣金。收取佣金的比例按照同拍卖成交价成反比的原则确定。拍卖未成交的,拍卖人可以向委托人收取约定的费用;未作约定的,可以向委托人收取为拍卖支出的合理费用。[③]

(五)法律责任

1. 拍卖无所有权或者依法不得处分的物品或者财产权利的法律责任

委托人违反规定,委托拍卖没有所有权或者依法不得处分的物品或者财产权利的,应当依法承担责任。拍卖人明知委托人对拍卖购物品或者财产权利没有所有权或者依法不得处分的,应当承担连带责任。

2. 国家机关擅自处理应拍卖物品的法律责任

国家机关违反规定,将应当委托财产所在地的省、自治区、直辖市的人民政府或者设区的市的人民政府指定的拍卖人拍卖的物品擅自处理的,对负有直接责任的主管人员和其他直接责任人员依法给予行政处分,给国家造成损失的,还应当承担赔偿责任。

3. 擅自设立拍卖企业的法律责任

违反规定,未经许可从事拍卖业务的,由工商行政管理部门予以取缔,没收违法所得,并可以处违法所得1倍以上5倍以下的罚款。

4. 未尽瑕疵告知义务的法律责任

拍卖人、委托人违反规定,未说明拍卖标的的瑕疵,给买受人造成损害的,买受人有权向拍卖人要求赔偿;属于委托人责任的,拍卖人有权向委托人追偿。拍卖人、委托人在拍卖前声明不能保证拍卖标的的真伪或者品质的,不承担瑕疵担保责任。因拍卖标的存在瑕疵未声明的,请求赔偿的诉讼时效期间为1年,自当事人知道或者应当知道权利受到损害之日起计算。因拍卖标的存在缺陷造成人身、财产损害请求赔偿的诉讼

---

① 参见国家文物局:《文物拍卖管理办法》,第16条。
② 参见张立行:《"文物国家优先购买"是否合理?》,载《中国美术馆》,2009年第7期,第94页。
③ 参见《拍卖法》,第56条。

时效期间,适用《产品质量法》和其他法律的有关规定。

5. 拍卖人参与竞买的法律责任

拍卖人及其工作人员违反规定,参与竞买或者委托他人代为竞买的,由工商行政管理部门对拍卖人给予警告,可以处拍卖佣金1倍以上5倍以下的罚款;情节严重的,吊销营业执照。

6. 拍卖人自拍的法律责任

拍卖人在自己组织的拍卖活动中拍卖自己的物品或者财产权利的,由工商行政管理部门没收拍卖所得。

7. 委托人参与竞买的法律责任

委托人参与竞买或者委托他人代为竞买的,工商行政管理部门可以对委托人处拍卖成交价30%以下的罚款。

8. 恶意串通的法律责任

竞买人之间、竞买人与拍卖人之间恶意串通,给他人造成损害的,拍卖无效,应当依法承担赔偿责任。由工商行政管理部门对参与恶意串通的竞买人处最高应价10%以上30%以下的罚款;对参加恶意串通的拍卖人处最高应价10%以上50%以下的罚款。

9. 违反佣金收取规定的法律责任

违反关于佣金比例的规定收取佣金的,拍卖人应当将超收部分返还委托人、买受人。物价管理部门可以对拍卖人处拍卖佣金1倍以上5倍以下的罚款。

第三节 演艺产业法规

演艺产业是我国文化产业的重要组成部分。目前,规范我国演艺产业的部门法规主要有《营业性演出管理条例》(2005年颁布,2008年、2013年、2016年、2020年修订)、《营业性演出管理条例实施细则》(2009年颁布,2017年修订)和《演出经纪人员管理办法》(2012年颁布)。

改革开放以来,中外之间的演艺活动交往频繁。为了对其进行规范,文化部于1997年颁布了《涉外文化艺术表演及展览管理规定》(2004年修订),为涉外文化艺术表演提供了法律依据。此外,为了规范在华外国人在中国的演出活动,文化部曾于1999年颁布了《在华外国人参加演出活动管理办法》,后来《营业性演出管理条例》对相关活动有了新的规定,前者被废止。

一、演艺市场法规概述

1997年国务院颁布了《营业性演出管理条例》,以规范营业性的演出活动。但是,随着演出市场不断出现新情况,我国演艺市场的法规也随之不断调整。

新形势下,1997版的《营业性演出管理条例》不能适应演艺产业的实际情况。于是,国务院于2005年重新颁布条例,并在2008年、2013年、2016年、2020年又进行了修订。2005年颁布的条例,在多方面都有积极意义。2005年的新条例有以下6个方面的重要调整:(1)降低市场门槛,降低经营成本;(2)禁止赠票、公款追星,让票价回归市场理性;(3)鼓励演出下农村、走厂矿;(4)明令禁止假唱;(5)规范义演;(6)消除安全隐患。2008年的修订只有1处。修订之后,港澳地区投资者可以在内地设立独资经营的演出经纪机构。2013年的修订内容有3处。其中,第9条删除了"演出经纪"的相关内容,对演出经纪机构名称变更的限制有所降低;第12条第3款的修订只是文字上的修订,实质内容未有变化;第16条第1款,对于举办外国的文艺表演团体、个人参加的营业性演出,在非歌舞娱乐场所进行的,其审批部门由国务院文化主管部门,改为演出所在地省、自治区、直辖市人民政府文化主管部门,审批部门层级有所下降。2016年版修订了6处,主要涉及营业性演出活动的从业条件,中外合资、合作经营的演出经纪机构、演出场所经营单位的设立,营业性演出经营活动的信用监管制度等。

二、演艺产业经营规范

本节将结合2020年版条例和2017年《营业性演出管理条例实施细则》,梳理参与演出活动各经营主体的资格审查到演出活动整个流程的管理规范,以及相关的法律责任。

(一)营业性演出概述

1. 营业性演出的概念

营业性演出是指以营利为目的为公众举办的现场文艺表演活动,包括以下方式:

(1)售票或接受赞助的;

(2)支付演出单位或者个人报酬的;

(3)以演出为媒介进行广告宣传或者产品促销的;

(4)以其他营利方式组织演出的。①

2. 营业性演出的监管管理机关

在中央层面,国务院文化主管部门主管全国营业性演出的监督管理工作。国务院

---

① 参见《营业性演出管理条例实施细则》,第2条。

公安部门、工商行政管理部门在各自职责范围内，主管营业性演出的监督管理工作。在地方层面，县级以上地方人民政府文化主管部门负责本行政区域内营业性演出的监督管理工作。县级以上地方人民政府公安部门、工商行政管理部门在各自职责范围内，负责本行政区域内营业性演出的监督管理工作。①

（二）营业性演出经营主体及其设立

演艺产业经营主体主要包括文艺表演团体、演出经纪机构和演出场所经营单位三类市场主体。

1. 文艺表演团体的主体资格及申请从事经营活动

（1）申请

文艺表演团体申请从事营业性演出活动，应当有与其业务相适应的专职演员和器材设备，并向县级人民政府文化主管部门提出申请。

（2）变更

文艺表演团体变更名称、住所、法定代表人或者主要负责人、营业性演出经营项目，应当向原发证机关申请换发营业性演出许可证，并依法到工商行政管理部门办理变更登记。②

2. 演出经纪机构的主体资格及申请从事经营活动

演出经纪机构申请从事营业性经营活动，应当有3名以上专职演出经纪人员和与其业务相适应的资金，并向省、自治区、直辖市人民政府文化主管部门提出申请。

3. 演出场所经营单位的主体资格及设立

（1）设立营业性演出场所经营单位的申请与变更

① 申请

设立演出场所经营单位，应当依法到工商行政管理部门办理注册登记，领取营业执照，并依照有关消防、卫生管理等法律、行政法规的规定办理审批手续。演出场所经营单位应当自领取营业执照之日起20日内向所在地县级人民政府文化主管部门备案。③

② 变更

演出场所经营单位变更名称、住所、法定代表人或者主要负责人，应当依法到工商行政管理部门办理变更登记，并向原备案机关重新备案。④

4. 个体经纪人和个体演员的资格设立

（1）个体演员和个体经纪人的备案程序

以从事营业性演出为职业的个体演员和以从事营业性演出的居间、代理活动为职业的个体演出经纪人，应当依法到工商行政管理部门办理注册登记，领取营业执照。个

---

① 参见国务院：《营业性演出管理条例》，第5条。
② 参见国务院：《营业性演出管理条例》，第8条。
③ 参见国务院：《营业性演出管理条例》，第7条。
④ 参见国务院：《营业性演出管理条例》，第8条。

体演员、个体演出经纪人应当自领取营业执照之日起20日内向所在地县级人民政府文化主管部门备案。①

个体演员可以持个人身份证明和《营业性演出管理条例实施细则》第七条第二款规定的艺术表演能力证明,个体演出经纪人可以持个人身份证明和演出经纪人员资格证明,向户籍所在地或者常驻地县级文化主管部门申请备案,文化主管部门应当出具备案证明。②

（2）个体演出经纪人申请《演出经纪人员资格证》

依照《演出经纪人管理办法》,欲从事演出经纪的自然人须持有《演出经纪人员资格证》。

5. 涉外及涉港、澳、台营业性演出经营主体及设立

（1）涉外营业性演出经营主体及设立

外国投资者可以依法在中国境内设立演出经纪机构、演出场所经营单位；不得设立文艺表演团体。

外商投资的演出经纪机构申请从事营业性演出经营活动,外商投资的演出场所经营单位申请从事演出场所经营活动,应当向国务院文化主管部门提出申请。③

（2）涉港、澳、台营业性演出经营主体及设立

香港特别行政区、澳门特别行政区的投资者可以在内地投资设立演出经纪机构、演出场所经营单位以及由内地方控股的文艺表演团体；香港特别行政区、澳门特别行政区的演出经纪机构可以在内地设立分支机构。

台湾地区的投资者可以在大陆投资设立演出经纪机构、演出场所经营单位,不得设立文艺表演团体。

依照上述规定设立的演出场所经营单位申请从事演出场所经营活动,应当向省、自治区、直辖市人民政府文化主管部门提出申请。省、自治区、直辖市人民政府文化主管部门应当自收到申请之日起20日内作出决定。批准的,颁发营业性演出许可证；不批准的,应当书面通知申请人并说明理由。依照上述规定设立演出经纪机构、演出场所经营单位的,还应当遵守我国其他法律、法规的规定。④

（三）营业性演出规范

1. 一般营业性演出的规范

（1）营业性演出经营主体的权利和义务

《营业性演出管理条例》及《营业性演出管理条例实施细则》对营业性演出经营主体的权利和义务进行了规定。

---

① 参见国务院：《营业性演出管理条例》,第9条。
② 参见《营业性演出管理条例实施细则》,第9条。
③ 参见国务院：《营业性演出管理条例》,第10条。
④ 参见国务院：《营业性演出管理条例》,第11条。

① 文艺表演团体和演员个人的权利和义务

文艺表演团体、个体演员可以自行举办营业性演出，也可以参加营业性组台演出，但营业性组台演出应当由演出经纪机构举办。① 申请举办含有内地演员和香港特别行政区、澳门特别行政区、台湾地区演员共同参加的营业性演出，可以报演出所在地省级文化主管部门审批，具体办法由省级文化主管部门制定。②

② 演出经纪机构的权利和义务

演出经纪机构可以从事营业性演出的居间、代理、经纪活动。个体演出经纪人只能从事营业性演出的居间、代理活动。③ 经批准到艺术院校从事教学、研究工作的外国或者我国港澳台地区艺术人员从事营业性演出的，应当委托演出经纪机构承办。④

③ 演出场所经营单位的权利和义务

演出场所经营单位可以在本单位经营的场所内举办营业性组台演出。⑤ 歌舞娱乐场所、旅游景区、主题公园、游乐园、宾馆、饭店、酒吧、餐饮场所等非演出场所经营单位需要在本场所内举办营业性演出的，应当委托演出经纪机构承办。⑥

（2）举办一般性演出的审批手续

举办营业性演出，应当向演出所在地县级人民政府文化主管部门提出申请。县级人民政府文化主管部门应当自受理申请之日起3日内作出决定。对符合条例规定的，发给批准文件；对不符合条例规定的，不予批准，书面通知申请人并说明理由。⑦

申请举办营业性演出，提交的申请材料应当包括下列内容：

① 演出名称、演出举办单位和参加演出的文艺表演团体、演员；

② 演出时间、地点、场次；

③ 节目及其视听资料。

申请举办营业性组台演出，还应当提交文艺表演团体、演员同意参加演出的书面函件。

营业性演出需要变更申请材料所列事项的，应当分别按相关规定重新报批。⑧

2. 涉外营业性演出的规范

（1）举办涉外营业性演出的要求

除了要达到一般营业性演出的条件并进行审批程序外，对涉外演出，《营业性演出管理条例》及《营业性演出管理条例实施细则》还设立了一些特别的要求，条例第

---

① 参见国务院：《营业性演出管理条例》，第12条。
② 参见《营业性演出管理条例实施细则》，第22条。
③ 参见国务院：《营业性演出管理条例》，第12条。
④ 参见《营业性演出管理条例实施细则》，第20条。
⑤ 参见国务院：《营业性演出管理条例》，第12条。
⑥ 参见《营业性演出管理条例实施细则》，第21条。
⑦ 参见国务院：《营业性演出管理条例》，第13条。
⑧ 参见国务院：《营业性演出管理条例》，第16条。

14~15条明确规定：

除演出经纪机构外，其他任何单位或者个人不得举办外国的或者我国香港特别行政区、澳门特别行政区、台湾地区的文艺表演团体、个人参加的营业性演出。但是，文艺表演团体自行举办营业性演出，可以邀请外国的或者我国香港特别行政区、澳门特别行政区、台湾地区的文艺表演团体、个人参加。

举办外国的或者我国香港特别行政区、澳门特别行政区、台湾地区的文艺表演团体、个人参加的营业性演出，应当符合下列条件：

① 有与其举办的营业性演出相适应的资金；
② 有2年以上举办营业性演出的经历；
③ 举办营业性演出前2年内无违反《营业性演出管理条例》规定的记录。

（2）举办涉外营业性演出的特殊审批程序要求

举办外国的文艺表演团体、个人参加的营业性演出，演出举办单位应当向演出所在地省、自治区、直辖市人民政府文化主管部门提出申请。

举办香港特别行政区、澳门特别行政区的文艺表演团体、个人参加的营业性演出，演出举办单位应当向演出所在地省、自治区、直辖市人民政府文化主管部门提出申请；举办台湾地区的文艺表演团体、个人参加的营业性演出，演出举办单位应当向国务院文化主管部门会同国务院有关部门规定的审批机关提出申请。①

3. 举办营业性演出的安全保障

演出的安全保障既关系到演职人员的生命安全，也与观众的生命安全密切相关。演出场所经营单位、主办方以及演出方都应把好安全关。《营业性演出管理条例》第17~23条对于举办营业性演出的安全保障也有具体规定：

（1）在演出场所经营单位举办营业性演出的安全保障

演出场所经营单位提供演出场地，应当核验演出举办单位取得的批准文件；不得为未经批准的营业性演出提供演出场地。

演出场所经营单位应当确保演出场所的建筑、设施符合国家安全标准和消防安全规范，定期检查消防安全设施状况，并及时维护、更新。演出场所经营单位应当制定安全保卫工作方案和灭火、应急疏散预案。演出举办单位在演出场所进行营业性演出，应当核验演出场所经营单位的消防安全设施检查记录，安全保卫工作方案和灭火、应急疏散预案，并与演出场所经营单位就演出活动中突发安全事件的防范、处理等事项签订安全责任协议。

（2）在公共场所举办营业性演出的安全保障

在公共场所举办营业性演出，演出举办单位应当依照有关安全、消防的法律、行政法规和国家有关规定办理审批手续，并制定安全保卫工作方案和灭火、应急疏散预案。

---

① 参见国务院：《营业性演出管理条例》，第15条。

演出场所应当配备应急广播、照明设施，在安全出入口设置明显标识，保证安全出入口畅通；需要临时搭建舞台、看台的，演出举办单位应当按照国家有关安全标准搭建舞台、看台，确保安全。

《营业性演出管理条例》对组织者有如下要求，演出场所容纳的观众数量应当报公安部门核准；观众区域与缓冲区域应当由公安部门划定，缓冲区域应当有明显标识。演出举办单位应当按照公安部门核准的观众数量、划定的观众区域印制和出售门票。验票时，发现进入演出场所的观众达到核准数量仍有观众等待入场的，应当立即终止验票并同时向演出所在地县级人民政府公安部门报告；发现观众持有观众区域以外的门票或者假票的，应当拒绝其入场并同时向演出所在地县级人民政府公安部门报告。

《营业性演出管理条例》对演出场所经营单位也有相关要求：演出场所经营单位应当根据公安部门的要求，配备安全检查设施，并对进入营业性演出现场的观众进行必要的安全检查；观众不接受安全检查或者有前款禁止行为的，演出场所经营单位有权拒绝其进入。

演出举办单位应当组织人员落实营业性演出时的安全、消防措施，维护营业性演出现场秩序。演出举办单位和演出场所经营单位发现营业性演出现场秩序混乱，应当立即采取措施并同时向演出所在地县级人民政府公安部门报告。

4. 对营业性演出宣传活动及演出内容方面的相关要求

（1）对营业性演出宣传活动方面的内容要求

演出举办单位不得以政府或者政府部门的名义举办营业性演出。营业性演出不得冠以"中国""中华""全国""国际"等字样。营业性演出广告内容必须真实、合法，不得误导、欺骗公众。①

（2）对营业性演出中的内容要求

营业性演出不得有下列情形，要遵守"禁载十条"的规定。

5. 对营业性演出活动管理方面的相关要求

（1）演出过程的管理

参加营业性演出的文艺表演团体、主要演员或者主要节目内容等发生变更的，演出举办单位应当及时告知观众并说明理由。观众有权退票。演出过程中，除因不可抗力不能演出的外，演出举办单位不得中止或者停止演出，演员不得退出演出。②

（2）对假唱的规定

假唱是指演员在演出过程中，使用事先录制好的歌曲、乐曲代替现场演唱的行为，是危害演艺行业的毒瘤。为制止假唱，《营业性演出管理条例》进行了专门规定：

演员不得以假唱欺骗观众。演出举办单位不得组织演员假唱。任何单位或者个人

---

① 参见国务院：《营业性演出管理条例》，第24条。
② 参见国务院：《营业性演出管理条例》，第27条。

不得为假唱提供条件。演出举办单位应当派专人对演出进行监督,防止假唱行为的发生。① 但该条款在执行过程中出现了不尽如人意的地方,如某位明星参加2014春晚,演唱的歌曲《倍儿爽》明显有假唱行为,其后接受采访时也予以承认,但未受到任何处罚。虽然春晚不是商业性演出,但假唱未受处罚还是显现出《营业性演出管理条例》的惩处力度不足。

（3）纳税管理

营业性演出经营主体应当对其营业性演出的经营收入依法纳税。演出举办单位在支付演员、职员的演出报酬时应当依法履行税款代扣代缴义务。②

（4）义演管理要求

募捐义演的演出收入,除必要的成本开支外,必须全部交付受捐单位;演出举办单位、参加演出的文艺表演团体和演员、职员,不得获取经济利益。③ 募捐义演结束后10日内,主办单位应当将演出收支结算报审批机关备案。④

（5）演出证件管理

任何单位或者个人不得伪造、变造、出租、出借或者买卖营业性演出许可证、批准文件或者营业执照,不得伪造、变造营业性演出门票或者倒卖伪造、变造的营业性演出门票。⑤

（四）政府支持及相关的监督管理

1. 政府补助和支持

为鼓励特定类型和为弱势群体的演出,《营业性演出管理条例》专门制定了补助和支持政策,规定,国家鼓励文艺表演团体、演员创作和演出思想性和艺术性统一、体现民族优秀文化传统、受人民群众欢迎的优秀节目,鼓励到农村、工矿企业演出和为少年儿童提供免费或者优惠的演出。⑥ 对于到农村、工矿企业演出和为少年儿童提供免费或者优惠的演出的,《营业性演出管理条例》第41条明确了鼓励措施：对在农村、工矿企业进行演出以及为少年儿童提供免费或者优惠演出表现突出的文艺表演团体、演员,应当给予表彰,并采取多种形式予以宣传;对适合在农村、工矿企业演出的节目,可以在依法取得著作权人许可后,提供给文艺表演团体、演员在农村、工矿企业演出时使用;文化主管部门实施文艺评奖,应当适当考虑参评对象在农村、工矿企业的演出场次;县级以上地方人民政府应当对在农村、工矿企业演出的文艺表演团体、演员给予支持。

2. 主管部门的监督管理

---

① 参见国务院:《营业性演出管理条例》,第28条。
② 参见国务院:《营业性演出管理条例》,第29条。
③ 参见国务院:《营业性演出管理条例》,第30条。
④ 《营业性演出管理条例实施细则》,第24条。
⑤ 参见国务院:《营业性演出管理条例》,第31条。
⑥ 参见国务院:《营业性演出管理条例》,第4条。

（1）禁止性要求

除文化主管部门依照国家有关规定对体现民族特色和国家水准的演出给予补助外，各级人民政府和政府部门不得资助、赞助或者变相资助、赞助营业性演出，不得用公款购买营业性演出门票用于个人消费。①

文化主管部门、公安部门和其他有关部门及其工作人员不得向演出举办单位、演出场所经营单位索取演出门票。②

（2）文化主管部门的监督管理

文化主管部门是营业性演出活动的监管机构，《营业性演出管理条例》第33～35条对其监督管理职能进行了具体规定。

文化主管部门应当加强对营业性演出的监督管理。演出所在地县级人民政府文化主管部门对外国的或者香港特别行政区、澳门特别行政区、台湾地区的文艺表演团体、个人参加的营业性演出和临时搭建舞台、看台的营业性演出，应当进行实地检查；对其他营业性演出，应当进行实地抽样检查。

县级以上地方人民政府文化主管部门应当充分发挥文化执法机构的作用，并可以聘请社会义务监督员对营业性演出进行监督。任何单位或者个人都可以采取电话、手机短信等方式举报违反《营业性演出管理条例》规定的行为。县级以上地方人民政府文化主管部门应当向社会公布举报电话，并保证随时有人接听。县级以上地方人民政府文化主管部门接到社会义务监督员的报告或者公众的举报，应当作出记录，立即赶赴现场进行调查、处理，并自处理完毕之日起7日内公布结果。县级以上地方人民政府文化主管部门对作出突出贡献的社会义务监督员应当给予表彰；公众举报经调查核实的，应当对举报人给予奖励。

文化主管部门应当建立营业性演出经营主体的经营活动信用监管制度，建立健全信用约束机制，并及时公布行政处罚信息。

（3）公安部门的监督管理

公安部门对其依照有关法律、行政法规和国家有关规定批准的营业性演出，应当在演出举办前对营业性演出现场的安全状况进行实地检查；发现安全隐患的，在消除安全隐患后方可允许进行营业性演出。公安部门可以对进入营业性演出现场的观众进行必要的安全检查；发现观众有《营业性演出管理条例》第22条第1款禁止行为的，在消除安全隐患后方可允许其进入。公安部门可以组织警力协助演出举办单位维持营业性演出现场秩序。③

公安部门接到观众达到核准数量仍有观众等待入场或者演出秩序混乱的报告后，

---

① 参见国务院：《营业性演出管理条例》，第32条。
② 参见国务院：《营业性演出管理条例》，第40条。
③ 参见国务院：《营业性演出管理条例》，第36条。

应当立即组织采取措施消除安全隐患。①

（4）演出证管理

演出证制度是营业性演出活动的一个重要制度，对此《营业性演出管理条例实施细则》第38～41条进行了规定：

① 文艺表演团体和演出经纪机构的营业性演出许可证包括1份正本和2份副本，有效期为2年。营业性演出许可证由文化和旅游部设计，省级文化主管部门印制，发证机关填写、盖章。

② 文艺表演团体和演出经纪机构的营业性演出许可证，除文化主管部门可以依法暂扣或者吊销外，其他任何单位和个人不得收缴、扣押。

文化主管部门吊销文艺表演团体或者演出经纪机构的营业性演出许可证，应当通知工商行政管理部门变更其经营范围或者吊销营业执照。吊销、注销文艺表演团体营业性演出许可证的，应当报省级文化主管部门备案。吊销、注销演出经纪机构营业性演出许可证的，应当报文化和旅游部备案。文化主管部门对文艺表演团体和演出经纪机构实施行政处罚的，应当将处罚决定记录在营业性演出许可证副本上并加盖处罚机关公章，同时将处罚决定通知发证机关。

（五）法律责任

1. 违规从事营业性演出经营活动的法律责任

有下列行为之一的，由县级人民政府文化主管部门予以取缔，没收演出器材和违法所得，并处违法所得8倍以上10倍以下的罚款；没有违法所得或者违法所得不足1万元的，并处5万元以上10万元以下的罚款；构成犯罪的，依法追究刑事责任：

（1）违反《营业性演出管理条例》规定，擅自从事营业性演出经营活动的；

（2）违反《营业性演出管理条例》规定，超范围从事营业性演出经营活动的；

（3）违反《营业性演出管理条例》规定，变更营业性演出经营项目未向原发证机关申请换发营业性演出许可证的；②

（4）违反《营业性演出管理条例》规定，擅自设立演出场所经营单位或者擅自从事营业性演出经营活动的，由工商行政管理部门依法予以取缔、处罚。③

2. 违规举办营业性演出的法律责任

对于违规举办营业性演出的法律责任，《营业性演出管理条例》第44、45条进行了规定：

违反《营业性演出管理条例》规定，未经批准举办营业性演出的，变更演出举办单位、参加演出的文艺表演团体、演员或者节目未重新报批的，由县级人民政府文化主管部门责令停止演出，没收违法所得，并处违法所得8倍以上10倍以下的罚款；没有违法

---

① 参见国务院：《营业性演出管理条例》，第37条。
② 参见国务院：《营业性演出管理条例》，第43条。
③ 参见国务院：《营业性演出管理条例》，第43条。

所得或者违法所得不足1万元的,并处5万元以上10万元以下的罚款;情节严重的,由原发证机关吊销营业性演出许可证。

违反《营业性演出管理条例》规定,变更演出的名称、时间、地点、场次未重新报批的,由县级人民政府文化主管部门责令改正,给予警告,可以并处3万元以下的罚款。

演出场所经营单位为未经批准的营业性演出提供场地的,由县级人民政府文化主管部门责令改正,没收违法所得,并处违法所得3倍以上5倍以下的罚款;没有违法所得或者违法所得不足1万元的,并处3万元以上5万元以下的罚款。

违反《营业性演出管理条例》规定,伪造、变造、出租、出借、买卖营业性演出许可证、批准文件,或者以非法手段取得营业性演出许可证、批准文件的,由县级人民政府文化主管部门没收违法所得,并处违法所得8倍以上10倍以下的罚款;没有违法所得或者违法所得不足1万元的,并处5万元以上10万元以下的罚款;对原取得的营业性演出许可证、批准文件,予以吊销、撤销;构成犯罪的,依法追究刑事责任。

3. 营业性演出内容、演出方式、宣传方式违规的法律责任

营业性演出内容有"禁载十条"禁止的内容的,由县级人民政府文化主管部门责令停止演出,没收违法所得,并处违法所得8倍以上10倍以下的罚款;没有违法所得或者违法所得不足1万元的,并处5万元以上10万元以下的罚款;情节严重的,由原发证机关吊销营业性演出许可证;违反治安管理规定的,由公安部门依法予以处罚;构成犯罪的,依法追究刑事责任。

演出场所经营单位、演出举办单位发现营业性演出内容含有"禁载十条"禁止的内容未采取措施予以制止的,由县级人民政府文化主管部门、公安部门依据法定职权给予警告,并处5万元以上10万元以下的罚款;未立即采取措施予以制止并同时向演出所在地县级人民政府文化主管部门、公安部门报告的,由县级人民政府文化主管部门、公安部门依据法定职权给予警告,并处5 000元以上1万元以下的罚款。①

有下列行为之一的,对演出举办单位、文艺表演团体、演员,由国务院文化主管部门或者省、自治区、直辖市人民政府文化主管部门向社会公布;演出举办单位、文艺表演团体在2年内再次被公布的,由原发证机关吊销营业性演出许可证;个体演员在2年内再次被公布的,由工商行政管理部门吊销营业执照:

(1)非因不可抗力中止、停止或者退出演出的;

(2)文艺表演团体、主要演员或者主要节目内容等发生变更未及时告知观众的;

(3)以假唱欺骗观众的;

(4)为演员假唱提供条件的。

有上述(1)项、第(2)项和第(3)项所列行为之一的,由县级人民政府文化主管部门处5万元以上10万元以下的罚款;有上述第(4)项所列行为的,由县级人民政府文化

---

① 参见国务院:《营业性演出管理条例》,第46条。

主管部门处5 000元以上1万元以下的罚款。[①]

违反《营业性演出管理条例实施细则》规定，演出举办单位没有现场演唱、演奏记录的，由县级文化主管部门处以3 000元以下罚款。[②]

以政府或者政府部门的名义举办营业性演出，或者营业性演出冠以"中国""中华""全国""国际"等字样的，由县级人民政府文化主管部门责令改正，没收违法所得，并处违法所得3倍以上5倍以下的罚款；没有违法所得或者违法所得不足1万元的，并处3万元以上5万元以下的罚款；拒不改正或者造成严重后果的，由原发证机关吊销营业性演出许可证。营业性演出广告的内容误导、欺骗公众或者含有其他违法内容的，由工商行政管理部门责令停止发布，并依法予以处罚。[③]

违反《营业性演出管理条例实施细则》规定，未经批准，擅自出售演出门票的，由县级文化主管部门责令停止违法活动，并处3万元以下罚款。[④]

4. 违反募捐义演相关规定的法律责任

演出举办单位或者其法定代表人、主要负责人及其他直接责任人员在募捐义演中获取经济利益的，由县级以上人民政府文化主管部门依据各自职权责令其退回并交付受捐单位；构成犯罪的，依法追究刑事责任；尚不构成犯罪的，由县级以上人民政府文化主管部门依据各自职权处违法所得3倍以上5倍以下的罚款，并由国务院文化主管部门或者省、自治区、直辖市人民政府文化主管部门向社会公布违法行为人的名称或者姓名，直至由原发证机关吊销演出举办单位的营业性演出许可证。文艺表演团体或者演员、职员在募捐义演中获取经济利益的，由县级以上人民政府文化主管部门依据各自职权责令其退回并交付受捐单位。[⑤]

5. 违反安全规定的法律责任

有下列行为之一的，由公安部门或者公安消防机构依据法定职权依法予以处罚；构成犯罪的，依法追究刑事责任：

（1）违反《营业性演出管理条例》安全、消防管理规定的；

（2）伪造、变造营业性演出门票或者倒卖伪造、变造的营业性演出门票的。

演出举办单位印制、出售超过核准观众数量的或者观众区域以外的营业性演出门票的，由县级以上人民政府公安部门依据各自职权责令改正，没收违法所得，并处违法所得3倍以上5倍以下的罚款；没有违法所得或者违法所得不足1万元的，并处3万元以上5万元以下的罚款；造成严重后果的，由原发证机关吊销营业性演出许可证；构成

---

① 参见国务院：《营业性演出管理条例》，第47条。
② 参见《营业性演出管理条例实施细则》，第52条。
③ 参见国务院：《营业性演出管理条例》，第48条。
④ 《营业性演出管理条例实施细则》，第51条。
⑤ 参见国务院：《营业性演出管理条例》，第49条。

犯罪的,依法追究刑事责任。①

6. 被吊销演出证的法律责任

演出场所经营单位、个体演出经纪人、个体演员违反《营业性演出管理条例》规定,情节严重的,由县级以上人民政府文化主管部门依据各自职权责令其停止营业性演出经营活动,并通知工商行政管理部门,由工商行政管理部门依法吊销营业执照。其中,演出场所经营单位有其他经营业务的,由工商行政管理部门责令其办理变更登记,逾期不办理的,吊销营业执照。②

因违反条例规定被文化主管部门吊销营业性演出许可证,或者被工商行政管理部门吊销营业执照或者责令变更登记的,自受到行政处罚之日起,当事人为单位的,其法定代表人、主要负责人5年内不得担任文艺表演团体、演出经纪机构或者演出场所经营单位的法定代表人、主要负责人;当事人为个人的,个体演员1年内不得从事营业性演出,个体演出经纪人5年内不得从事营业性演出的居间、代理活动。因营业性演出含有"禁载十条"禁止的内容情形被文化主管部门吊销营业性演出许可证,或者被工商行政管理部门吊销营业执照或者责令变更登记的,不得再次从事营业性演出或者营业性演出的居间、代理、行纪活动。因违反《营业性演出管理条例》规定2年内2次受到行政处罚又有应受本条例处罚的违法行为的,应当从重处罚。③

7. 监管部门违规的法律责任

监管部门的法律责任主要涉及各级人民政府或者政府部门以及相关工作人员,对此,《营业性演出管理条例》第54、55条进行了规定:

各级人民政府或者政府部门非法资助、赞助,或者非法变相资助、赞助营业性演出,或者用公款购买营业性演出门票用于个人消费的,依照有关财政违法行为处罚处分的行政法规的规定责令改正。对单位给予警告或者通报批评。对直接负责的主管人员和其他直接责任人员给予记大过处分;情节较重的,给予降级或者撤职处分;情节严重的,给予开除处分。

文化主管部门、公安部门、工商行政管理部门的工作人员滥用职权、玩忽职守、徇私舞弊或者未依照《营业性演出管理条例》规定履行职责的,依法给予行政处分;构成犯罪的,依法追究刑事责任。

---

① 参见国务院:《营业性演出管理条例》,第51条。
② 参见国务院:《营业性演出管理条例》,第52条。
③ 参见国务院:《营业性演出管理条例》,第53条。

第四节　电影电视产业法规

2016年颁布的《电影产业促进法》对激发电影创作主体的积极性,规范电影产业的经营和管理,有重要作用。除《电影产业促进法》外,一些法规对电影产业的规范管理同样有重要作用。其中,2001年国务院颁布的《电影管理条例》是一部全面规范故事片、纪录片、美术片等各类电影片的制片、进口、出口、发行和放映等活动的行政法规,在电影产业管理方面发挥了积极作用。在广播电视方面,《广播电视管理条例》等对规范广播电视的运营具有不可替代的作用。

一、电影产业法规

随着电影市场的变化,特别是中国加入WTO之后,为了适应新形势,2001年国务院重新制订了《电影管理条例》。《电影管理条例》是中国向世贸组织作出的一份承诺,也是中国发展国内电影市场、开拓国际电影市场的重要依据。电影产业领域的行政法规比较重要的还有《进口影片管理办法》(1981年颁布)。

部门规章主要包括:《电影企业经营资格准入暂行规定》(2004年颁布,2015年修订)、《广播影视节(展)及节目交流活动管理规定》(2004年颁布,2016年修订)、《电影剧本(梗概)备案、电影片管理规定》(2006年颁布,2017年修订)、《外商投资电影院暂行规定》(2003年颁布,2015年修订)、《中外合作摄制电影片管理规定》(2004年颁布,2016年、2017年修订)、《数字电影发行放映管理办法(试行)》(2005年颁布)、《国家电影事业发展专项资金征收使用管理办法》(2015年颁布)、《点播影院、点播院线管理规定》(2018年颁布)等。

（一）主管机关和许可制度

1. 主管机关

国家电影主管部门主管全国电影工作。县级以上地方人民政府电影主管部门(以下简称电影行政部门),依照《电影管理条例》的规定负责本行政区域内的电影管理工作。①

2. 许可制度

在我国,电影行业实行许可制度。《电影管理条例》明确规定:为了加强对电影活动的管理,国家对电影摄制、进口、发行、放映和电影片公映施行许可制度。未经许可,

---

① 参见国务院:《电影管理条例》,第4条。

任何单位和个人不得从事电影片的摄制、进口、发行、放映活动，不得进口、出口、发行、放映未取得许可证的电影片。依照《电影管理条例》发放的许可证和批准文件，不得出租、出借、出售或以其他任何形式转让。①准入、制作和发行是电影许可制度实行的三个主要环节。根据《电影产业促进法》的规定，制作方面的许可实际上已经取消。

（二）电影准入方面的法规

我国对电影进出口经营资格施行许可制度，电影发行、放映单位实施后置审批。相关单位的设立必须符合法定的经营资格。此方面的法规主要有《电影企业经营资格准入暂行规定》（2004年颁布，2015年修订）以及《外商投资电影院暂行规定》（2003年颁布，2015年修订）。对于电影制作，《电影产业促进法》实施之前，也实行许可制度。以下简要介绍相关单位准入的条件：

1. 电影制作单位

电影制作单位有电影制片公司和电影技术公司两类。

（1）电影制片公司的设立

设立电影制片单位，应当具备下列条件：

① 有电影制片单位的名称、章程；
② 有符合国家电影主管部门认定的主办单位及其主管机关；
③ 有确定的业务范围；
④ 有适应业务范围需要的组织机构和专业人员；
⑤ 有适应业务范围需要的资金、场所和设备；
⑥ 法律、行政法规规定的其他条件。

除上述条件外，审批设立电影制片单位，还应当符合国家电影主管部门制定的电影制片单位总量、布局和结构的规划。

需要注意的是，《电影管理条例》一定程度上放松了对电影制片的限制，其第17条规定：国家鼓励企业、事业单位和其他社会组织以及个人以资助、投资的形式参与摄制电影。其第16条的规定在实际操作中发挥的作用更为明显，"电影制片单位以外的单位经批准后摄制电影，应当事先到国务院广播电影电视行政部门领取一次性《摄制电影片许可证（单片）》，并参照电影单位享有权利、承担义务"，降低了电影摄制的准入资格，电影制片单位以外的单位取得《摄制电影片许可证（单片）》（简称《单片证》）后，可以独立出品电影片。在此之前，电影业外的单位如果想投资拍摄电影，必须与某个电影制片厂合作，挂上该厂的厂标，电影才允许被拍摄和发行。②因此该条款实际上为民营资本和外资进入制片领域实现了松绑。

2004年10月，原国家广电总局、商务部联合颁布的《电影企业经营资格准入暂行

---

① 参见国务院：《电影管理条例》，第5条。
② 参见黄虚峰编著：《文化产业政策与法律法规》，北京大学出版社，2013年版，第248页。

规定》,对电影企业准入资格进行了更为细致的规范。其中明确规定"国家允许境内公司、企业和其他经济组织(不包括外商投资企业)设立电影制片公司"。2016年颁布的《电影产业促进法》对电影制片的限制进一步降低,取消了电影制片单位审批、《摄制电影片许可证(单片)》审批。

现行法律法规对于参与电影制作的很多限制都已不复存在,国有企业,民营企业、混合所有制企业,只要符合资金等条件,都可以进入电影制作业。依法获得资格的民营电影制片公司,享有与国有电影制片单位同等的权利和义务。

(2)电影技术公司的设立

对电影技术公司的设立,《电影企业经营资格准入暂行规定》有明确规定,境内公司、企业等可以设立电影技术公司,其目的是改造电影制片、放映基础设施和技术设备。

① 境内公司、企业和其他经济组织(不包括外商投资企业)设立电影技术公司的条件:

a. 提交申请书、工商行政管理部门颁发的营业执照(联合设立电影技术公司的还要提供合同、章程、各方营业执照复印件)、公司名称预核准通知书;

b. 取得广电总局出具的批准文件后,到所在地工商行政管理部门办理相关手续,并报广电总局备案。[1]

② 中外合资、合作设立电影技术公司的条件:

外资在注册资本中的比例不得超过49%,经国家批准的省市可以控股;由中方向国家电影主管部门、商务部申请审批。[2]

2. 电影发行单位

境内公司、企业和其他经济组织(不包括外商投资企业)设立专营国产影片发行公司的,申报条件如下:

(1)受电影出品单位委托代理发行过两部电影片或受电视剧出品单位委托发行过两部电视剧;

(2)提交申请书、工商行政管理部门颁发的营业执照复印件、公司名称预核准通知书、已代理发行影视片的委托证明等材料。[3]

3. 电影放映单位

为改变国内电影发行放映体制所带来的弊端,近年来,我国大力推进"院线制"改革,目前国内出现了万达院线、上海联合院线、中影星美等大批院线公司。这与一批配套的政策、法规的促进密切相关,如《电影企业经营资格准入暂行规定》中明确提出:"鼓励以跨省院线为基础,按条条管理的原则重新整合。"

---

[1] 参见广电总局、商务部:《电影企业经营资格准入暂行规定》,第8条。
[2] 参见广电总局、商务部:《电影企业经营资格准入暂行规定》,第9条。
[3] 参见广电总局、商务部:《电影企业经营资格准入暂行规定》,第10条。

（1）设立程序

设立电影放映单位,由所在地县级人民政府电影主管部门审批,采取后置审批的形式。①

（2）院线改革的具体方式

《电影企业经营资格准入暂行规定》第12条、13条对院线改革的具体方式进行了说明：

① 整合现有电影院线公司的方式

允许电影院线公司以紧密型或松散型进行整合。鼓励以跨省院线为基础,按条条管理的原则重新整合。不允许按行政区域整体兼并院线。院线整合报国家电影主管部门审批。

② 境内公司、企业和其他经济组织（不包括外商投资企业）投资现有院线公司或单独组建院线公司的方式,具体要求如下

a. 以参股形式投资现有院线公司的,参股单位须在3年内投资不少于3 000万元人民币,用于本院线中电影院的新建、改造；

b. 以按股形式投资现有院线公司的,控股单位须在3年内投资不少于4 000万元人民币,用于本院线中电影院的新建、改造；

c. 单独组建省内或全国电影院线公司的,组建单位须在3年内投资不少于5 000万元人民币用于本院线中电影院的新建、改造。

③ 鼓励组建少年儿童电影发行放映院线

a. 凡在省（区、市）内与20家以上中小学校、少年宫、儿童活动中心、影剧院、礼堂等签订电影供片协议的,可向当地省级电影管理部门申请,设立一条省（区、市）内少年儿童电影发行放映院线；

b. 凡在不同省（区、市）与30家以上中小学校、少年宫、儿童活动中心、影剧院、礼堂等签订电影供片协议的,可向国家电影主管部门提出申请,设立一条跨省（区、市）的少年儿童电影发行放映院线。

4. 电影进出口业务经营单位

电影进口经营业务由国家电影主管部门批准的电影进口经营企业专营。国家电影主管部门指定的国内唯一拥有电影进口权的单位是中国电影公司。

进口影片全国发行业务由国家电影主管部门批准的具有进口影片全国发行权的发行公司发行。国家电影主管部门批准的具有进口影片发行权的发行公司为中国电影发行公司、华夏电影发行公司。

同时,鼓励影片摄制单位多渠道出口取得《电影片公映许可证》的国产影片。②

---

① 参见国务院关于取消和调整一批行政审批项目等事项的决定（国发〔2014〕27号）。
② 参见黄虚峰编著：《文化产业政策与法律法规》,北京大学出版社,2013年版,第251页。

(三)电影制作环节的法规

电影制作环节的法规管理主要有电影剧本(梗概)备案制度和电影片审查制度。未经备案的电影剧本(梗概)不得拍摄,未经审查通过的电影片不得发行、放映、进口、出口。①

1. 电影剧本(梗概)备案制度

电影剧本(梗概)备案分备案和立项审查两种情况,《电影剧本(梗概)备案、电影片管理规定》第5、6、9~11条对其进行了规定:

(1)备案情况

拟摄制电影的法人,其他组织应当在电影拍摄前,按照有关规定向相关电影主管部门申请办理电影剧本(梗概)的备案手续。联合摄制电影片的,应当由其中的一个单位提前办理备案手续。

办理电影剧本(梗概)备案手续,应当提供下列材料:

① 拟拍摄影片的备案报告;

② 不少于1 000字的电影剧情梗概1份,凡影片主要人物和情节涉及外交、民族、宗教、军事、公安、司法、历史名人和文化名人等方面内容的特殊题材影片,需提供电影文学剧本一式三份,并要征求省级或中央、国家机关相关主管部门的意见;

③ 电影剧本(梗概)版权的协议(授权)书;

(2)立项审查情况

对于特殊题材和类型的电影,实行立项审查制度。下列情况需要报送剧本立项审查:

① 重大革命和重大历史题材影片;

② 重大文献纪录影片;

③ 中外合作摄制影片。

2. 电影片审查制度

《电影管理条例》第24条规定:"国家实行电影审查制度。"所谓电影审查制度,是指对需公开发行、放映、进口、出口的电影片,由电影行政部门实施强制性的审查,并决定电影电影片能否公开发行、放映、进口、出口的制度。

(1)审查机构

国家电影主管部门电影审查委员会和电影复审委员会负责电影片的审查。省级电影主管部门,经申请可以受国家电影主管部门委托,成立电影审查机构,负责本行政区域内摄制的部分电影片的审查工作。②

---

① 广电总局:《电影剧本(梗概)备案、电影片管理规定》,第2条。
② 参见广电总局:《电影剧本(梗概)备案、电影片管理规定》,第4条。

（2）审查标准

审查标准分为禁止标准和删剪、修改标准。

① 禁止标准

禁止标准，就是上文多次提及的"禁载十条"。它是我国文艺产品内容的法律底线。电影的主题和主要内容不能包含其中的任何一条，否则整部电影都要被禁止。

② 删剪、修改标准

删剪、修改标准针对两种情况：一种是电影有个别情节、画面、台词等含有禁载内容，则可以予以删剪、修改处理。另一种是电影整体上虽然没有问题，但其中夹杂个别情节、语言或画面的内容会发生负面效果，应当删剪、修改。具体有：

a. 曲解中华文明和中国历史，严重违背历史史实；曲解他国历史，不尊重他国文明和风俗习惯；贬损革命领袖、英雄人物、重要历史人物形象；篡改中外名著及名著中重要人物形象的。

b. 恶意贬损人民军队、武装警察、公安和司法形象的。

c. 夹杂淫秽色情和庸俗低级内容，展现淫乱、强奸、卖淫、嫖娼、性行为、性变态等情节及男女性器官等其他隐秘部位；夹杂肮脏低俗的台词、歌曲、背景音乐及声音效果等。

d. 夹杂凶杀、暴力、恐怖内容，颠倒真假、善恶、美丑的价值取向，混淆正义与非正义的基本性质；刻意表现违法犯罪嚣张气焰，具体展示犯罪行为细节，暴露特殊侦查手段；有强烈刺激性的凶杀、血腥、暴力、吸毒、赌博等情节；有虐待俘虏、刑讯逼供罪犯或犯罪嫌疑人等情节；有过度惊吓恐怖的画面、台词、背景音乐及声音效果等。

e. 宣扬消极、颓废的人生观、世界观和价值观，刻意渲染、夸大民族愚昧落后或社会阴暗面的。

f. 鼓吹宗教极端主义，挑起各宗教、教派之间，信教与不信教群众之间的矛盾和冲突，伤害群众感情的。

g. 宣扬破坏生态环境，虐待动物，捕杀、食用国家保护类动物的。

h. 过分表现酗酒、吸烟及其他陋习的。

i. 违背相关法律、法规精神的。

（四）电影发行和放映环节的法规

电影发行和放映环节是电影片与观众直接见面的环节，主要法规涉及许可证制度、国产电影放映时间、放映场所要求等，《电影管理条例》第42～45条对其有专门规定：

对于发行放映经营资格，国家实行许可证制度。电影片依法取得国家电影主管部门发给的《电影片公映许可证》后，方可发行、放映。已经取得《电影片公映许可证》的电影片，国家电影主管部门在特殊情况下可以作出停止发行、放映或者经修改后方可发行、放映的决定；对决定经修改后方可发行、放映的电影片，著作权人拒绝修改的，由国家电影主管部门决定停止发行、放映。

任何单位和个人不得利用电影资料片从事或者变相从事经营性的发行、放映活动。放映单位年放映国产电影片的时间不得低于年放映电影片时间总和的2/3。电影放映单位应当维护电影院的公共秩序和环境卫生,保证观众的安全与健康。

(五)电影进口出口环节的法规

在电影进口出口环节,相关的法律规定主要包括:

1. 许可证制度

国家对电影进口出口实行许可制度。未经许可,任何单位和个人不得从事电影片的进口、出口活动,不得进口、出口未取得许可证的电影片。①

2. 进口电影审查制度

进口电影的审查,分供公映的电影片、供科学研究或教学参考的专题片、中国电影资料馆进口的电影资料片3种情况,《电影管理条例》第31、32条对它们也进行了规定:

① 进口供公映的电影片

进口供公映的电影片,进口前应当报送电影审查机构审查。报送电影审查机构审查的电影片,由指定的电影进口经营单位持国家电影主管部门的临时进口批准文件到海关办理电影片临时进口手续;临时进口的电影片经电影审查机构审查合格并发给《电影片公映许可证》和进口批准文件后,由电影进口经营单位持进口批准文件到海关办理进口手续。

② 进口供科学研究、教学参考的专题片

进口供科学研究、教学参考的专题片,进口单位应当报经国务院有关行政主管部门审查批准,持批准文件到海关办理进口手续,并于进口之日起30日内向国家电影主管部门备案。但是,不得以科学研究、教学的名义进口故事片。

③ 中国电影资料馆进口电影资料片

中国电影资料馆进口电影资料片,可以直接到海关办理进口手续。中国电影资料馆应当将其进口的电影资料片按季度向国家电影主管部门备案。

3. 有关进口电影的著作权许可

电影进口经营单位应当在取得电影作品著作权人使用许可后,在许可的范围内使用电影作品;未取得使用许可的,任何单位和个人不得使用进口电影作品。②

4. 电影出口制度

电影制片单位出口本单位制作的电影片的,应当持《电影片公映许可证》到海关办理电影片出口手续。中外合作摄制电影片出口的,中方合作者应当持《电影片公映许可证》到海关办理出口手续。中方协助摄制电影片或者电影片素材出境的,中方协助者应当持国家电影主管部门的批准文件到海关办理出境手续。③

---

① 参见国务院:《电影管理条例》,第5条。
② 参见国务院:《电影管理条例》,第33条。
③ 参见国务院:《电影管理条例》,第34条。

5. 涉外电影节（展）的举办和参加制度

举办中外电影展、国际电影节，提供电影片参加境外电影展、电影节等，应当报国家电影主管部门批准。参加境外电影展、电影节的电影片经批准后，参展者应当持国家电影主管部门的批准文件到海关办理电影片临时出口手续。参加在中国境内举办的中外电影展、国际电影节的境外电影片经批准后，举办者应当持国家电影主管部门的批准文件到海关办理临时进口手续。①

（六）电影事业的保障

保障是我国电影法规的重要内容，其目的是促进电影创作的繁荣，促使更多优秀电影的产生，《电影管理条例》第46～51条有专门的规定：

国家建立和完善适应社会主义市场经济体制的电影管理体制，发展电影事业。国家保障电影创作自由，重视和培养电影专业人才，重视和加强电影理论研究，繁荣电影创作，提高电影质量。相关保障措施如下：

1. 电影事业发展专项资金

为了增强电影制片、发行、放映企业的活力，国务院批准建立国家电影事业发展专项资金，并建立了电影事业发展专项资金征收使用管理制度。

（1）电影事业发展专项资金缴纳单位应当履行缴纳义务

办理工商注册登记的经营性电影放映单位，应当按其电影票房收入的5%缴纳电影专项资金。经营性电影放映单位包括对外营业出售电影票的影院、影城、影剧院、礼堂、开放俱乐部，以及环幕、穹幕、水幕、动感、立体、超大银幕等特殊形式电影院。②

（2）电影事业发展专项资金的使用范围：

① 资助影院建设和设备更新改造；
② 资助少数民族语电影译制；
③ 资助重点制片基地建设发展；
④ 奖励优秀国产影片制作、发行和放映；
⑤ 资助文化特色、艺术创新影片发行和放映；
⑥ 全国电影票务综合信息管理系统建设和维护；
⑦ 经财政部或省级财政部门批准用于电影事业发展的其他支出。③

2. 鼓励、扶持的电影

（1）国家鼓励、扶持科学教育片、纪录片、美术片及儿童电影片的制片、发行和放映。

（2）国家对少数民族地区、边远贫困地区和农村地区发行、放映电影实行优惠政策。国家对从事农村16毫米电影片发行、放映业务的单位和个人予以扶持。

---

① 参见国务院：《电影管理条例》，第35条。
② 财政部、新闻出版广电总局：《国家电影事业发展专项资金征收使用管理办法》，第7条。
③ 财政部、新闻出版广电总局：《国家电影事业发展专项资金征收使用管理办法》，第16条。

（七）法律责任

法律责任是对违反电影管理法规的相关单位和个人的惩罚措施，明确的惩罚措施有利于降低违法行为的发生，《电影管理条例》第54~66条对其进行了专门的规定：

1. 违规设立电影活动主体的法律责任

（1）电影主管部门及其工作人员违规批准设立电影活动主体的法律责任

国家电影主管部门和县级以上地方人民政府电影主管部门或者其他有关部门及其工作人员，利用职务上的便利收受他人财物或者其他好处，批准不符合法定设立条件的电影片的制片、发行和放映单位，或者不履行监督职责，或者发现违法行为不予查处，造成严重后果的，对负有责任的主管人员和其他直接责任人员依照刑法关于受贿罪、滥用职权罪、玩忽职守罪或者其他罪的规定，依法追究刑事责任；尚不够刑事处罚的，给予降级或者撤职的行政处分。

（2）擅自设立电影活动主体的法律责任

违反《电影管理条例》规定，擅自设立电影片的制片、发行、放映单位，或者擅自从事电影制片、进口、发行、放映活动的，由工商行政管理部门予以取缔；依照刑法关于非法经营罪的规定，依法追究刑事责任；尚不够刑事处罚的，没收违法经营的电影片和违法所得以及进行违法经营活动的专用工具、设备；违法所得5万元以上的，并处违法所得5倍以上10倍以下的罚款；没有违法所得或者违法所得不足5万元的，并处20万元以上50万元以下的罚款。

单位违反《电影管理条例》，被处以吊销许可证行政处罚的，其法定代表人或者主要负责人自吊销许可证之日起5年内不得担任电影片的制片、进口、出口、发行和放映单位的法定代表人或者主要负责人。

2. 摄制、洗印加工、进口、发行、放映含有禁载内容电影片的法律责任

违反《电影管理条例》规定，摄制含有禁止内容的电影，或者洗印加工、进口、发行、放映明知或者应知含有禁止内容的电影片的，依照刑法有关规定，依法追究刑事责任；尚不够刑事处罚的，由电影主管部门责令停业整顿，没收违法经营的电影片和违法所得；违法所得5万元以上的，并处违法所得5倍以上10倍以下的罚款；没有违法所得或者违法所得不足5万元的，并处20万元以上50万元以下的罚款；情节严重的，并由原发证机关吊销许可证。

3. 走私电影片的法律责任

走私电影片，依照刑法关于走私罪的规定，依法追究刑事责任；尚不够刑事处罚的，由海关依法给予行政处罚。

4. 出口、发行、放映未取得《电影片公映件可证》的电影片的法律责任

出口、发行、放映未取得《电影片公映许可证》的电影片的，由电影主管部门责令停止违法行为，没收违法经营的电影片和违法所得；违法所得5万元以上的，并处违法所得10倍以上15倍以下的罚款；没有违法所得或者违法所得不足5万元的，并处20万元

以上50万元以下的罚款;情节严重的,并责令停业整顿或者由原发证机关吊销许可证。

5. 境外组织、个人在境内独立从事电影片摄制活动的法律责任

境外组织、个人在境内独立从事电影片摄制活动的,由国家电影主管部门责令停止违法活动,没收违法摄制的电影片和进行违法活动的专用工具、设备,并处30万元以上50万元以下的罚款。

6. 擅自举办中外电影展、国际电影节,或者擅自提供电影片参加境外电影展、电影节的法律责任

未经批准,擅自举办中外电影展、国际电影节,或者擅自提供电影片参加境外电影展、电影节的,由国家电影主管部门责令停止违法活动,没收违法参展的电影片和违法所得;违法所得2万元以上的,并处违法所得5倍以上10倍以下的罚款;没有违法所得或者违法所得不足2万元的,并处2万元以上10万元以下的罚款。

7. 未按照规定缴纳电影事业发展专项资金的法律责任

未按照国家有关规定履行电影事业发展专项资金缴纳义务的,由省级以上人民政府电影主管部门责令限期补交,并自欠缴之日起按日加收所欠缴金额0.5‰的滞纳金。

8. 其他法律责任

有下列行为之一的,由电影主管部门责令停止违法行为,没收违法经营的电影片和违法所得;违法所得5万元以上的,并处违法所得5倍以上10倍以下的罚款;没有违法所得或者违法所得不足5万元的,并处10万元以上30万元以下的罚款;情节严重的,并责令停业整顿或者由原发证机关吊销许可证:

(1)未经批准,擅自与境外组织或者个人合作摄制电影,或者擅自到境外从事电影摄制活动的;

(2)擅自到境外进行电影底片、样片的冲洗或者后期制作,或者未按照批准文件载明的要求执行的;

(3)洗印加工未取得《电影片公映许可证》的电影片拷贝的;

(4)未将洗印加工的境外电影底片、样片或者电影片拷贝全部运输出境的;

(5)利用电影资料片从事或者变相从事经营性的发行、放映活动的;

(6)未按照规定的时间比例放映电影片,或者不执行国家电影主管部门停止发行、放映决定的。

二、广播电视产业法规

国家在广电行业推行制播分离,将广播电视内容的制作和销售业务(新闻宣传除外)从事业领域剥离转制为企业,开启了广播电视的产业化进程。由此,广播电视节目制作、销售、发行部分就构成了广播电视产业的主体。此处讨论的广播电视产业法规只涉及这些领域。

目前,我国规范广播电视产业的法规主要有《广播电视管理条例》(1997年颁布,2013年、2017年、2020年修订)、《广播电视节目制作经营管理规定》(2004年颁布,2015年、2020年修订)、《中外合作制作电视剧管理规定》(2004年颁布)、《电视剧内容管理规定》(2010年颁布,2016年修订)等行政规章、部门规章。

（一）广播电视节目制作管理法规

根据《广播电视管理条例》,原国家广电总局于2004年颁布了《广播电视节目制作经营管理规定》(2015年、2020年修订)。广播电视节目制作产业中,设立广播电视节目制作经营机构或从事专题、专栏、综艺、动画片、广播剧、电视剧等广播电视节目的制作和节目版权的交易、代理交易等活动的行为都要遵照《广播电视节目制作经营管理规定》。

1. 主管机关和许可制度

（1）主管机关

全国范围内广电产业的主管机关是国务院广播电视行政部门,地方广电行政部门负责区域内的广电产业发展,"国务院广播电视行政部门负责制定全国广播电视节目制作产业的发展规划、布局和结构,管理、指导、监督全国广播电视节目制作经营活动。县级以上广播电视行政部门负责本行政区域内广播电视节目制作经营活动的管理工作"。①

（2）许可制度

国家对设立广播电视节目制作经营机构或从事广播电视节目制作经营活动实行许可制度。设立广播电视节目制作经营机构或从事广播电视节目制作经营活动应当取得《广播电视节目制作经营许可证》。②

2. 广播电视节目制作经营单位设立许可

从2002年起、原国家广电总局降低了设立电视剧、广播电视节目等影视制作机构的市场准入门槛,吸引和"鼓励境内社会组织、企事业机构(不含在境内设立的外商独资企业或中外合资、合作企业)设立广播电视节目制作经营机构或从事广播电视节目制作经营活动"③,《广播电视节目制作经营管理规定》对相关内容也进行了调整。目前《广播电视节目制作经营管理规定》对申请设立广播电视节目制作经营单位等有如下规定:

（1）申请《广播电视节目制作经营许可证》的条件

在"应当符合国家有关广播电视节目制作产业发展规划、布局和结构"的前提下,有以下规定:

① 具有独立法人资格,有符合国家法律、法纪规定的机构名称、组织机构和章程;

---

① 参见广电总局:《广播电视节目制作经营管理规定》,第3条。
② 参见广电总局:《广播电视节目制作经营管理规定》,第4条。
③ 参见广电总局:《广播电视节目制作经营管理规定》,第5条。

② 有适应业务范围需要的广播电视及相关专业人员和工作场所；

③ 在申请之日前3年，其法定代表人无违法违规记录或机构无被吊销过《广播电视节目制作经营许可证》的记录；

④ 法律、行政法规规定的其他条件。

（2）申请《广播电视节目制作经营许可证》递交的材料

① 申请报告；

② 广播电视节目制作经营机构章程；

③ 《广播电视节目制作经营许可证》申领表；

④ 主要人员材料：法定代表人身份证明（复印件）及简历，主要管理人员（不少于3名）的广播电视及相关专业简历、业绩或曾参加相关专业培训证明等材料；

⑤ 办公场地证明；

⑥ 企事业单位执照或工商行政部门的企业名称核准件。其中"法定代表人身份证明（复印件）"及"企事业单位执照"由国务院广播电视行政部门通过与外部门之间信息共享，进行网上核验替代。

（3）广播电视节目制作经营单位设立的审批、注册登记和备案

设立广播电视节目制作经营单位需要经过审批、登记和备案等相关程序，《广播电视节目制作经营管理规定》对此有明确规定，在京的中央单位及其直属机构报广电总局审批；其他机构向所在地广电行政部门提出申请，经逐级审核后，报省级广电行政部门审批。审批机关应在收到齐备的申请材料之日起的15个工作日内做出许可或不予许可的决定。对符合规定的，应为申请机构核发《广播电视节目制作经营许可证》；对不批准的，应向申请机构书面说明不予批准的理由。省级广电行政部门应在做出许可或不予许可决定之日起的1周内，将审批情况报国务院广播电视行政部门备案。《广播电视节目制作经营许可证》由国务院广播电视行政部门统一印制，有效期为2年。[①]取得《广播电视节目制作经营许可证》的企业，"凭许可证到工商行政管理部门办理注册登记或业务增项手续"。

对于取得《广播电视节目制作经营许可证》的机构设立分公司的情况，《广播电视节目制作经营管理规定》也有规定，已经取得《广播电视节目制作经营许可证》的机构在其他省、自治区、直辖市设立具有独立法人资格的广播电视节目制作经营分支机构的，须按规定，向分支机构所在地的省级广电行政部门另行申领《广播电视节目制作经营许可证》，并向原审批机关备案；设立非独立法人资格分支机构的，无须另行申领《广播电视节目制作经营许可证》。

3. 电视剧制作许可

制作电视剧，须取得电视剧制作许可，《广播电视节目制作经营管理规定》第12、13

---

① 参见广电总局：《广播电视节目制作经营管理规定》，第8条。

条对获得条件进行了规定：

电视剧由持有《广播电视节目制作经营许可证》的机构、地市级（含）以上电视台（含广播电视台、广播电视集团）和持有《摄制电影许可证》的电影制片机构制作，但须事先另行取得电视剧制作许可。

电视剧制作许可证分为《电视剧制作许可证（乙种）》和《电视剧制作许可证（甲种）》2种，由国务院广播电视行政部门统一印制。《电视剧制作许可证（乙种）》仅限于该证所标明的剧目使用，有效期限不超过1年。特殊情况下经发证机关批准后，可适当延期。《电视剧制作许可证（甲种）》有效期限为2年，有效期届满前，对持证机构制作的所有电视剧均有效。

2003年8月，原国家广电总局首次向北京英氏影视艺术有限责任公司、北京金英马影视文化有限责任公司等8家民营公司颁发了《电视剧制作许可证（甲种）》。此举意味有实力的民营制作公司可以长期拥有电视剧独立制作权，公平地参与市场交易。①

4.《电视剧制作许可证（乙种）》的申请

申领《电视剧制作许可证（乙种）》相对简单，《广播电视节目制作经营管理规定》第14～17条对相关条件进行了规定：

《电视剧制作许可证（乙种）》由省级以上广播电视行政部门核发。其中，在京的中央单位及其直属机构直接向国务院广播电视行政部门提出申请，其他机构向所在地广播电视行政部门提出申请，经逐级审核后，报省级广播电视行政部门审批。

申领《电视剧制作许可证（乙种）》，申请机构须提交以下申请材料：

（1）申请报告；

（2）《电视剧制作许可证（乙种）申领登记表》；

（3）国务院广播电视行政部门题材规划立项批准文件复印件；

（4）编剧授权书；

（5）申请机构与制片人、导演、摄像、主要演员等主创人员和合作机构（投资机构）等签订的合同或合作意向书复印件，聘请境外主创人员参与制作的，还需提供国务院广播电视行政部门的批准文件复印件；

（6）《广播电视节目制作经营许可证》（复印件）或电视台相应资质证明；

（7）持证机构出具的制作资金落实相关材料。其中"国务院广播电视行政部门题材规划立项批准文件复印件"以及"国务院广播电视行政部门的批准文件复印件"，改由国务院广播电视行政部门通过内部政务系统数据信息共享核查替代。"《广播电视节目制作经营许可证》（复印件）"，改由国务院广播电视行政部门和省级广电行政部门通过内部政务系统数据信息共享核查替代。

省级广电行政部门应在核发《电视剧制作许可证（乙种）》后的1周内将核发情况

---

① 参见黄虚峰编著：《文化产业政策与法律法规》，北京大学出版社，2013年版，第265页。

报国务院广播电视行政部门备案。

电视剧制作机构在连续两年内制作完成6部以上单本剧或3部以上连续剧(3集以上/部)的,可按程序向国务院广播电视行政部门申请《电视剧制作许可证(甲种)》资格。

5.《电视剧制作许可证(甲种)》的申请

制作机构获得《电视剧制作许可证(甲种)》,则意味着获得制作多部电视剧的许可。

申领《电视剧制作许可证(甲种)》,须提交以下申请材料:

(1)申请报告;

(2)《电视剧制作许可证(甲种)》申请表;

(3)最近两年申领的《电视剧制作许可证(乙种)》复印件;

(4)最近两年持《电视剧制作许可证(乙种)》制作完成的电视剧目录及相应的《电视剧发行许可证》(复印件)。① 其中,"最近两年申领的《电视剧制作许可证(乙种)》(复印件)"和"电视剧发行许可证(复印件)",改由国务院广播电视行政部门和省级广电行政部门通过内部政务系统数据信息共享核查替代。

《电视剧制作许可证(甲种)》有效期届满后,持证机构申请延期的,如符合规定且无违规纪录的,准予延期;不符合上述条件的,不予延期。②

6. 电视节目制作、发行和播出等活动的管理

电视节目制作、发行和播出等活动的管理主要涉及节目制作类型和内容、节目的发行和播出以及许可证管理,《广播电视节目制作经营管理规定》第21～27条进行了规定:

(1)节目制作类型和内容

① 节目制作类型

广播电视时政新闻及同类专题、专栏等节目只能由广播电视播出机构制作,其他已取得《广播电视节目制作经营许可证》的机构不得制作时政新闻及同类专题、专栏等广播电视节目。制作重大革命和历史题材电视剧、理论文献电视专题片等广播电视节目,须按照国务院广播电视行政部门的有关规定执行。

② 电视节目内容也不得含有"禁载十条"的任一内容。

(2)节目的发行和播出

发行、播放电视剧、动画片等广播电视节目,应取得相应的发行许可。

广播电视播出机构不得播放未取得《广播电视节目制作经营许可证》的机构制作的和未取得发行许可的电视剧、动画片。

---

① 参见广电总局:《广播电视节目制作经营管理规定》,第18条。
② 参见广电总局:《广播电视节目制作经营管理规定》,第19条。

（3）许可证管理

禁止以任何方式涂改、租借、转让、出售和伪造《广播电视节目制作经营许可证》和《电视剧制作许可证》。两种许可证上载明的制作机构名称、剧名、集数等发生变更，持证机构应到原发证机关履行变更登记手续；终止广播电视节目制作经营活动的，应在1周内到原发证机关办理注销手续。

（二）电视剧内容管理法规

为了规范电视剧内容管理工作，促进电视剧产业的健康发展，2010年，根据《广播电视管理条例》，原国家广电总局制定了《电视剧内容管理规定》，2016年，《国家新闻出版广电总局关于修改部分规章的决定》对其进行了修订。

1. 内容规范标准

电视剧内容的制作、播出应当坚持为人民服务、为社会主义服务的方向和百花齐放、百家争鸣的方针，坚持贴近实际、贴近生活、贴近群众，坚持社会效益第一、社会效益与经济效益相结合的原则，确保正确的文艺导向。①

电视剧不得载有"禁载十条"的内容，除此之外，还不得含有"侵害未成年人合法权益或者有害未成年人身心健康的"的内容。②

2. 备案和公示

国产剧、合拍剧的拍摄制作实行备案公示制度。③

符合下列条件之一的制作机构，可以申请电视剧拍摄制作备案公示：

（1）持有《电视剧制作许可证（甲种）》；

（2）持有《广播电视节目制作经营许可证》；

（3）设区的市级以上电视台（含广播电视台、广播电视集团）；

（4）持有《摄制电影许可证》；

（5）其他具备申领《电视剧制作许可证（乙种）》资质的制作机构。④

省、自治区、直辖市人民政府广播电视行政部门、直接备案制作机构向国务院广播电视行政部门申请电视剧拍摄制作备案公示，应当提交下列材料：

（1）《电视剧拍摄制作备案公示表》或者《重大革命和重大历史题材电视剧立项申报表》，并加盖对应的公章；

（2）如实准确表述剧目主题思想、主要人物、时代背景、故事情节等内容的不少于1 500字的简介；

（3）重大题材或者涉及政治、军事、外交、国家安全、统战、民族、宗教、司法、公安等敏感内容的，应当出具省、自治区、直辖市以上人民政府有关主管部门或者有关方面

---

① 参见广电总局：《电视剧内容管理规定》，第4条。
② 参见广电总局：《电视剧内容管理规定》，第5条。
③ 参见广电总局：《电视剧内容管理规定》，第8条。
④ 参见广电总局：《电视剧内容管理规定》，第10条。

的书面意见。国务院广播电视行政部门对申请备案公示的材料进行审核,在规定受理日期后20日内,通过国务院广播电视行政部门政府网站予以公示。公示内容包括:剧名、制作机构、集数和内容提要等。电视剧公示打印文本可以作为办理相关手续的证明。制作机构应当按照公示的内容拍摄制作电视剧。①

3. 审查和许可

国产剧、合拍剧、引进剧实行内容审查和发行许可制度。未取得发行许可的电视剧,不得发行、播出和评奖。②

国务院广播电视行政部门设立电视剧审查委员会和电视剧复审委员会。省、自治区、直辖市人民政府广播电视行政部门设立电视剧审查机构。③

国务院广播电视行政部门电视剧审查委员会的主要职责:

(1)审查直接备案制作机构制作的电视剧;

(2)审查合拍剧剧本(或者分集梗概)和完成片;

(3)审查引进剧;

(4)审查由省、自治区、直辖区人民政府广播电视行政部门电视剧审查机构提请国务院广播电视行政部门审查的电视剧;

(5)审查引起社会争议的,或者因公共利益需要国务院广播电视行政部门审查的电视剧。④

国务院广播电视行政部门电视剧复审委员会,负责对送审机构不服有关电视剧审查委员会或者电视剧审查机构的审查结论而提起复审申请的电视剧进行审查。⑤

省、自治区、直辖市人民政府广播电视行政部门电视剧审查机构的职责:

(1)审查本行政区域内制作机构制作的国产剧;

(2)初审本行政区域内制作机构与境外机构制作的合拍剧剧本(或分集梗概)和完成片;

(3)初审本行政区域内电视台等机构送审的引进剧。⑥

电视剧制作机构送审一般题材的国产剧,应当向省、自治区、直辖市以上人民政府广播电视行政部门提出申请,并提交以下材料:

(1)国务院广播电视行政部门统一印制的《国产电视剧报审表》;

(2)制作机构资质的有效证明;

(3)剧目公示打印文本;

---

① 参见广电总局:《电视剧内容管理规定》,第11、12、14条。
② 参见广电总局:《电视剧内容管理规定》,第15条。
③ 参见广电总局:《电视剧内容管理规定》,第16条。
④ 参见广电总局:《电视剧内容管理规定》,第19条。
⑤ 参见广电总局:《电视剧内容管理规定》,第20条。
⑥ 参见广电总局:《电视剧内容管理规定》,第21条。

（4）每集不少于500字的剧情梗概；

（5）图像、声音、字幕、时码等符合审查要求的完整样片一套；

（6）完整的片头、片尾和歌曲的字幕表；

（7）国务院广播电视行政部门同意聘请境外人员参与国产剧创作的批准文件的复印件；

（8）特殊题材需提交主管部门和有关方面的书面审看意见。①

特殊题材的国产电视剧和合拍剧、引进剧等的送审，还要遵循国务院广播电视行政部门的有关规定执行。②

另外，已经取得电视剧发行许可证的电视剧，国务院广播电视行政部门根据公共利益的需要，可以作出责令修改、停止播出或者不得发行、评奖的决定。已经取得电视剧发行许可证的电视剧，应当按照审查通过的内容发行和播出。变更剧名、主要人物、主要情节和剧集长度等事项的，原送审机构应当依照《电视剧内容管理规定》向原发证机关重新送审。③

4. 播出管理

（1）电视台在播出电视剧前，应当核验依法取得的电视剧发行许可证。电视台对其播出电视剧的内容，应当依照规定，进行播前审查和重播重审；发现问题应当及时经所在地省、自治区、直辖市人民政府广播电视行政部门报请国务院广播电视行政部门处理。④

（2）电视台播出电视剧时，应当依法完整播出，不得侵害相关著作权人的合法权益。⑤

（三）法律责任

1. 擅自制作、发行、播出电视剧或者变更主要事项未重新报审的

违反规定，擅自制作、发行、播出电视剧或者变更主要事项未重新报审的，由县级以上人民政府广播电视行政部门予以取缔，没收其从事违法活动的专用工具、设备和节目载体，并处1万元以上5万元以下的罚款。⑥

2. 制作、发行、播出的电视剧含有违禁内容的

违反规定，制作、发行、播出的电视剧含有违禁内容的，由县级以上人民政府广播电视行政部门责令停止制作、播放、向境外提供，收缴其节目载体，并处1万元以上5万元以下的罚款；情节严重的，由原批准机关吊销许可证；违反治安管理规定的，由公安

---

① 参见广电总局：《电视剧内容管理规定》，第22条。
② 参见广电总局：《电视剧内容管理规定》，第23条。
③ 参见广电总局：《电视剧内容管理规定》，第27、28条。
④ 参见广电总局：《电视剧内容管理规定》，第30、31条。
⑤ 参见广电总局：《电视剧内容管理规定》，第34条。
⑥ 参见广电总局：《电视剧内容管理规定》，第35条；国务院：《广播电视管理条例》，第48条。

机关依法给予治安管理处罚;构成犯罪的,依法追究刑事责任。①

3. 其他法律责任

已经向广播电视行政部门申请审查,但尚未取得电视剧发行许可证的,省、自治区、直辖市以上人民政府广播电视行政部门对转移申请不予受理;以欺骗等不正当手段取得发行许可证的,由原发证机关撤销电视剧发行许可证;原发证机关有过错的,对直接负责的主管人员和其他直接责任人员,依法给予处分。②

第五节 网络文化产业法规

网络文化产业是以互联网技术、信息技术为依托而形成的网络产业与文化产业、信息产业融合发展的产物,它既包括原有文化产品和服务在互联网上的传播和延伸扩展,如数字电视以及在线点播音像制品,又包括基于互联网而产生的新的独特文化形态,如网络游戏、网络动漫、网络社区文化、网络表演经营活动等。

一、网络文化产业法规概述

网络文化产业法规主要表现在两个方面:一是互联网环境里的著作权保护;二是网络文化产业行政管理。

1. 互联网环境里的著作权保护

互联网一方面加速了文化产业的发展,另一方面也使得盗版和侵权问题更加突出,互联网环境里的著作权保护问题显得更为迫切,为此国家制定了一批法规,主要包括:

(1)行政法规:《计算机软件保护条例》(2001年颁布,2011年、2013年修订)、《著作权法实施条例》(2002年颁布,2011年、2013年修订)、《信息网络传播权保护条例》(2006年颁布,2013年修订)等。

(2)部门规章:《互联网著作权行政保护办法》(2005年颁布)、《网络出版服务管理规定》(2016年颁布)等。

2. 网络文化产业行政管理

网络文化产业的发展对于我国文化产业行政管理体制提出了挑战。由于互联网技术的发展,演艺、音像、书刊、文物艺术品、视听节目等,都已成为网络文化产业经营的内容。文化和旅游部、广电总局的互联网行政管理内容也因此出现了交叉,各部门制

---

① 参见广电总局:《电视剧内容管理规定》,第36条;国务院:《广播电视管理条例》,第49条。
② 参见广电总局:《电视剧内容管理规定》,第26、37条。

定的网络文化产业规章中有重复性、矛盾性和模糊性的问题,影响了执法的效力。

目前,我国网络文化产业行政管理方面的行政法规和部门规章包括:

(1)国务院于2000年颁布、2011年修订的《互联网信息服务管理办法》;国务院于2002年颁布,2011年、2016年、2019年修订的《互联网上网服务营业场所管理条例》。

(2)原国家广电总局、信息产业部于2007年颁布、2015修订的《互联网视听节目服务管理规定》;原新闻出版广电总局、工信部于2016年颁布的《网络出版服务管理规定》。

(3)原文化部于2011年颁布,2017年修订的《互联网文化管理暂行规定》,原文化部于2013年颁布的《网络文化经营单位内容自审管理办法》。

(4)为规范网络表演经营活动,原文化部于2016年颁布《网络表演经营活动管理办法》。

二、网络环境下著作权保护方面的法规

以发掘文化资源的价值为基础的网络文化产业与知识产权的开发、经营和管理密不可分。而文化资源发挥价值的保障是著作权的有效保护。一定意义上,甚至可以说网络文化产业的基础是著作权的有效保护和开发。网络文化产业的健康发展,需要坚实的著作权保护,其中著作权的使用人(包括网络文化产品制作者、网络内容提供者ICP和网络服务提供者ISP)对相关著作权法律法规的遵守显得尤为重要。著作权使用人在网络文化环境下应遵守的法规主要包括:

1."通知与移除规则"

《信息网络传播权保护条例》规定了"通知与移除规则"的两种情形。第一种情形:权利人如果认为网络服务提供者侵犯了自己的著作权,可以向其提交书面通知。网络服务提供者接到权利人的通知书后,应当立即删除涉嫌侵权的作品、表演、录音录像制品,或者断开与涉嫌侵权的作品、表演、录音录像制品的链接,并同时将通知书转送提供作品、表演、录音录像制品的服务对象;服务对象网络地址不明、无法转送的,应当将通知书的内容同时在信息网络上公告。[①]第二种情形:服务对象接到网络服务提供者转送的通知书后,如果认为其提供的内容未侵犯他人权利的,可以向网络服务提供者提交书面说明,网络服务提供者接到服务对象的书面说明后,应当立即恢复被删除的作品、表演、录音录像制品,或者可以恢复与被断开的作品、表演、录音录像制品的链接,同时将服务对象的书面说明转送权利人。权利人不得再通知网络服务提供者删除该作品、表演、录音录像制品,或者断开与该作品、表演、录音录像制品的链接。[②]

---

① 参见国务院:《信息网络传播权保护条例》,第14、15条。
② 参见国务院:《信息网络传播权保护条例》,第16、17条。

一般情况下,网络服务提供者履行了"权利通知、及时删除、断链"义务后,对于权利人的损失不承担赔偿责任。但是,明知或者应知所链接的作品、表演、录音录像制品侵权的,应当承担共同侵权责任。①

2. 关于"避风港"的规定

著作权领域的"避风港"条款最早出现在美国1998年制定的《数字千年版权法案》(DMCA法案)。"避风港原则"是指在发生著作权侵权时,如果网络服务提供商(ISP)只提供空间服务,并不制作网页内容,当收到著作权人的侵权通知后,负有删除的义务,否则构成侵权;如果侵权内容既不在 ISP 的服务器上存储,又没有被告知哪些内容应该删除,则 ISP 将不承担侵权的责任。"避风港原则"的核心内容包含"通知"和"移除"两个程序。

《信息网络传播权保护条例》也有"避风港"原则的相关规定,体现在第20条、第21条、第22条和第23条。其中规定:

(1)网络服务提供者根据服务对象的指令提供网络自动接入服务,或者对服务对象提供的作品、表演、录音录像制品提供自动传输服务,并具备下列条件的,不承担赔偿责任:①未选择并且未改变所传输的作品、表演、录音录像制品;②向指定的服务对象提供该作品、表演、录音录像制品,并防止指定的服务对象以外的其他人获得。

(2)网络服务提供者为提高网络传输效率,自动存储从其他网络服务提供者获得的作品、表演、录音录像制品,根据技术安排自动向服务对象提供,并具备下列条件的,不承担赔偿责任:①未改变自动存储的作品、表演、录音录像制品;②不影响提供作品、表演、录音录像制品的原网络服务提供者掌握服务对象获取该作品、表演、录音录像制品的情况;③在原网络服务提供者修改、删除或者屏蔽该作品、表演、录音录像制品时,根据技术安排自动予以修改、删除或者屏蔽。

(3)网络服务提供者为服务对象提供信息存储空间,供服务对象通过信息网络向公众提供作品、表演、录音录像制品,并具备下列条件的,不承担赔偿责任:①明确标示该信息存储空间是为服务对象所提供,并公开网络服务提供者的名称、联系人、网络地址;②未改变服务对象所提供的作品、表演、录音录像制品;③不知道也没有合理的理由应当知道服务对象提供的作品、表演、录音录像制品侵权;④未从服务对象提供的作品、表演、录音录像制品中直接获得经济利益;⑤在接到权利人的通知书后,根据《信息网络传播权保护条例》规定删除权利人认为侵权的作品、表演、录音录像制品。

(4)网络服务提供者为服务对象提供搜索或者链接服务,在接到权利人的通知书后,根据《信息网络传播权保护条例》规定断开与侵权的作品、表演、录音录像制品的链接的,不承担赔偿责任。但是明知或者应知所链接的作品、表演、录音录像制品侵权的,应当承担共同侵权责任。

---

① 参见国务院:《信息网络传播权保护条例》,第23条。

3. 关于合理使用和法定许可

与其他著作权的财产权利相同,信息网络传播权是著作权人的专有权利。《信息网络传播权保护条例》第2条规定:除法律、行政法规另有规定的外,任何组织或者个人将他人的作品、表演、录音录像制品通过信息网络向公众提供,应当取得权利人许可,并支付报酬。这"另有规定的情形"指的就是合理使用和法定许可两种情况。

(1)合理使用的情形

《信息网络传播权保护条例》第6、7条规定了合理使用的几种情形:

① 为介绍、评论某一作品或者说明某一问题,在向公众提供的作品中适当引用已经发表的作品;

② 为报道时事新闻,在向公众提供的作品中不可避免地再现或者引用已经发表的作品;

③ 为学校课堂教学或者科学研究,向少数教学、科研人员提供少量已经发表的作品;

④ 国家机关为执行公务,在合理范围内向公众提供已经发表的作品;

⑤ 将中国公民、法人或者其他组织已经发表的、以汉语言文字创作的作品翻译成的少数民族语言文字作品,向中国境内少数民族提供;

⑥ 不以营利为目的,以盲人能够感知的独特方式向盲人提供已经发表的文字作品;

⑦ 向公众提供在信息网络上已经发表的关于政治、经济问题的时事性文章;

⑧ 向公众提供在公众集会上发表的讲话;

⑨ 图书馆、档案馆、纪念馆、博物馆、美术馆等可以不经著作权人许可,通过信息网络向本馆馆舍内服务对象提供本馆收藏的合法出版的数字作品和依法为陈列或者保存版本的需要以数字化形式复制的作品,不向其支付报酬,但不得直接或者间接获得经济利益(当事人另有约定的除外)。

(2)法定许可的情形

《信息网络传播权保护条例》第8、9条规定了法定许可的几种情形:

① 为通过信息网络实施九年制义务教育或者国家教育规划,可以不经著作权人许可,使用其已经发表作品的片断或者短小的文字作品、音乐作品或者单幅的美术作品、摄影作品制作课件,由制作课件或者依法取得课件的远程教育机构通过信息网络向注册学生提供,但应当向著作权人支付报酬。

② 为扶助贫困,通过信息网络向农村地区的公众免费提供中国公民、法人或者其他组织已经发表的种植养殖、防病治病、防灾减灾等与扶助贫困有关的作品和适应基本文化需求的作品,网络服务提供者应当在提供前公告拟提供的作品及其作者、拟支付报酬的标准。自公告之日起30日内,著作权人不同意提供的,网络服务提供者不得提供其作品;自公告之日起满30日,著作权人没有异议的,网络服务提供者可以提供其

作品，并按照公告的标准向著作权人支付报酬。网络服务提供者提供著作权人的作品后，著作权人不同意提供的，网络服务提供者应当立即删除著作权人的作品，并按照公告的标准向著作权人支付提供作品期间的报酬。上述提供作品的行为，不得直接或者间接获得经济利益。

4. 技术措施

技术措施，是指用于防止、限制未经权利人许可浏览、欣赏作品、表演、录音录像制品的或者通过信息网络向公众提供作品、表演、录音录像制品的有效技术、装置或者部件。①

《信息网络传播权保护条例》规定，为了保护信息网络传播权，权利人可以采取技术措施。任何组织或者个人不得故意避开或者破坏技术措施，不得故意制造、进口或者向公众提供主要用于避开或者破坏技术措施的装置或者部件，不得故意为他人避开或者破坏技术措施提供技术服务。但是，法律、行政法规规定可以避开的除外。②

"可以避开"的情形包括下列情况：

（1）为学校课堂教学或者科学研究，通过信息网络向少数教学、科研人员提供已经发表的作品、表演、录音录像制品，而该作品、表演、录音录像制品只能通过信息网络获取；

（2）不以营利为目的，通过信息网络以盲人能够感知的独特方式向盲人提供已经发表的文字作品，而该作品只能通过信息网络获取；

（3）国家机关依照行政、司法程序执行公务；

（4）在信息网络上对计算机及其系统或者网络的安全性能进行测试。③

但是，对这些情况也有一定的限制，即避开技术措施不得向他人提供避开技术措施的技术、装置或者部件，不得侵犯权利人依法享有的其他权利。④

5. 权利管理电子信息

权利管理电子信息，是指说明作品及其作者、表演及其表演者、录音录像制品及其制作者的信息，作品、表演、录音录像制品权利人的信息和使用条件的信息，以及表示上述信息的数字或者代码。⑤

对此，《信息网络传播权保护条例》第5条有专门规定：未经权利人许可，任何组织或者个人不得进行下列行为：（1）故意删除或者改变通过信息网络向公众提供的作品、表演、录音录像制品的权利管理电子信息，但由于技术上的原因无法避免删除或者改变的除外；（2）通过信息网络向公众提供明知或者应知未经权利人许可被删除或者改

---

① 参见国务院：《信息网络传播权保护条例》，第26条。
② 参见国务院：《信息网络传播权保护条例》，第4条。
③ 参见国务院：《信息网络传播权保护条例》，第12条。
④ 参见国务院：《信息网络传播权保护条例》，第12条。
⑤ 参见国务院：《信息网络传播权保护条例》，第26条。

变权利管理电子信息的作品、表演、录音录像制品。

同时,《信息网络传播权保护条例》第14条规定,对提供信息存储空间或者提供搜索、链接服务的网络服务提供者,权利人认为其服务所涉及的作品、表演、录音录像制品,改变了自己的权利管理电子信息的,可以向该网络服务提供者提交书面通知,要求网络服务提供者删除该作品、表演、录音录像制品,或者断开与该作品、表演、录音录像制品的链接。

三、网络文化产业法规

按照提供的文化产品和服务划分,我国网络文化产业可以分为互联网出版活动、互联网视听节目服务活动和互联网文化经营活动三大类。

(一)互联网出版活动法规

互联网出版活动,是指通过信息网络向公众提供的具有编辑、制作、加工等出版特征的数字化作品的活动。其出版物主要包括:

(1)文学、艺术、科学等领域内具有知识性、思想性的文字、图片、地图、游戏、动漫、音视频读物等原创数字化作品;

(2)与已出版的图书、报纸、期刊、音像制品、电子出版物等内容相一致的数字化作品;

(3)将上述作品通过选择、编排、汇集等方式形成的网络文献数据库等数字化作品;

(4)国家出版行政主管部门认定的其他类型的数字化作品。①

2016年,原新闻出版广电总局与工信部联合颁布的《网络出版服务管理规定》(以下简称《管理规定》)是管理互联网出版的主要法规。此部分将结合《管理规定》分析我国规范互联网出版管理的法规的主要内容:

1. 主管部门

国家出版行政主管部门作为网络出版服务的行业主管部门,负责全国网络出版服务的前置审批和监督管理工作。工业和信息化部作为互联网行业主管部门,依据职责对全国网络出版服务实施相应的监督管理。地方人民政府各级出版行政主管部门和各省级电信主管部门依据各自职责对本行政区域内网络出版服务及接入服务实施相应的监督管理工作并做好配合工作。②

2. 网络出版许可和登记制度

(1)网络出版许可

---

① 参见新闻出版广电总局、工信部:《网络出版服务管理规定》,第2条。
② 参见新闻出版广电总局、工信部:《网络出版服务管理规定》,第4条。

《管理规定》第7～9条规定，从事网络出版服务，必须依法经过出版行政主管部门批准，取得《网络出版服务许可证》。获得《网络出版服务许可证》，从事网络出版服务有2种情况：

① 图书、音像、电子、报纸、期刊出版单位从事网络出版服务，应当具备以下条件：

a. 有确定的从事网络出版业务的网站域名、智能终端应用程序等出版平台；

b. 有确定的网络出版服务范围；

c. 有从事网络出版服务所需的必要的技术设备，相关服务器和存储设备必须存放在中华人民共和国境内。

② 其他单位从事网络出版服务，除上述单位所列条件外，还应当具备以下条件：

a. 有确定的、不与其他出版单位相重复的、从事网络出版服务主体的名称及章程；

b. 有符合国家规定的法定代表人和主要负责人，法定代表人必须是在境内长久居住的具有完全行为能力的中国公民，法定代表人和主要负责人至少1人应当具有中级以上出版专业技术人员职业资格；

c. 除法定代表人和主要负责人外，有适应网络出版服务范围需要的8名以上具有国家出版行政主管部门认可的出版及相关专业技术职业资格的专职编辑出版人员，其中具有中级以上职业资格的人员不得少于3名；

d. 有从事网络出版服务所需的内容审校制度；

e. 有固定的工作场所；

f. 法律、行政法规和国家出版行政主管部门规定的其他条件。

《管理规定》第10条特别规定，中外合资经营、中外合作经营和外资经营的单位不得从事网络出版服务。同时规定，网络出版服务单位可以与境内中外合资经营、中外合作经营、外资经营企业或境外组织及个人进行网络出版服务业务的项目合作，但应在合作之前报国家出版行政主管部门审批。

申请从事网络出版服务，应当向所在地省、自治区、直辖市出版行政主管部门提出申请，经审核同意后，报国家出版行政主管部门审批。国家出版行政主管部门应当自受理申请之日起60日内，作出批准或者不予批准的决定。不批准的，应当说明理由。①

（2）网络出版登记

对于网络出版登记程序，《管理规定》第13条规定：

设立网络出版服务单位的申请者应自收到批准决定之日起30日内办理注册登记手续：持批准文件到所在地省、自治区、直辖市出版行政主管部门领取并填写《网络出版服务许可登记表》；省、自治区、直辖市出版行政主管部门对《网络出版服务许可登记表》审核无误后，在10日内向申请者发放《网络出版服务许可证》；《网络出版服务许可登记表》1式3份，由申请者和省、自治区、直辖市出版行政主管部门各存1份，另1份

---

① 参见新闻出版广电总局、工信部：《网络出版服务管理规定》，第11条。

由省、自治区、直辖市出版行政主管部门在15日内报送国家出版行政主管部门备案。

《网络出版服务许可证》有效期为5年。有效期届满,需继续从事网络出版服务活动的,应于有效期届满60日前按规定提出申请。出版行政主管部门应当在该许可有效期届满前作出是否准予延续的决定。批准的,换发《网络出版服务许可证》。网络出版服务经批准后,申请者应持批准文件、《网络出版服务许可证》到所在地省、自治区、直辖市电信主管部门办理相关手续。①

3. 网络出版机构的权利和义务

(1) 网络出版机构的权利

依法从事网络出版活动,任何组织和个人不得干扰、阻止和破坏。国家支持、鼓励优秀的、重点的网络出版物的出版。对为发展、繁荣网络出版服务业作出重要贡献的单位和个人,按照国家有关规定给予奖励。国家保护网络出版物著作权人的合法权益。

(2) 网络出版机构的主要义务

① 网络出版服务单位应当在其网站首页上标明出版行政主管部门核发的《网络出版服务许可证》编号。②

② 网络出版服务单位实行编辑责任制度,保障网络出版物内容合法。网络出版服务单位实行出版物内容审核责任制度、责任编辑制度、责任校对制度等管理制度,保障网络出版物出版质量。③

③ 在内容把关方面,网络出版的要求要高于传统媒体,除不得载有违反"禁载十条"的内容,还要求不能包含以下内容:以未成年人为对象的网络出版内容不得含有诱发未成年人模仿违反社会公德的行为和违法犯罪的行为的内容,以及恐怖、残酷等妨害未成年人身心健康的内容;涉及国家安全、社会安定等方面的重大选题内容,应当依照重大选题备案的规定,办理备案手续。未经备案的重大选题内容,不得出版。内容不真实或不公正,致使公民、法人或者其他组织合法权益受到侵害的,相关网络出版服务单位应当停止侵权,公开更正,消除影响,并依法承担其他民事责任。④

④ 对于网络游戏,《管理规定》规定,网络游戏上网出版前,必须向所在地省、自治区、直辖市出版行政主管部门提出申请,经审核同意后,报国家出版行政主管部门审批。出版境外著作权人授权的网络游戏,须按规定办理审批手续。⑤

⑤ 网络出版服务单位应当按照国家有关规定或技术标准,配备应用必要的设备和系统,建立健全各项管理制度,保障信息安全、内容合法,并为出版行政主管部门依法

---

① 参见新闻出版广电总局、工信部:《网络出版服务管理规定》,第14、15条。
② 参见新闻出版广电总局、工信部:《网络出版服务管理规定》,第19条。
③ 参见新闻出版广电总局、工信部:《网络出版服务管理规定》,第23条。
④ 参见新闻出版广电总局、工信部:《网络出版服务管理规定》,第24～26,28条。
⑤ 参见新闻出版广电总局、工信部:《网络出版服务管理规定》,第27、32条。

⑥ 网络出版服务机构应当记录备份所登载或者发送的作品内容及其时间、互联网地址或者域名,记录备份应当保存60日,并在国家有关部门依法查询时予以提供。②

4. 监督管理

网络出版服务的监督管理实行属地管理原则。各地出版行政主管部门应当加强对本行政区域内的网络出版服务单位及其出版活动的日常监督管理。③

网络出版服务单位实行年度核验制度,年度核验每年进行1次。省、自治区、直辖市出版行政主管部门负责对本行政区域内的网络出版服务单位实施年度核验并将有关情况报国家出版行政主管部门备案。年度核验内容包括网络出版服务单位的设立条件、登记项目、出版经营情况、出版质量、遵守法律规范、内部管理情况等。④

5. 法律责任

网络出版服务单位违反《网络出版服务管理规定》规定的,出版行政主管部门可以采取下列行政措施:下达警示通知书;通报批评、责令改正;责令公开检讨;责令删除违法内容。

（二）互联网视听节目业务法规

互联网视听节目服务,是指制作、编辑、集成并通过互联网向公众提供视音频节目,以及为他人提供上载传播视听节目服务的活动。

对于互联网视听节目业务的规范,主要有原国家广电总局于2007年颁布的《互联网视听节目服务管理规定》（2015年修订）以及2016年颁布的《专网及定向传播视听节目服务管理规定》（2021年修订）。

综合起来,互联网视听业务的法规的主要内容包括以下几方面:

1. 业务许可

从事互联网视听节目服务,应当依照规定取得广播电视行政部门颁发的《信息网络传播视听节目许可证》或履行备案手续。未按照规定取得广播电视行政部门颁发的许可证或履行备案手续,任何单位和个人不得从事互联网视听节目服务。⑤

申请从事互联网视听节目服务应当具备的条件有:

（1）具备法人资格,为国有独资或国有控股单位,且在申请之日前3年内无违法违规记录;

（2）有健全的节目安全传播管理制度和安全保护技术措施;

（3）有与其业务相适应并符合国家规定的视听节目资源;

---

① 参见新闻出版广电总局、工信部:《网络出版服务管理规定》,第31条。
② 参见新闻出版广电总局、工信部:《网络出版服务管理规定》,第34条。
③ 参见新闻出版广电总局、工信部:《网络出版服务管理规定》,第36条。
④ 参见新闻出版广电总局、工信部:《网络出版服务管理规定》,第38条。
⑤ 参见广电总局:《互联网视听节目服务管理规定》,第7条。

（4）有与其业务相适应的技术能力、网络资源；

（5）有与其业务相适应的专业人员，且主要出资者和经营者在申请之日前3年内无违法违规记录；

（6）技术方案符合国家标准、行业标准和技术规范；

（7）符合国家广播电视行政部门确定的互联网视听节目服务总体规划、布局和业务指导目录；

（8）符合法律、行政法规和国家有关规定的条件。①

申请者如果要从事广播电台、电视台形态服务和时政类视听新闻服务，还应当持有广播电视播出机构许可证或互联网新闻信息服务许可证。其中，以自办频道方式播放视听节目的，由地（市）级以上广播电台、电视台、中央新闻单位提出申请。如果要从事主持、访谈、报道类视听服务，还应当持有广播电视节目制作经营许可证和互联网新闻信息服务许可证；从事自办网络剧（片）类服务的，还应当持有广播电视节目制作经营许可证。未经批准，任何组织和个人不得在互联网上使用广播电视专有名称开展业务。②

2. 互联网视听节目服务单位的主要义务

（1）互联网视听节目服务单位应当按照许可证载明或备案的事项开展互联网视听节目服务，并在播出界面显著位置标注国务院广播电视行政部门批准的播出标识、名称、许可证或备案编号。③

（2）互联网视听节目服务单位应当遵守著作权法律、行政法规的规定，采取版权保护措施，保护著作权人的合法权益。④

（3）对于节目内容，互联网视听节目服务单位提供的、网络运营单位接入的视听节目应当符合法律、行政法规、部门规章的规定，已播出的视听节目应至少完整保留60日，视听节目不得含有"禁载十条"的内容。用于通过信息网络向公众传播的影视剧类节目，必须取得《电视剧发行许可证》《电影公映许可证》。互联网视听节目服务单位播出时政类视听新闻节目，应当是地（市）级以上广播电台、电视台制作、播出的节目和中央新闻单位网站登载的时政类视听新闻节目。互联网视听节目服务单位不得允许个人上载时政类视听新闻节目，任何单位和个人不得转播、链接、聚合、集成非法的广播电视频道、视听节目网站的节目。互联网视听节目服务单位对含有违反相关规定内容的视听节目，应当立即删除，并保存有关记录，履行报告义务，落实有关主管部门的管理要求。⑤

---

① 参见广电总局：《互联网视听节目服务管理规定》，第8条。
② 参见广电总局：《互联网视听节目服务管理规定》，第9条。
③ 参见广电总局：《互联网视听节目服务管理规定》，第14条。
④ 参见广电总局：《互联网视听节目服务管理规定》，第15条。
⑤ 参见广电总局：《互联网视听节目服务管理规定》，第16～18条。

（4）互联网视听节目服务单位应当选择依法取得互联网接入服务电信业务经营许可证或广播电视节目传送业务经营许可证的网络运营单位提供服务；应当依法维护用户权利，履行对用户的承诺，对用户信息保密，不得进行虚假宣传或误导用户、作出对用户不公平不合理的规定、损害用户的合法权益；提供有偿服务时，应当以显著方式公布所提供服务的视听节目种类、范围、资费标准和时限，并告知用户中止或者取消互联网视听节目服务的条件和方式。①

（三）互联网文化活动法规

互联网文化产品是指通过互联网生产、传播和流通的文化产品，主要包括两类：一类是专门为互联网而生产的各类互联网文化产品；二是将文化产品以一定的技术手段制作、复制到互联网上传播的互联网文化产品。

互联网文化活动是指提供互联网文化产品及其服务的活动，主要包括互联网文化产品的制作、复制、进口、发行、播放等活动；将文化产品登载在互联网上，或者通过互联网、移动通信网等信息网络发送到计算机、固定电话机、移动电话机、电视机、游戏机等用户端以及网吧等互联网上网服务营业场所，供用户浏览、欣赏、使用或者下载的在线传播行为；互联网文化产品的展览、比赛等活动。②

目前，管理互联网文化活动的主要法规有《互联网文化管理暂行规定》《互联网视听节目服务管理规定》《网络表演经营活动管理办法》等。下面结合这些规定，对我国互联网文化活动的法规的主要内容进行说明。

互联网文化活动分为经营性和非经营性两类。经营性互联网文化活动是指以营利为目的，以各种方式获取利益，提供互联网文化产品及其服务的活动。非经营性互联网文化活动是指不以营利为目的向上网用户提供互联网文化产品及其服务的活动。

1. 互联网文化单位的设立

互联网文化单位，是指经文化行政部门和电信管理机构批准或者备案，从事互联网文化活动的互联网信息服务提供者。

申请设立经营性互联网文化单位，应当符合《互联网信息服务管理办法》的有关规定，并具备以下条件：

（1）有单位的名称、住所、组织机构和章程；

（2）有确定的互联网文化活动范围；

（3）有适应互联网文化活动需要的专业人员、设备、工作场所以及相应的经营管理技术措施；

（4）有确定的域名；

（5）符合法律、行政法规和国家有关规定的条件。③

---

① 参见广电总局：《互联网视听节目服务管理规定》，第19条。
② 参见《互联网文化管理暂行规定》，第3条。
③ 参见《互联网文化管理暂行规定》，第7条。

2. 互联网文化单位的义务

为促进我国互联网文化健康、有序发展,《互联网文化管理暂行规定》要求互联网文化单位应尽如下义务:

(1)互联网文化单位应当在其网站主页的显著位置标明文化行政部门颁发的《网络文化经营许可证》编号或者备案编号,标明国务院信息产业主管部门或者省、自治区、直辖市电信管理机构颁发的经营许可证编号或者备案编号。①

(2)经营进口互联网文化产品的活动应当由取得文化行政部门核发的《网络文化经营许可证》的经营性互联网文化单位实施,进口互联网文化产品应当报文化和旅游部进行内容审查。经批准的进口互联网文化产品应当在其显著位置标明文化和旅游部的批准文号,不得擅自变更产品名称或者增删产品内容。经营性互联网文化单位经营的国产互联网文化产品应当自正式经营起30日内报省级以上文化行政部门备案,并在其显著位置标明文化和旅游部备案编号。②

(3)关于内容,互联网文化单位不得提供载有违反"禁载十条"内容的文化产品。互联网文化单位提供的文化产品,使公民、法人或者其他组织的合法利益受到侵害的,互联网文化单位应当依法承担民事责任。当互联网文化单位发现所提供的互联网文化产品含有禁载内容时,应当立即停止提供,保存有关记录,向所在地省、自治区、直辖市人民政府文化行政部门报告并抄报国家有关部门。互联网文化单位应当记录备份所提供的文化产品内容及其时间、互联网地址或者域名;记录备份应当保存60日,并在国家有关部门依法查询时予以提供。③

(4)互联网文化单位应当建立自审制度,明确专门部门,配备专业人员负责互联网文化产品内容和活动的自查与管理,保障互联网文化产品内容和活动的合法性。④

3. 网络表演经营活动管理制度

近年来,随着智能手机使用的普及,网络直播受到越来越多年轻人的青睐,其中的主体部分就是网络表演活动。大学生、外出就业者等成为网络直播软件的高频使用者,很多还加入直播的行列。但低俗、不健康内容也大量出现,影响了产业的正常发展。为规范相关活动,促进行业的发展,原文化部制定了《网络表演经营活动管理办法》。

所谓网络表演是指以现场进行的文艺表演活动等为主要内容,通过互联网、移动通讯网、移动互联网等信息网络,实时传播或者以音视频形式上载传播而形成的互联网文化产品。而网络表演经营活动则是指通过用户收费、电子商务、广告、赞助等方式获取利益,向公众提供网络表演产品及服务的行为。⑤

---

① 参见《互联网文化管理暂行规定》,第12条。
② 参见《互联网文化管理暂行规定》,第15条。
③ 参见《互联网文化管理暂行规定》,第16~17,19~20条。
④ 参见《互联网文化管理暂行规定》,第18条。
⑤ 参见《网络表演经营活动管理办法》,第2条。

（1）网络表演经营活动的准入条件

① 基础条件

遵守宪法和有关法律法规，坚持为人民服务、为社会主义服务的方向，坚持社会主义先进文化的前进方向，自觉弘扬社会主义核心价值观。[①]

② 获得许可证

从事相关活动的单位，应当根据《互联网文化管理暂行规定》，向省级文化行政部门申请取得《网络文化经营许可证》，许可证的经营范围应当明确包括网络表演。网络表演经营单位应当在其网站主页的显著位置标明《网络文化经营许可证》编号。[②]

③ 开通表演频道

开展网络表演经营活动需要开通表演频道。对此，办法规定，为外国或者香港特别行政区、澳门特别行政区、台湾地区的表演者（以下简称境外表演者）开通表演频道并向公众提供网络表演产品的，应当于开通网络表演频道前，向文化和旅游部提出申请。未经批准，不得为境外表演者开通表演频道。为境内表演者开通表演频道的，应当于表演者开展表演活动之日起10日内，将表演频道信息向文化和旅游部备案。[③]

（2）网络表演经营活动规范

网络表演经营活动影响面广，因此网络表演经营活动必须遵循相应的法律法规规范，才能保证其经营活动既能为民众带来轻松、健康的娱乐内容，同时不产生不良社会影响。

① 建立内容审查机制

网络表演经营单位应按照《互联网文化管理暂行规定》和《网络文化经营单位内容自审管理办法》的要求，建立健全内容审核管理制度，配备取得相应资质的审核人员，建立必要的技术监管措施。[④]

如果网络表演经营单位不具备内容自审及实时监管能力，则不得开通表演频道。未采取监管措施或未通过内容自审的网络表演产品，也不得向公众提供。[⑤]

网络表演经营单位应当在每季度第一个月月底前将本单位上季度的自审信息（包括实时监运情况、发现问题处置情况和提供违法违规内容的表演者信息等）报送国家有关部门。[⑥]

② 规范表演内容，不得含有以下内容

a. "禁载十条"规定的内容

---

① 参见《网络表演经营活动管理办法》，第3条。
② 参见《网络表演经营活动管理办法》，第4条。
③ 参见《网络表演经营活动管理办法》，第10条。
④ 参见《网络表演经营活动管理办法》，第5条。
⑤ 参见《网络表演经营活动管理办法》，第5条。
⑥ 参见《网络表演经营活动管理办法》，第15条。

b. 表演方式恐怖、残忍、暴力、低俗,摧残表演者身心健康的;

c. 利用人体缺陷或者以展示人体变异等方式招徕用户的;

d. 以偷拍偷录等方式,侵害他人合法权益的;

e. 以虐待动物等方式进行表演的;

f. 使用未取得文化行政部门内容审查批准文号或备案编号的网络游戏产品,进行网络游戏技法展示或解说的。①

③ 加强未成年人保护

网络表演经营单位应当加强对未成年人的保护,不得损害未成年人身心健康。有未成年人参与的网络表演,不得侵犯未成年人权益。②

④ 加强对表演者的管理

a. 为表演者开通表演频道的,应与表演者签订协议,约定双方权利义务,要求其承诺遵守法律法规和相关管理规定。③

b. 网络表演经营单位应当要求表演者使用有效身份证件进行实名注册,并采取面谈、录制通话视频等有效方式进行核实,同时应当依法保护表演者的身份信息。④

⑤ 强化表演频道管理

网络表演经营单位应当在表演频道内及表演音视频上,标注经营单位标识等信息,并应当根据表演者信用等级、所提供的表演内容类型等,对表演频道采取针对性管理措施。⑤

⑥ 加强用户管理

主要涉及两个方面:一是保护用户权益;二是约束用户行为。《网络表演经营活动管理办法》规定,网络表演经营单位应当完善用户注册系统,保存用户注册信息,积极采取措施保护用户信息安全。要依照法律法规规定或者服务协议,加强对用户行为的监督和约束,发现用户发布违法信息的,应当立即停止为其提供服务,保存有关记录并向有关部门报告。⑥

⑦ 建立内部巡查监督制度

网络表演经营单位应当建立内部巡查监督管理制度,对网络表演进行实时监管。网络表演经营单位应当记录全部网络表演视频资料并妥善保存,资料保存时间不得少于60日,并在有关部门依法查询时予以提供。并且网络表演经营单位向公众提供的非

---

① 参见《网络表演经营活动管理办法》,第6条。
② 参见《网络表演经营活动管理办法》,第7条。
③ 参见《网络表演经营活动管理办法》,第8条。
④ 参见《网络表演经营活动管理办法》,第9条。
⑤ 参见《网络表演经营活动管理办法》,第11条。
⑥ 参见《网络表演经营活动管理办法》,第12条。

实时的网络表演音视频(包括用户上传的),应当严格实行先自审后上线。①

⑧ 建立突发事件应急机制

网络表演经营单位应当建立突发事件应急处置机制。发现本单位所提供的网络表演含有违法违规内容时,应当立即停止提供服务,保存有关记录,并立即向本单位注册地或者实际经营地省级文化行政部门或文化市场综合执法机构报告。②

⑨ 建立健全举报系统,接受监督

网络表演经营单位应当建立健全举报系统,主动接受网民和社会监督。不仅要配备专职人员负责举报受理,建立有效处理举报问题的内部联动机制;而且要在其网站主页及表演者表演频道页面的显著位置,设置"12318"全国文化市场举报网站链接按钮。③

(3)网络表演经营活动的监管和行业自律

① 文化和旅游部负责全国网络表演市场的监督管理,建立统一的网络表演警示名单、黑名单等信用监管制度,制定并发布网络表演审核工作指引等标准规范,组织实施全国网络表演市场随机抽查工作,对网络表演内容合法性进行最终认定。④县级以上文化行政部门或文化市场综合执法机构,根据查处情况,实施警示名单和黑名单等信用管理制度。及时公布查处结果,主动接受社会监督。⑤

② 各级文化行政部门和文化市场综合执法机构要加强对网络表演市场的事中事后监管,重点实施"双随机一公开"。要充分利用网络文化市场执法协作机制,加强对辖区内网络表演经营单位的指导、服务和日常监管,制定随机抽查工作实施方案和随机抽查事项清单。⑥

③ 网络表演行业的协会、自律组织等要主动加强行业自律,制定行业标准和经营规范,开展行业培训,推动企业守法经营。⑦

(4)其他规定

① 对于已设立的网络表演经营单位,自2017年3月15日起,网络表演经营单位,应通过全国文化市场技术监管与服务平台向国家有关部门提交申请或备案。⑧

② 通过信息网络实时在线传播营业性演出活动的,应当遵守《互联网文化管理暂行规定》《营业性演出管理条例》及《营业性演出管理条例实施细则》的有关规定。⑨

---

① 参见《网络表演经营活动管理办法》,第13条。
② 参见《网络表演经营活动管理办法》,第14条。
③ 参见《网络表演经营活动管理办法》,第16条。
④ 参见《网络表演经营活动管理办法》,第17条。
⑤ 参见《网络表演经营活动管理办法》,第18条。
⑥ 参见《网络表演经营活动管理办法》,第18条。
⑦ 参见《网络表演经营活动管理办法》,第19条。
⑧ 参见《网络表演经营活动管理办法》,第22条。
⑨ 参见《网络表演经营活动管理办法》,第26条。

③ 将网络游戏技法展示或解说的内容,通过互联网、移动通讯网、移动互联网等信息网络,实时传播或者以音视频形式上载传播的经营活动,参照《网络表演经营活动管理办法》进行管理。[①]

[①] 参见《网络表演经营活动管理办法》,第2条。

第十章　文化遗产保护法规

近年来，文化遗产受到人们的关注，将其与优秀传统文化、民族精神联系到一起。法律法规在文化遗产保护方面发挥了积极作用。它们既包括上文提及的《文物保护法》《非物质文化遗产法》等法律，也包括《水下文物保护管理条例》《传统工艺美术保护条例》等法规。作为法律的重要补充，各种法规同样是保护文化遗产的基本依据。

第一节　文化遗产保护法规概述

文化遗产保护法规，主要包括国务院颁布的行政法规、地方法规和部门规章、地方政府规章。它们是根据法律制定的有关条例和实施细则，以便于文化遗产保护实践中的操作，是对文化遗产基本法律的有效补充。根据《立法法》的规定，国务院根据宪法和法律，制定了一批文化遗产行政法规，如国务院制定颁布的《文物保护法实施条例》《水下文物保护管理条例》等；省级人民代表大会及其常务委员会根据本行政区域的具体情况和实际需要，在不与宪法、法律、行政法规相抵触的前提下，可以制定文化遗产地方性法规。

文化遗产部门规章主要是指由文化和旅游部、住房和城乡建设部等国务院所属机构，为规范文化遗产的保护和管理行为，根据法律和国务院的行政法规、决定、命令，在本部门的权限范围内制定的规章。有的直接针对文物保护中某一类保护、管理行为制定，如《文物行政处罚程序暂行规定》《考古发掘管理办法》等，有的是专门针对某一文化遗产类型制定，如《世界文化遗产保护管理办法》《国家级非物质文化遗产保护与管理办法》等。文化遗产地方政府规章，是指省、自治区、直辖市和较大的市的人民政府，为规范文化遗产的保护和管理行为，根据法律、行政法规和本省、自治区、直辖市的地方性法规制定的规章。

文化遗产保护法规数量较多，体现出专门化、具体化特点。它们也是文化遗产法体系的主体，虽然法律层级不高，却是文化遗产保护工作有序开展的重要保障。我们将论述重点放在行政法规和部门规章上。下面对物质文化遗产法规和非物质文化遗产法规两类法规进行综述。

第二节　物质文化遗产保护法规

物质文化遗产主要是指各类不可移动文物和可移动文物，包括世界文化遗产名录中的世界文化遗产和混合遗产中的物质文化遗产部分，以及属于非物质文化遗产组成部分的实物、场所和空间环境等。《文物保护法》是保护此类文化遗产类型的基本法律，各层级的法规主要规定《文物保护法》的实施细则，以及对某一特定物质文化遗产进行保护的法律规范，包括国务院制定发布的行政法规、文化行政部门制定的部门规章，以及地方人大及其常务委员会和人民政府制定颁布的地方性法规、规章。下面对主要的法规进行介绍。

一、《文物保护法实施条例》

《文物保护法实施条例》（以下简称《实施条例》）由国务院在2003年5月18日颁布，自2003年7月1日起施行，2013年、2016年、2017年修订。[①]

《实施条例》共8章64条，与《文物保护法》体例一致，主要对《文物保护法》中的规定进行了细化，便于具体实施。如关于考古发掘，《文物保护法》第27条规定："一切考古发掘工作，必须履行报批手续；从事考古发掘的单位，应当经国务院文物行政部门批准。"《实施条例》则对考古发掘单位的资质条件进行了详细要求，规定考古发掘项目实行项目负责人负责制度；关于国务院文物行政主管部门对相关发掘计划的审议批准时间也做出了要求。《文物保护法》第53条规定，"文物商店应当由省、自治区、直辖市

---

① 2013年12月4日国务院第32次常务会议通过了《国务院关于修改部分行政法规的决定》，将《文物保护法实施条例》第27条修改为："从事考古发掘的单位提交考古发掘报告后，经省、自治区、直辖市人民政府文物行政主管部门批准，可以保留少量出土文物作为科研标本，并应当于提交发掘报告之日起6个月内将其他出土文物移交给由省、自治区、直辖市人民政府文物行政主管部门指定的国有的博物馆、图书馆或者其他国有文物收藏单位收藏。"

第35条修改为："为制作出版物、音像制品等拍摄馆藏三级文物的，应当报设区的市级人民政府文物行政主管部门批准；拍摄馆藏一级文物和馆藏二级文物的，应当报省、自治区、直辖市人民政府文物行政主管部门批准。"

第40条修改为："设立文物商店，应当向省、自治区、直辖市人民政府文物行政主管部门提出申请。省、自治区、直辖市人民政府文物行政主管部门应当自收到申请之日起30个工作日内作出批准或者不批准的决定。决定批准的，发给批准文件；决定不批准的，应当书面通知当事人并说明理由。"

2016年1月13日国务院第119次常务会议通过了《国务院关于修改部分行政法规的决定》，将《文物保护法实施条例》第41条、第42条中的"国务院文物行政主管部门"修改为"省、自治区、直辖市人民政府文物行政主管部门"。2017年进行了两次修订。

人民政府文物行政部门批准设立,依法进行管理。"《实施条例》对文物商店的设立条件进行了规定,对拍卖企业的人员资质也进行了要求。另外,关于文物进出境审核机构的人员组成、文物出境审核程序等,作了更详细的规定。《实施条例》是《文物保护法》的有效补充。

二、《水下文物保护管理条例》

《水下文物保护管理条例》由国务院在1989年10月20日颁布,共有13条,2011年国务院对其进行了修订。

1. 水下文物的概念

指遗存于下列水域的具有历史、艺术和科学价值的人类文化遗产:

(一)遗存于中国内水、领海内的一切起源于中国的、起源国不明的和起源于外国的文物;

(二)遗存于中国领海以外依照中国法律由中国管辖的其他海域内的起源于中国的和起源国不明的文物;

(三)遗存于外国领海以外的其他管辖海域以及公海区域内的起源于中国的文物。

2. 水下文物的管辖范围

遗存于中国内水、领海内的一切起源于中国的、起源国不明的和起源于外国的文物以及遗存于中国领海以外依照中国法律由中国管辖的其他海域内的起源于中国的和起源国不明的文物属于国家所有,国家对其行使管辖权。

遗存于外国领海以外的其他管辖海域以及公海区域内的起源于中国的文物,国家享有辨认器物物主的权利。

3. 其他规定

《水下文物保护管理条例》还规定了水下文物的保护和管理机构、发现和上缴、考古勘探和发掘、违反条例的法律责任等。

《水下文物保护管理条例》更多是从行政管理角度进行的规范,缺乏对水下文物重要性和保护原则的阐述说明,因而较为简单。虽然《水下文物保护管理条例》使我国水下文物保护有了直接的法律依据,但由于水下文物具有不同于一般文物的特殊性,随着我国航海事业和水下考古工作的发展,需要进一步完善水下文物保护立法。

三、《历史文化名城名镇名村保护条例》

《历史文化名城名镇名村保护条例》由国务院在2008年4月22日颁布,自2008年7月1日起施行,2017年修订。条例共6章48条,对历史文化名城名镇名村的申报条件、审批程序,保护规划的制定、审批,保护经费的来源,保护的原则和方法措施,以及违反规定的法律责任等作出了规定。这一条例把保护对象从过去的国家级历史文化名城、重要建筑物和部分历史街区扩展到城镇和村庄，体现了对文化遗产内涵认识的深化，适应了当下文化遗产保护工作的迫切要求。

《历史文化名城名镇名村保护条例》规定，"历史文化名城、名镇、名村的保护应当遵循科学规划、严格保护的原则，保持和延续其传统格局和历史风貌，维护历史文化遗产的真实性和完整性，继承和弘扬中华民族优秀传统文化，正确处理经济社会发展和历史文化遗产保护的关系"。明确了整体保护原则，要求对历史文化名城等保持传统格局、历史风貌和空间尺度，不得改变与其相互依存的自然景观和环境，并且要控制人口数量，通过科学规划改善基础设施、公共服务设施和居住环境，在保护的同时也要满足人民群众享受现代化生活的需求。这些都体现了文化遗产保护的新思路。

四、《长城保护条例》

《长城保护条例》由国务院在2006年10月11日颁布，自2006年12月1日起施行。《长城保护条例》共31条，规定了保护对象包括长城的墙体、城堡、关隘、烽火台、敌楼等，规定了保护的原则和方法，确定保护主管单位和保护机构，实行专家咨询制度和总体规划制度，对长城的利用进行限制，明确违反该条例的惩罚措施等。

由于长城在我国境内跨度较大，既有列为文物保护单位的部分，也有未采取保护措施的部分，因此此条例的颁布对明确责任，实现整体保护有重要作用。与之相配套，国家文物局还制定了《长城执法巡查办法》《长城保护员管理办法》两部规范性文件，促进对《长城保护条例》的落实。

五、《世界文化遗产保护管理办法》

《世界文化遗产保护管理办法》由原文化部在2006年11月14日颁布并施行，主要是为了履行1972年《保护世界文化与自然遗产公约》所规定的责任和义务，加强对世界文化遗产的保护和管理。

《世界文化遗产保护管理办法》共22条，首先明确了管理的范围是指列入联合国教科文组织《世界遗产名录》的世界文化遗产和文化与自然混合遗产中的文化遗产部分。之后对主管部门、管理制度和管理机构、保护规划制定和保护措施执行、世界文化遗产标志的设立和使用、世界文化遗产中的文物保护和管理等作出了规定。与此办法相配套的法规文件还有国家文物局制定的《中国世界文化遗产监测巡视管理办法》《中国世界文化遗产专家咨询管理办法》《世界文化遗产申报项目审核管理规定》等，细化了相关制度和操作规范，为保证该办法的具体落实提供了坚实的基础。

六、《文物行政处罚程序暂行规定》

《文物行政处罚程序暂行规定》由原文化部在2005年1月24日颁布并施行,共7章53条,主要为规范文物行政部门的行政处罚行为,保护公民、法人和其他组织的合法权益而制定。该规定对行政处罚的原则、管辖的范围和权限、立案的条件和程序、调查取证、处罚决定等内容进行了规定。这对文物行政管理工作的改善和行政执法的规范都起到了重要作用。

物质文化遗产领域的法规还有很多,如《考古涉外工作管理办法》《文物进出境审核管理办法》《文物保护工程管理办法》《古人类化石和古脊椎动物保护管理办法》《大运河遗产保护管理办法》等,以及众多的部门规章、规范性文件和地方性法规等,形成了对物质文化遗产领域相关法律的有效补充。

第三节　非物质文化遗产保护法规

非物质文化遗产概念出现较晚,因而这一文化遗产类型的法制建设并没有物质文化遗产领域那样充分,但我国对非物质文化遗产的保护工作十分重视,在加入《保护非物质文化遗产公约》之初就启动了相关的立法工作,加之以前对民族民间传统文化的立法保护经验,因此这一领域的法规建设并不是一片空白,也取得了一定的成就。

一、《传统工艺美术保护条例》

《传统工艺美术保护条例》由国务院在1997年5月20日颁布并施行,2013年修订,共20条,立法目的是为了保护传统工艺美术,促进传统工艺美术事业的繁荣与发展。

该条例首先对传统工艺美术的概念进行认定,是指百年以上,历史悠久,技艺精湛,世代相传,有完整的工艺流程,采用天然原材料制作,具有鲜明的民族风格和地方特色,在国内外享有声誉的手工艺品种和技艺。其次规定对传统工艺美术品种和技艺实行认定制度,由国家聘请专家组成评审委员会进行评审,对其中的卓越作品命名为中国工艺美术珍品,并采取措施进行保护。对符合条件并长期从事传统工艺美术制作的人员,经过评审授予中国工艺美术大师称号,并采取措施保障其良好的工作环境和条件。①最后还对传统工艺美术所需材料、人才培养、保护或保密制度进行了规定,对违反该条例规定的行为进行处罚等。传统工艺美术是重要的非物质文化遗产,由于其特殊的制作、传承方式和受某些原材料供应的限制,其发展受到工业化生产方式极大冲击,面临着很多问题和困难,《传统工艺美术保护条例》正是为加强对传统工艺美术的保护而颁布。虽然该条例仅仅是对传统工艺美术保护的规定,但在2011年6月《非物质文化遗产法》生效前,是非物质文化遗产领域内为数不多的重要法规,具有最高的法律效力。

二、《关于加强我国非物质文化遗产保护工作的意见》

2005年3月,国务院办公厅下发《关于加强我国非物质文化遗产保护工作的意见》(以下简称《意见》),这是我国非物质文化遗产领域最早的法规性文件,具有很强的指导意义。《意见》强调了我国非物质文化遗产保护工作的重要性和紧迫性,指出非遗保护工作的目标是通过全社会的努力,逐步建立起比较完备的、中国特色的非物质文化遗产保护制度,使我国珍贵、濒危并具有历史、文化和科学价值的非物质文化遗产得到有效保护,并得以传承和发扬。《意见》确立了非遗保护工作的指导方针——保护为主、抢救第一、合理利用、传承发展。提出了保护工作原则——政府主导、社会参与,明确职责、形成合力;长远规划、分步实施,点面结合、讲求实效。

《意见》的核心内容是建立名录体系,包括四项内容:一是开展非物质文化遗产普查工作;二是建立国家和省、市、县级非物质文化遗产名录体系;三是加强非物质文化遗产的研究、认定、保存和传播;四是建立科学有效的非物质文化遗产传承机制。《意见》还提出建立协调有效的工作机制,包括:一要发挥政府的主导作用;二要将保护工作列入各级政府的重要工作日程,纳入国民经济和社会发展整体规划,纳入文化发展纲要;三要不断加大非物质文化遗产保护工作的经费投入;四要充分发挥非物质文化遗产对广大未成年人进行传统文化教育和爱国主义教育的重要作用。

《意见》还有3个附件,分别是《国家级非物质文化遗产代表作申报评定暂行办法》《非物质文化遗产保护工作部际联席会议制度》和《非物质文化遗产保护工作部际联席会议成员名单》。其中《国家级非物质文化遗产代表作申报评定暂行办法》对非物质文化遗产的概念和范围、建立国家级非遗代表作名录的目的、具体评审的标准、申报项目的条件和资料、评审委员会的构成、评审的原则和程序等进行了规定,对各级非遗代表性项目名录的评审具有参照意义。《非物质文化遗产保护工作部际联席会议制度》则

---

① 2013年5月31日国务院第10次常务会议通过的《国务院关于废止和修改部分行政法规的决定》将《传统工艺美术保护条例》第12条修改为:"符合下列条件并长期从事传统工艺美术制作的人员,由相关行业协会组织评审,可以授予中国工艺美术大师称号:(一)成就卓越,在国内外享有声誉的;(二)技艺精湛,自成流派的。"同时删去第13条。

对部际联席会议的职能、成员单位、工作规则和要求进行了规定,体现了"明确职责、形成合力"的非遗保护工作原则。

虽然该意见的法律层级不高,但作为国务院下发的法规性文件,其重要的政策性是不言而喻的,《意见》所确立的工作目标、指导方针和工作原则一直指引着今天非物质文化遗产保护工作的方向,在《非物质文化遗产法》颁布实施后,其法律效力也依然存在。

三、《国务院关于加强文化遗产保护的通知》

2005年12月,国务院下发了《国务院关于加强文化遗产保护的通知》,对我国的文化遗产保护工作进行了整体的规范和要求。虽然该通知是针对整体的文化遗产保护事业,不单是对非物质文化遗产而言,却是在2003年我国加入《保护非物质文化遗产公约》不久,明确了非物质文化遗产的地位和属性后出台的,因而在这里进行介绍。

该通知共有五部分内容,首先明确了文化遗产的概念,包括物质文化遗产和非物质文化遗产,并分别列举了其组成形式,强调了保护文化遗产的重要性和紧迫性。其次指出了加强文化遗产保护的指导思想、基本方针和总体目标。再次是提出着力解决物质文化遗产保护面临的突出问题,包括做好文物调查研究和不可移动文物保护规划的制定,改进和完善重大建设工程中的文物保护工作,切实抓好重点文物维修工程,加强历史文化名城(街区、村镇)保护,提高馆藏文物保护和展示水平,清理整顿文物流通市场六个方面。再其次是积极推进非物质文化遗产保护,包括开展普查工作,制定保护规划,抢救珍贵的非物质文化遗产,建立非遗名录体系,加强少数民族文化遗产和文化生态区的保护。最后提出通过落实责任,加快法制建设,加大执法力度,安排专项资金,加强人才队伍建设,加大宣传力度等措施切实加强文化遗产保护工作的领导。

《国务院关于加强文化遗产保护的通知》虽然是以政府文件的形式颁布,但其政策引导和发展规划的意义十分重大,体现了国家文化主权意志和文化遗产保护思路,可以说是文化遗产保护工作的纲领性文件,相关法律法规的制定和各项管理措施的出台,都会受这个文件的引导和规范。

四、《国家级非物质文化遗产保护与管理暂行办法》

《国家级非物质文化遗产保护与管理暂行办法》由原文化部于2006年11月2日发布,自2006年12月1日起施行。

该暂行办法共28条,对国家级非物质文化遗产的主管部门职责和保护单位的条件、职责,国家级非物质文化遗产项目代表性传承人的评选条件,保护措施和名称、标牌的使用,违反办法的法律责任等进行了规定。非物质文化遗产名录制度是具有中国特色的非物质文化遗产保护制度的重要组成部分,而国家级非物质文化遗产的保护与管理又是省、市、县级非遗项目进行保护操作的参考,因而出台相应的管理办法具有很强的示范性,能够引导相关非遗保护工作的有序进行。截至2018年年底共颁布了四批共计1372项国家级非物质文化遗产代表性项目名录。2020年12月22日,文化和旅游部向社会公示了第五批国家级非遗代表性项目名录推荐项目名单,截至2021年4月底,正式名单还未公布。

五、《国家级非物质文化遗产代表性传承人认定与管理办法》

《国家级非物质文化遗产代表性传承人认定与管理办法》由文化和旅游部于2019年11月29日发布,自2020年3月1日起施行。

该办法共26条,规定了可以申请或者被推荐为国家级非遗项目代表性传承人的条件,申请人需要提供的申请材料,申报和评审的程序,对代表性传承人传承活动的记录和支持方式,代表性传承人应承担的义务,以及对传承人的监督和管理等。代表性传承人制度是我国非物质文化遗产保护制度的重要组成部分,是非物质文化遗产传承、传播的重要方式,完善代表性传承人认定与管理制度对于尊重非物质文化遗产的活态特征,保证其生命力,规范各级非遗项目代表性传承人的认定和管理工作有重要意义。截至2018年年底我国已颁布了五批共计3 068人的国家级非物质文化遗产项目代表性传承人。

非物质文化遗产领域的部委规章及其相关文件还有《中宣部、中央文明办、教育部、民政部、文化部关于运用传统节日弘扬民族文化的优秀传统的意见》《商务部、文化部关于加强老字号非物质文化遗产保护工作的通知》《文化部、教育部、全国青少年校外教育工作联席会议办公室关于在未成年人校外活动场所开展非物质文化遗产传承教育活动的通知》等,文化和旅游部规章及其相关文件还有《关于加强国家级非物质文化遗产代表性项目保护管理工作的通知》《关于加强非物质文化遗产生产性保护的指导意见》等。

地方人大颁布的地方性法规及其相关文件主要是各省非物质文化遗产保护条例和民族民间传统文化保护条例,截止到2020年12月,全国共有42个省(自治区、直辖市)市(县)的地方人大出台了非物质文化遗产保护条例,很多省份也印发了关于加强本地区非物质文化遗产保护工作的地方规章及其相关文件。

以《非物质文化遗产法》为核心,以国务院相关法规性文件为指导,以国家行政部门规章和地方性法规、规章为补充的非物质文化遗产法律体系正在逐步形成,我国非物质文化遗产保护工作已上升到了依法保护、科学保护的新阶段。

主要参考文献

1. 杨丽娅.文化法学[M].济南:济南出版社,2001.
2. 胡康生.中华人民共和国著作权法释义[M].北京:法律出版社,2002.
3. 黄宪容.出版法及其应用[M].苏州:苏州大学出版社,2005.
4. 陈杰,闵瑞武.文化产业政策与法规[M].北京:中国海洋大学出版社,2006.
5. 王迁.知识产权法教程[M].北京:中国人民大学出版社,2007.
6. 黄鸣奋.互联网艺术产业[M].上海:学林出版社,2008.
7. 宋震.艺术法基础[M].北京:文化艺术出版社,2008.
8. 林日葵.中国文化产业政策法规与典型案例分析[M].杭州:浙江工商大学出版社,2009.
9. 李墨丝.非物质文化遗产保护国际法制研究[M].北京:法律出版社,2010.
10. 高轩.我国非物质文化遗产行政法保护研究[M].北京:法律出版社,2012.
11. 王云霞.文化遗产法:概念、体系与视角[M].北京:中国人民大学出版社,2012.
12. 王云霞.文化遗产法教程[M].北京:商务印书馆,2012.
13. 赵阳,徐宝祥.文化产业政策与法规[M].广州:中山大学出版社,2012.
14. 郭雅君.政府文化管理法治化[M].北京:人民出版社,2013.
15. 韩赤风.文化创意产业法律评论:第1卷[M].北京:法律出版社,2013.
16. 黄虚峰.文化产业政策与法律法规[M].北京:北京大学出版社,2013.
17. 钱永平.UNESCO保护非物质文化遗产公约述论[M].广州:中山大学出版社,2013.
18. 王文章.非物质文化遗产概论[M].北京:教育科学出版社,2013.
19. 文化部非物质文化遗产司.非物质文化遗产保护法律法规资料汇编[M].北京:文化艺术出版社,2013.
20. 姜涛,俄军.博物馆概论[M].兰州:兰州大学出版社,2014.
21. 金武刚,李国新.公共文化政策法规解读[M].北京:北京师范大学出版社,2014.
22. 刘红婴.非物质文化遗产的法律保护体系[M].北京:知识产权出版社,2014.
23. 刘洁.我国著作权集体管理制度研究[M].北京:中国政法大学出版社,2014.
24. 周安平.中国著作权理论与实践研究[M].北京:人民出版社,2014.

25. 哈利·希尔曼·沙特朗.论美国的艺术产业[J].张文镝,译.马克思主义与现实,2004(1):87-97.
26. 黄鸣奋.关于艺术产业及其定位的思考[J].宁波广播电视大学学报,2007(4):1-7.

27. 李波.中国当代艺术产业现状分析[J].社会科学家,2008(12):22-25.

28. 李骏.我国艺术产业管理的对策[J].东南大学学报:哲学社会科学版,2015(1):109.

29. 赵小平,游达明.艺术产业战略选择与价值创造的关系研究[J].湖南社会科学,2016(2):124.

30. 赵小平,游达明,杨晓辉.艺术产业价值链"陷阱"与协调[J].系统工程,2016(4):57-61.

31. 巫峻.艺术产业与金融对接的现状与问题分析[J].贵州大学学报:艺术版,2016(4):62-66.

32. 戴哲.美国追续权立法研究——兼谈对我国追续权立法的影响与启示[J].电子知识产权,2016(8):35-46.

后 记

《文化艺术政策与法律法规》属于艺术管理专业系列教材之一，是编者对当代文化艺术政策与法律法规的具体思考。写作过程中，我们一方面争取充分展现国内最新的文化艺术政策与法律法规条款以及我国加入的国际文化艺术公约，另一方面也尽量借鉴国内外最新的研究成果。编写过程中参考了大量资料，由于篇幅所限，参考文献未能一一列出，在此致以诚挚的谢意。

本书是在田川流教授的建议和直接参与下完成的。写作过程中，由田川流拟定写作提纲。章节确定后，三位作者分别撰写相应章节。其中田川流负责绪论、第一章；王瑞光负责第二章、第三章、第五章、第七章以及第六章的第一至四节、第八章、第九章。于亮负责第四章、第六章的第五节、第六节、第十章。完稿后，由王瑞光统稿，田川流最后审定。

需要说明的是，基于本书写作体例要求，更多与文化艺术密切相关的政策法律法规，如旅游方面的相关内容暂未纳入。此外，由于国务院机构改革，很多法规的颁布机构已不复存在，行文中一般将其相应的职能赋予目前实施管理的机构，但在注释中，法规的颁布机构仍沿用原机构的名称。

东南大学出版社刘庆楚先生对于该书的撰写予以极大的关心与帮助，谨致以诚挚的谢意。

赵鹏先生、张兆莉女士协助搜集整理大量资料，为本书的顺利完成付出了艰辛努力，在此一并表示感谢。

本书可以作为艺术管理、文化产业、文化遗产、公共事业管理等相关专业本科生的教材使用，也可供文化艺术从业者和研究者使用。

虽努力呈现最新研究成果和学术资料，但水平有限，舛误之处在所难免，欢迎各位同仁批评指正，我们争取做得更好。

田川流 王瑞光 于 亮
2020 年 5 月